八闽教育名家系列丛书编委会

学术顾问：周洪宇　黄书光　张亚群　李　迅

丛书主编：黄仁贤

编　　委：吴明洪　涂怀京　陈明霞　杨卫明　杨来恩

　　　　　周志平　方彦寿　赖一郎　董　洪

八闽教育名家系列丛书

丛书主编：黄仁贤

八闽教育名家文选

古代卷

涂怀京 杨卫明 | 主编

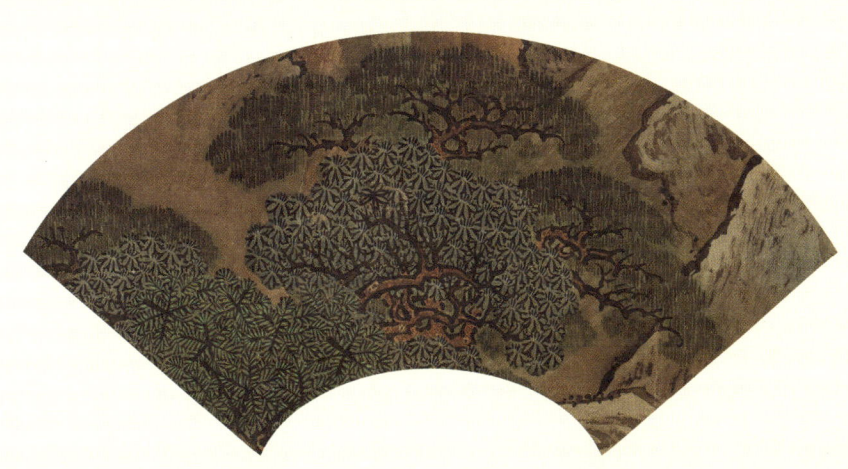

海峡出版发行集团 福建教育出版社

图书在版编目（CIP）数据

八闽教育名家文选. 古代卷/涂怀京，杨卫明主编. 福州：福建教育出版社，2025.8. —（八闽教育名家系列丛书/黄仁贤主编）. —ISBN 978-7-5758-0196-6

Ⅰ. G40-53

中国国家版本馆 CIP 数据核字第 20243PT951 号

八闽教育名家系列丛书

丛书主编：黄仁贤

Bamin Jiaoyu Mingjia Wenxuan · Gudai Juan

八闽教育名家文选·古代卷

涂怀京　杨卫明　主编

出版发行	福建教育出版社
	（福州市梦山路 27 号　邮编：350025　网址：www.fep.com.cn）
	编辑部电话：0591-83781433　83716932
	发行部电话：0591-83721876　87115073　010-62024258）
出 版 人	江金辉
印　　刷	福州德安彩色印刷有限公司
	（福州市金山工业区浦上标准厂房 B 区 42 栋）
开　　本	710 毫米×1000 毫米　1/16
印　　张	19.5
字　　数	268 千字
插　　页	2
版　　次	2025 年 8 月第 1 版　2025 年 8 月第 1 次印刷
书　　号	ISBN 978-7-5758-0196-6
定　　价	58.00 元

如发现本书印装质量问题，请向本社出版科（电话：0591-83726019）调换。

丛书总序

刘海峰

在福建这片被武夷云雾与东海涛声滋养的土地上，文明之脉绵长，教育之树常青。当我们将目光投向八闽大地的历史星空，那些在中国教育史上璀璨的名字便如星辰般浮现——从闽中走向全国的理学大师朱熹，到近代教育救国的先驱严复，八闽大地教育名家群星闪耀，彪炳史册。

我在1996年出版的《福建教育史》一书的绪论中，曾概括出福建教育史上七个独具特色的方面：其一为朱熹讲学与福建书院的兴盛，其二是宋明两代成为科举大省，其三是台湾士人参加福建乡试，其四是福建船政学堂为全国洋务学堂的先导，其五为教会办学的首要省份之一，其六为华侨办学的典型省份，其七为东南沿海抗战时坚持办学的代表省份。福建教育史上不仅有许多独具特色的方面，而且出现过许多教育名家，其中有不少在全国都有很高的知名度，在中国教育史上占有一席之地。

唐中宗神龙二年（706年），长溪（今属福建福安）人薛令之考中进士，成为破福建科举天荒的开闽进士。中唐以后，经历过李椅、常衮等人的几次兴学活动，参加科举者明显增加，林藻、欧阳詹等人相继登第，福建从被视为"闽人未知学"逐渐变为每年考上进士比肩中原的地区。宋代福建教育和科举特别兴盛，《宋史·地理志》将"多向学，喜讲诵，好为文辞，登科第者尤多"列为福建的重要特点。宋代进士总数有4万名左右，福建进士人数有

7000人左右，为全国第一，且遥遥领先于其他地区。在两宋118名状元中，福建人占20名，也为全国之冠。北宋太平老人《袖中锦·天下第一》在罗列当时全国的工艺及农、林、牧、渔著名产品之后，将"福建出秀才"的社会现象也列为天下第一。因此，宋代有"龙门一半在闽川"的说法。

从宋代到清代，福建的著名人物和教育家多数是进士出身。尤其是朱熹，不仅是南宋集理学之大成的思想家、哲学家，而且是中国历史上最著名的书院教育家，对元明清教育和科举考试有重要影响。朱熹所作《四书章句集注》和朱熹及其门人所注"五经"在元代以后成为科举考试的主要教材，这也是明代福建士人在科场中占有优势因而中进士者较多的一个原因。朱熹一生大部分时间在福建讲学论道，将儒家伦理注入八闽文脉。"海滨邹鲁"虽然是不少沿海地区喜用的美称，但用来形容八闽大地的确名副其实。

近代以后，作为东南沿海省份，福建是较早接触西学的省份之一。1902年出版的《急悃斋新科闱墨选本》序说："八闽之地，古称蛮荒，今乃文化过乎中原。以此邦人士多留寓海外，其智慧开通者早也。"严复将"物竞天择"的现代性焦虑转化为教育救国的紧迫感，陈嘉庚抱持"教育为立国之本，兴学乃国民天职"的信念倾资办学，许多八闽教育名家领风气之先，在全国有重大影响。他们或以思想照亮混沌，或以实践开辟新途，共同构筑了福建教育的精神谱系。

教育是文明延续的津梁，是强国建设的基石。在实现中华民族伟大复兴的征程上，教育承担着培养时代新人的神圣使命。八闽教育名家身上体现的教育精神和文化理念，是福建地域文化和中华优秀传统文化的重要组成部分。他们的教育思想如闽江之水，既有源头活水的清澈，又有海纳百川的包容；他们的教育实践如土楼之基，既扎根于传统文化的厚土，又指向现代文明的苍穹。2023年，福建教育出版社便告诉我在策划一套"八闽教育名家系列丛书"，当时我就认为很有意义。丛书是对福建教育史优秀传统的致敬与梳理，更是对福建未来教育发展的启迪与期许。

本丛书所收录的教育名家，皆为福建教育史上著名的教育理论家或实践家，我与当代八闽教育名家中的高时良、陈本铭、潘懋元、孙培青等先生还有过不少交往，印象深刻。于今黄仁贤教授主编的这套"八闽教育名家系列丛书"已经完稿，丛书不仅记录教育名家的历史，收录他们的代表性论著，更试图搭建一座连接过去与未来的桥梁。丛书的出版将吸引更多学者关注八闽教育历史与文化，从历史纵深中理解教育的本质和教育家精神，并从中汲取教育经验与智慧，为当今的教育改革实践提供历史资源和思想资源。

八闽大地，名家辈出。丛书面世，可喜可贺。是为序。

编校凡例

1. 编写方式。全书选取历代八闽教育名家代表性作品编辑成册,分为古代卷、近现代卷、当代卷。各卷以教育名家为纲,辑选各篇文章分列于后。每篇选文前有"题解",由选编者对各位教育名家生平事迹和各篇选文的背景与内容做简要介绍。

2. 选文版本。各名家文选,依据各人已刊行、已出版的文集或已公开发表的文章进行编辑整理。所据文集版本,古代卷多为四库全书本或点校整理本,其他各卷则多为现代通行本。

3. 编校原则。编辑时,为尊重原作品的内容结构与作者的行文习惯,只对选文做必要的技术处理。

4. 文字规范。全书使用通用规范文字,原文繁体字改为简体字,异体字改为正体字;"的""得""地""底"等用词习惯,一仍其旧。

5. 错漏校勘。原文排印有明显的错、讹、漏、衍、倒之处,直接改正,不出校记。作者偶有误用别字者,则括注正字。原文漫漶不清者,以□依数标记。

6. 标点规范。原文无标点的,整理时加上标点;原文标点与新式标点不符的,予以修订。

7. 译名规范。原文专门术语,外国人名、地名等,与今通译名有异的，保留原样，在首次出现时加脚注说明。

8. 数字规范。原文中的数字、序码、日期等，一般不予更动。文选当代卷中，统计数值较大者，为便于阅读，改为阿拉伯数字。

9. 统一注释。对原文部分生僻词与专业术语等，进行注释说明，格式统一采用页末脚注。当代卷原有注释保留，以脚注或括注呈现，有需要补充说明的，加编者注。

10. 选文出处。为方便读者阅读参考索引，统一在各篇选文文末标明来源出处。

目 录

陈元光 …… 1

教民祭蜡 …… 3
修文语士民 …… 3
示子珦 …… 4
恩义操（其一）…… 5
恩义操（其二）…… 6
忠烈操 …… 6

翁承赞 …… 8

寄示儿孙 …… 9
书斋谩兴二首 …… 10

蔡　襄 …… 11

蘸扆箴（并状） …… 13
别疏（节选） …… 14
论改科场条制疏 …… 16
国论要目·任材 …… 17
举刘柯述充州学教授状 …… 18
福州修庙学记 …… 18
亳州永城县庙学记 …… 20

陈　襄 …… 22

修道之谓教 …… 24
议学校贡举札子 …… 25
与陆学士书 …… 27
常州请顾临秘校主学书 …… 28
杭州劝学文 …… 29
仙居劝学文 …… 30
送章衡秀才序 …… 31
送管师常秀才序 …… 32

苏 颂 …… 34

议学校法 …… 35
议贡举法 …… 37
论制科取士乞加立策等增取人数 …… 41

吕惠卿 …… 43

老子·绝学无忧章第二十 …… 44
老子·为学日益章第四十八 …… 45
庄子·马蹄第九 …… 46

杨 时 …… 51

见明道先生 …… 53
哀明道先生 …… 55
寄伊川先生 …… 56
　　[附] 伊川答论《西铭》 …… 57
答伊川先生 …… 57
此日不再得示同学 …… 59
龟山语录（节选） …… 60
龟山答问（节选） …… 68

龟山策问（节选） …… 70
龟山书信（节选） …… 71

游 酢 …… 74

论士风奏疏 …… 78
书明道先生行状后 …… 79
孙莘老易传序 …… 81
论语杂解·吾日三省吾身章 …… 82
论语杂解·君子不器章 …… 83
论语杂解·孔子谓季氏章 …… 83
论语杂解·兴于诗章 …… 84
孟子杂解·人皆有不忍之心章 …… 85

罗从彦 …… 86

议论要语 …… 89
观书有感 …… 94
诲子侄文 …… 94
题堂壁句 …… 95

李侗 …… 96

初见罗豫章先生书 …… 98
与教授公书 …… 100
又与教授公书 …… 100
与罗博文书 …… 101
与刘平甫书 …… 101
上舍辞归罗豫章先生 …… 102

黄公度 …… 103

谢馆职 …… 104
跋林褒世子字说 …… 105

林之奇 …… 106

记闻（节选） …… 108
上陈枢密论行三经事 …… 110
上宰相书（节选） …… 111
孟子讲义序 …… 113
观澜集前序 …… 114

林光朝 …… 116

> 学据何书 …… 117
> 九土风俗 …… 118
> 幸学诏书记事 …… 119

朱 熹 …… 121

> 同安县谕学者 …… 127
> 谕诸生 …… 128
> 谕诸职事 …… 129
> 静江府学记 …… 129
> 信州铅山县学记 …… 131
> 白鹿书院学规 …… 133
> 琼州学记 …… 134
> 童蒙须知（节选）…… 136
> 小学原序 …… 136
> 大学章句序 …… 137
> 福州州学经史阁记 …… 138
> 学校贡举私议（节选）…… 140
> 朱子读书法 …… 146
> 朱子语录选读 …… 146

黄 榦 …… *149*

朱文公行状 …… *151*
圣贤道统传授总叙说 …… *155*
黄榦家训 …… *157*

陈 淳 …… *158*

北溪字义·命 …… *161*
北溪字义·心 …… *164*
北溪字义·诚 …… *166*
北溪字义·仁义礼智信 …… *168*
严陵讲义·读书次第 …… *172*
答留粹中承奉求教之韵 …… *173*

陈 宓 …… *174*

申请延平书院敕额札 …… *176*
仰止堂规约序 …… *178*
泉州南安县新学记 …… *179*

真德秀 …… *182*

志道字说 …… *188*
代刘季文浦城县庠四德四端讲义 …… *190*
潭州示学者说（节选） …… *191*
南雄州学四先生祠堂记（节选） …… *193*
劝学文 …… *195*
潭州谕俗文 …… *196*
潭州谕同官咨目 …… *199*
谕州县官僚 …… *200*
大学衍义（节选） …… *203*

陈　普 …… *204*

讲义·大学 …… *207*
讲义·论语 …… *210*
讲义·论语·学而 …… *212*
讲义·孟子 …… *214*

熊　禾 …… *218*

孝经大义序 …… *220*

送胡庭芳后序 …… 221
四时治要方序 …… 222
跋谢春堂诗义后 …… 223
考亭书院记 …… 224
晋江县学记 …… 227
商鞅徙木立信论 …… 228

蔡 清 …… 230

与严州诸友书 …… 232
送涂君体常司训汤溪序 …… 233
送陈太和先生撤馆归莆序 …… 234
送邱教谕任满启行序 …… 235
书戒五条 …… 236

李 贽 …… 237

四勿说 …… 239
童心说 …… 240
答周二鲁 …… 242
二十分识 …… 243

叶向高 …… 245

王祥论 …… 246
辟邪说以崇正学,惩敝习以正士风议(阁试) …… 248
三途并用议(馆课) …… 250
诸书字考小叙 …… 252

黄道周 …… 254

考课 …… 258
求才 …… 259
格物致知 …… 260
京师与侄书 …… 261
下学上达之问 …… 262
杖后示儿书 …… 262

蔡世远 …… 264

古文雅正(节选) …… 268
叙鳌峰学约 …… 269
诸罗县学记 …… 270
答鳌峰书院诸生 …… 271

庚子秋帖示族中子弟 …… 272
壬子九月寄示长儿 …… 273
历代名儒传序 …… 275
循吏传序 …… 276
与郑鱼门侍讲书（节选）…… 277

陈寿祺 …… 278

示鳌峰书院诸生 …… 280
义利辨 …… 281
科举论 …… 283
知耻说 …… 285
鳌峰崇正讲堂规约八则 …… 286

陈元光

【题解】

陈元光（657—711年），字廷炬，号龙湖。光州固始县（今河南信阳固始县）人。唐朝开漳刺史、正议大夫、岭南行军总管。他戍守闽地四十二载，其间平定闽粤，创辟州县，倡兴庠序，屯垦安民，被奉为"开漳圣王"，千百年来祭祀他的庙宇遍布闽粤台地区。陈元光不仅是优秀的政治军事家，还为闽地文化教育的发展做出了巨大贡献。他将中原文化传播到我国东南边陲，一方面促进了当地民风的开化，另一方面更是做了儒学在漳州传播的奠基性工作。陈元光的教育思想深深扎根于闽南文化的肥沃土壤之中，已然演变成为一种道德典范与民族精神遗产。其遗著现存《龙湖集》，收存诗五十首，赋三篇，谢表二篇。其中七首诗载于《全唐诗》《全唐诗外编》。这些诗篇中，陈元光以其独特的艺术表现手法，展现了一千三百多年前他率众戍闽开漳、开发边陲的场景，具有鲜明的风土人情特色和浓郁的社会生活气息。同时这些诗作也是他思想情操的集中反映，字里行间浸透着忠君爱国、尊老恤幼、尊师重道、厚德载物等浓烈的儒家精神。本文选取了其中通过儒家纲常伦理来教化民众、重塑社会道德秩序的重要篇目。

《教民祭蜡》是陈元光在平定闽地蛮獠啸乱，开郡建漳后，为保证此地长治久安、加强思想文化领域的统治所作的诗篇。"祭蜡"是古代年终祭祀众神的大祭，通过向众神进献贡品，以祈求来年风调雨顺。在儒家文化当中，祭祀天地、鬼神是合乎礼仪教化的，教民祭祀的目的是要百姓畏惧鬼神，尊崇君主，顺应统治。这首诗反映了诗人希望通过施行礼仪教化，使蛮荒殊俗的僻隅之地构建出一种基于君臣父子关系的稳固伦理道德体系，从而扭转社会风气，移风易俗，以确保闽地长治久安。

《修文语士民》是陈元光在平息闽地陈谦、雷万兴的叛乱之后，为彻底根除社会不稳定因素、安抚民众所作的诗篇。在解决啸乱祸端后，陈元光对当地的少数民族采取分化治理的措施，将顽固不化者迁至虔岭，对统治地区大部分民众实施招抚感化，大力修缮典法，施行教化，使百姓遵礼守法，从而维护社会稳定。

《示子珦》是陈元光为教导其子陈珦所作。在此诗中，他以自身勤勉从政、教化士民的经历，教导儿子如何为人与做官，要儿子感激朝廷恩德，继承陈氏优秀家风。同时也希望像陈珦这样的青年子弟能够文武兼修、德才兼备，在学习儒家文化的同时不忘加强道德修养，修习武功，切勿虚度大好年华。

《恩义操》（二首）是陈元光为教化百姓思想而作。第一首重点强调仁义忠孝的作用，对孔子作《春秋》以维护社会伦理秩序作出高度评价；第二首诗中大量使用了贴近民生、易于理解的白话和民间俚语，比如以水獭喂食幼崽、乌鸦反哺等动物的习性为喻，抨击吴起母死不奔丧、李斯弑君犯上等有违儒家纲常伦理的行为，教育乡民如果忘恩负义，则鸡犬不如。这样的教化思想不仅对维护国家统一和闽地的社会安定起到了积极的作用，而且使儒家伦理道德在民间得到更好的传承与发展。

《忠烈操》一诗，陈元光运用儒家所倡导的伦理纲常与道家阴阳平衡的学说，抨击武后干政，指出此举有违自然法则与儒家伦理道德秩序。诗中还援引柏舟之节与王蠋守义不屈的典故，以古喻今，彰显了自己在时局动荡之际，面对权势而不改其志，始终坚守对李唐王朝的忠诚。全诗实际是通过隐刺酿成朝廷宫闱事变的后宫外戚来宣传儒家忠孝、恩义观念，借以教化乡民，维护社会安定。

教民祭蜡①

玉罍陈酽酪②,金碗荐芳饎③。

父老吹龙笛,官僚仗虎墀④。

山川出云雨,神祇迥(回)曜辉⑤。

舞蹈幽明洽⑥,趋跄礼度微⑦。

祈禳称世世⑧,民社两无违⑨。

(选自何池《陈元光〈龙湖集〉校注与研究》,鹭江出版社,1990年,第22—23页)

修文语士民⑩

庙算符天象⑪,干旄格有苗⑫。

---

① 祭蜡:年末祭祀众神的活动。蜡,通"腊"。
② 罍(léi):盛酒的器具。酽(yàn)酪(lào):醇厚的酒浆。
③ 荐:进献。芳饎(xǐ):美食。
④ 仗:仪卫。虎墀(chí):披有虎皮的台阶。
⑤ 神祇:天地之神。迥:原文应作"迴",来回。
⑥ 幽明:天地阴阳。洽:和谐。
⑦ 趋跄:行步稳健。微:周详。
⑧ 祈禳(ráng):祈福纳祥。世世:世代相传。
⑨ 民社:人民与社稷。
⑩ 修文:推崇教化,实施文治。士民:百姓。
⑪ 庙算:朝廷制定的破敌方案。天象:上天的意愿。
⑫ 干旄(máo):干,盾牌。旄,古代用牦牛尾装饰的旗子。格:感化。有苗:三苗,即闽地的蛮獠叛乱者。

三军歌按堵①,万骑弛鸣镳②。
虔岭顽民远③,朝阳寇逆招④。
修文休众士⑤,赐命自皇朝。
莫篆天然石⑥,惟吹洛下箫⑦。
声闻神起舞,气感海无妖⑧。
方叔猷元壮⑨,相如赋未饶⑩。
成周放牛马⑪,林野任逍遥。

(选自《陈元光〈龙湖集〉校注与研究》,第17页)

示子珦

恩衔枫陛渥⑫,策向桂渊弘⑬。
载笔沿儒习⑭,持弓缵祖风⑮。
祛灾剿猛虎,溥德翊飞龙⑯。

---

① 按堵:安居、安定。
② 弛:放松。鸣镳(biāo):马具。
③ 虔岭:现今江西赣州附近,陈元光曾将部分叛乱者迁至此地。
④ 朝阳:应为"潮阳",即今潮州。招:投降。
⑤ 休众士:军队与民众得以休养生息。
⑥ 天然石:代指难以驯化的民众。
⑦ 洛下箫:河洛的竹箫,代指从中原来的军中才俊。
⑧ 气感:王师的凛然正气。
⑨ 方叔:周朝南征荆楚的功臣。猷(yóu):谋略,意指诗人南征,韬略深远。
⑩ 饶:多;指司马相如诗赋不及同僚丰富。
⑪ 成周:即洛阳。放牛马:意指战争平息。
⑫ 枫陛:指朝廷。因汉代宫中多植枫树,故称。渥:优厚。
⑬ 策:册封。桂渊:指科场。古代科举及第称折桂,故有此称。弘:大。
⑭ 载笔:负责文书事务。儒习:儒士的传统。
⑮ 缵(zuǎn):继承。
⑯ 溥(pǔ)德:普施德政。翊(yì):辅佐。飞龙:代指皇帝。

日阅书开士①，星言驾劝农。

勤劳思国命，戏谑逐时空②。

百粤务纷满③，诸戎泽普通④。

愿言加壮努⑤，勿坐鬓霜蓬。

（选自《陈元光〈龙湖集〉校注与研究》，第41—42页）

恩义操（其一）

天尊地卑分君臣，乾男坤女生男孙⑥。

怀恩抱义成人伦⑦，入有双亲出有君。

行义显亲亲以尊⑧，隆恩敦君君以仁⑨。

君仁亲尊恩义纯⑩，双全忠孝参乾坤⑪。

春秋乱贼纷然起⑫，仲尼一笔扶人纪⑬。

（选自《陈元光〈龙湖集〉校注与研究》，第61—62页）

---

① 开士：教化士民。
② 戏谑：嬉闹。空：无所得。
③ 百粤：闽地少数民族。务：事务。
④ 诸戎：代指闽地少数民族。泽普通：皇上恩泽普施。
⑤ 加：更加。壮：大。
⑥ 乾男坤女：乾卦象征男，坤卦象征女。
⑦ 怀恩：怀受着上天及父母的恩德。抱义：持守道义。人伦：社会公认的行为准则以及人与人之间的伦理关系。
⑧ 行义：遵循孝道。显亲：使双亲荣显。
⑨ 隆恩：上天所赐的恩泽。敦：敦促。君以仁：君主施仁政。
⑩ 纯：完全。
⑪ 参乾坤：充盈于天地之间。
⑫ 春秋：东周的春秋时期（公元前770—公元前476年）。
⑬ 一笔：指孔子作史书《春秋》。扶人纪：匡正人伦纲纪。

恩义操(其二)

岭海物产知君臣①,黑鲤朝北葵向曛②。
岭海物产知慈仁,寒獭祭鱼乌哺亲③。
吴起学曾斯学荀④,欺君害民丧不奔。
禄养生成忘义恩⑤,不如鸡犬司门晨⑥。

(选自《陈元光〈龙湖集〉校注与研究》,第61页)

忠烈操

乾生男子坤生姝⑦,国有君王家有夫。
委盾结缡托其驱⑧,三纲五常与命俱⑨。
一朝凶变违常涂⑩,匡扶弗得将何如?
英英烈烈他虑无,舍生取义终不渝。

---

① 岭海:闽粤一带。君臣:君臣之间的忠义之道。
② 朝北:鲤鱼产卵季向北洄游。葵:向日葵。曛:日光。
③ 寒獭祭鱼:冬天水獭储食来哺喂幼獭。乌哺亲:乌鸦幼鸟长大后反哺其母。
④ 吴起学曾:战国军事家吴起曾师从曾参习儒术。斯学荀:秦朝丞相李斯曾师从于荀子。
⑤ 禄养:朝廷俸禄。
⑥ 鸡犬司门晨:公鸡报晓,家犬守户。
⑦ 生:象征。姝:女子。
⑧ 委盾:此处指武后委身内廷。结缡:成婚。
⑨ 三纲五常:汉儒董仲舒制定的伦理规范。三纲,指君为臣纲、父为子纲、夫为妻纲。五常,指仁义礼智信。
⑩ 一朝凶变:国家遭遇凶险。涂:规律。

柏舟之诗王蠋语①，千古芳名耀青史。

（选自《陈元光〈龙湖集〉校注与研究》，第62—63页）

（林筠编撰）

---

① 柏舟之诗：即《柏舟》，源自《诗经·鄘风》，谓卫世子共伯早死，父母逼迫其妻共姜改嫁，共姜作此诗自誓。后因以柏舟比喻持守贞节的女子。王蠋（zhú）：即颜斶，齐国隐退大夫，燕将乐毅曾以重金劝降他，颜斶拒绝并以死明志。其事见《战国策·齐策四》。

翁承赞

【题解】

翁承赞（859—932年），字文尧（一作文饶），号"狎鸥翁"，又号"螺江钓翁"。唐五代官员、教育家、诗人。祖籍京兆（今陕西西安），高祖翁轩，唐元和年间（806—820年）入闽为官，定居漳州。曾祖翁何，迁莆田，又迁长乐郡福唐（今福建福清）。唐大中十三年（859年），翁承赞出生于福唐县文秀乡光贤里（今福清新厝漆林村）。父巨隅，曾任恭王府咨议参军、少府监，建家塾于草堂山以教子弟，号"漆林书堂"。翁承赞幼承家教，矢志求学。景福元年（892年），赶赴京都应试，不第后滞留长安四年。乾宁三年（896年）再试，中进士第四名，后被选为探花使。次年，擢博学宏词科，授京兆尹参军，累迁右拾遗、户部员外郎，曾上书指陈"方镇结交权幸，终必误国"，直言敢谏，深为朝野所赞许。唐昭宗天祐元年（904年），以右拾遗奉诏使闽，册封王审知为琅琊王，备受王审知礼遇。梁篡唐朝，太祖朱全忠以翁承赞为右谏议大夫。梁开平四年（910年）复命翁承赞为册礼副使，册封王审知为闽王。事毕，翁承赞回开封复命，朱全忠任之为福建盐铁副使，加左散骑常侍、御史大夫。后朱全忠日渐骄恣，翁承赞即辞官回闽。王审知拜他为门下侍郎同平章事，擢居相位，又晋爵晋国公。他积极辅佐闽王整顿吏治，发展经济，倡建供庶人入学的四门之学，并在各州县广设庠序，此后州有州学，县有县学，乡有私塾，大大促进闽地文教发展。后唐长兴三年（932年），翁承赞去世，终年74岁，葬于建安新丰乡，追谥号"忠献"。翁承赞工于诗文，著有《谏议集》《昼锦集》《宏词前后集》等，均因兵火散失。现仅存《昼锦堂诗集》收诗48首，收入《全唐诗》的有37首。

《寄示儿孙》，此诗存于福清江阴鳌峰书院，是翁承赞勉励晚辈读书成才的真实写照。他以炼丹成仙的道士借喻学业有成、科举有望，希冀子孙后代通过苦学早日成才。此诗写得踌躇满志，具有不容置疑的说服力和感召力。

《书斋谩兴二首》，第一首诗重在写诗礼传家，前二句描绘居家清雅脱俗的环境，后二句自诩读书声里便是吾家，欣悦与自豪之情跃然纸上。第二首诗重在表现翁承赞的价值观，认为无论贫穷还是富有，读书声最动听，精神财富才是最重要最为可贵的。"过客不须频问姓，读书声里是吾家"，"人家不必论贫富，惟有读书声最佳"，体现了翁氏家族诗书传家的优良家教家风。这大概也是翁氏家族长盛不衰、人才辈出的"秘诀"。翁承赞的这两首诗，对当代人的人生取向和价值标准的选择具有启发意义。

寄示儿孙

力学烧丹二十年，辛勤方得遇真仙。
便随羽客归三岛①，旋听霓裳适九天②。
得路自能酬造化，立身何必恋林泉。
予家药鼎分明在，好把仙方次第传。

（选自《全唐诗》卷七〇三第21册，中华书局，2008年，第8089—8090页）

---

① 三岛：指蓬莱、方丈、瀛洲三个仙岛。
② 霓裳：借代仙乐。

书斋谩兴二首

池塘四五尺深水,篱落两三般样花。
过客不须频问姓,读书声里是吾家。

官事归来衣雪埋,儿童灯火小茅斋。
人家不必论贫富,惟有读书声最佳。

(选自《全唐诗》卷七〇三第 21 册,第 8091 页)

(吴晓琳编撰)

蔡 襄

【题解】

蔡襄（1012—1067年），字君谟，北宋官员、著名书法家、文学家。兴化仙游人（今福建仙游）。其父蔡琇，始业儒，曾任泉州吏员；母卢氏，泉州洛阳名士卢仁之女。家中四子，蔡襄居其次，兄燮务农桑，弟蔡高、蔡奭先后登仕途，共耀门楣。蔡襄自幼聪慧，五岁至七岁（1016—1018年），随外祖习文。八岁至十七岁（1019—1028年），先后就读于乡序、县学、郡庠，博学多才。天圣七年（1029年），蔡襄负笈赴京，参加开封府进士之试。翌年，以甲科第十名登第，金榜题名，一时荣耀无比。此后历任馆阁校勘、知谏院、知制诰、龙图阁直学士、枢密院直学士、翰林学士等职。在朝为谏官时，以直言著称。后数度外出，历知开封、福州、泉州府事，所到之处皆有政绩。

《蘴厞箴（并状）》是蔡襄任馆阁职务之作，他心怀社稷，忧国忧民，挥毫写下此奏章，言辞恳切，意在劝谏君王。其中所述，"特布德音，开诱言议"，"跻俗于礼，任材以宜"，深谙德政、教育乃国之大务，人才为社会治理之关键，此种见解不论是在当时还是当下都切实而深刻。

《别疏》一文，也为蔡襄任职馆阁时所撰，与《蘴厞箴（并状）》一起合为两篇奏章。本书节选其关于"任材以宜"的内容。文中恳陈"材有短长，官有大小，故随其所宜而任之，则事无不举"，"得人则治，其失则危"，强调选任人才的极端重要性，阐述得人才者得天下、失人才者失社稷之至理。为此，蔡襄奏请皇上"奸邪与不材之人，必速退之"，而"忠直材贤之人，必速进之"，并就朝廷建官之事提出了较为具体的除弊、更革建议。

《论改科场条制疏》乃庆历三年（1043年）之秋月蔡襄离京之际所写。他直言不讳地指出了当时进士、明经二科取士之弊，并提出了三项具体改革措施：其一，放宽设置学堂之规定，广开才路；其二，改革考试内容，重视实际才能与真才实学；其三，采取灵活的考试方法，革除僵化教条。这些观点体现了蔡襄对人才选拔的深刻理解，同时也表现出他对教育事业的高度重视。

《国论要目·任材》一文，蔡襄把选贤任材之务提到"明天子之事"的高度。他坦言"一人之智，兼治数局，时有不能也"，如"吏治之材，使之临兵戎之事，则时有不能也""财利之术，使之论朝廷之事，则时有不能也"。对任材领域的乱象，蔡襄认为根源在于"今世用人，大率以文词进"，大臣、近侍、钱谷之司、边防大将、天下转运使、知州郡，皆"文士也"。主张"词令之职还于文士，讲说之职还于儒学，典礼之职还于博士，兵戎之职还于武士，史文之职还（于）法吏，金谷之职还于利臣"。

《举刘柯述充州学教授状》一文，蔡襄疾呼"教育人材，先由学校"，强调学校教育的重要性，认为学校是国家培育英才的基础。蔡襄身居高位，却心系教育，在福州、泉州知府任职期间，都致力于兴立儒学，亲自过问教学内容，其用心之深，可见一斑。他着意延揽贤才，荐举儒士周希孟、刘柯述等人为福州州学教授，以"训励生徒，兴明儒术"。他的种种举措，都体现其对教育事业的深切期望和坚定信念。

《福州修庙学记》一文记叙了福州兴修庙学的盛事。太宗朝转运使杨克让始立孔子庙，通判谢微权表建州学，范亢、许宗寿、蔡黄中、方峤继任其事，历五载而大备，建有九经阁、三礼堂等，远近学者靡然向风。据其胜势而为东南都会的福州，自此庠校遍设，经师启率其徒，开启了"衣冠肃雍，室庐闲静"的"礼让风教"。

《亳州永城县庙学记》一文，为42岁的蔡襄正值人生壮年和仕途顶峰时所撰。当时亳州永城知县杜谊新修县学，邀请蔡襄专程来永城庙学视察并题写庙记。此文首先追述儒学兴教的传统，接着写杜谊的孝行与诚信，叙述他在永城做知县的政绩，称赞他捐献俸禄率领部下修建文庙学宫的功业。蔡襄题写永城庙学记，既是对儒学的尊崇与倡导，也借此呼吁民众支持庆历新政的改革，于今仍具借鉴启发意义。

黼扆箴（并状）①

右，臣伏睹诏书宣谕三馆臣僚，或朝廷大事，边防机宜，许令密陈章疏，或乞上殿敷奏者。臣窃闻太宗皇帝兵戎初定，乃作三馆，购藏天下之书，精选四方之士，仍于馆下旁设便门，或时临幸，或即召对。故当时之得失，下民之利病，多所推究而施行之。真宗皇帝属世治平，游意文藻，词臣之列，尝预询访。于是天下之人知备官禁闼者，不独翻讨蠹书②，亦有以通上听而裨国治矣。伏自陛下临御以来，向二十余年，未尝一至；所增官属，准前数倍，未尝一召。今者特布德音，开诱言议，兹所以见陛下忧勤之至，人人自力，思竭志虑以裨万分之一。臣愚不知陛下将以成好问之名欤？直欲择至当之言而用之也？臣智识蒙陋，不敢广引古记，多属空文，辄求于今要急之务，而陛下之所欲知者，谨撰成《黼扆箴》一首，书为两轴；每句之下，条陈事实，别疏一通，各随状上进。臣闻唐太宗凡言事有益于政者，书之屋壁，以为警戒。伏惟陛下不以臣之狂直而弃之，幸置臣箴词于户牖，闲时赐省览，原其所条事实终始，则今安危之势可见矣。昔汉贾谊论及时事，以谓可为恸哭者。以臣今日之心，知古人之言不虚谬矣。

---

① 黼扆（fǔ yǐ）：古代帝王座位后的屏风上画有斧形花纹，这里指代帝王。箴：规诫、劝告。此处为文体名，意指规诫之文。

② 翻讨：翻阅探索。

干冒宸严，无任战汗之至。谨具状奏闻。谨奏。

丕显元圣，上奉天时。跻俗于礼，任材以宜。肃治家政，大隆本支。好问益广，去邪勿迟。利急思困，兵连虑危。法令必信，恩赏无私。威福是守，听断不疑。太平可致，决所施为。

（选自陈庆元等校注《蔡襄全集》，福建人民出版社，1999年，第503—504页）

别疏（节选）①

....
伏惟陛下察俗薄恶，择任贤材，兴立典制，上下有节，车服有序，礼让兴行，僭侈衰息，岂不盛哉！臣之所言，乍若高论，复而思之，甚易行也。

任材以宜

臣闻驭邦之大，莫大于建官。材有短长，官有大小，故随其所宜而任之，则事无不举矣。臣以谓今日建官之法，为弊至深。取之不程其材，任之不称其力，因循滋久，莫之变更。臣请略条建官之弊，大者有四：一曰材不称官。臣不敢备举百官之不称者，借如两府大臣，为陛下之股肱，系天下之轻重，得人则治，其失则危。今日之居是任者，或以久次，或以例迁（久次谓累年而至者，故张若谷以年老乞备政府。例迁者，谓状元及第，数年便至卿相），不计材能，不考功绩，攀缘而进，即授以天下之柄。幸而材贤，则福及于下；苟非其材而使之制群生、扶持重器，岂不过哉！董仲舒曰："小材虽累日，不失为小官；大材虽未久，不害为辅相。"盖论材与否也。今用一不材，则天下之人皆

---
① 别疏：此处为"另写"之意。

知轻视公相，而有苟进之心。愿陛下熟思其奸邪与不材之人，必速退之，而忠直材贤之人，必速进之。救溺之势，不可缓也。二曰官守不久。借如三司使、副、判官，皆专管财利；台官谏臣纠正朝纲，箴补时阙①；发运、转运使均输征赋，廉察风俗；列郡太守问民疾苦，此皆至重之寄，祖宗旧规，率有年课。今之除授，但作践历资序，内则踵迹相蹑，立登贵仕；外则州郡迎送，略无暇日。其余两制、两省以上近侍之职，循环辄取，若探诸怀。臣欲备举则文繁。乞陛下列向来所陈职局，及陕西被兵州郡，取二十年已来郡守每岁凡更几人，及侍从之臣凡历数年，因何功效致官至此，则弊可知也。三曰官少员多。臣不知天下建官之数，但觉员数多耳。先朝枢密、龙图等学士及待制侍从之官，盖仅有焉。今多者至十数而少者五七人。三馆职名以侥幸恩泽，比前增倍。又枢密院武臣、审官院京朝官、三班院使臣、流内选人，授官之后，伺候阙次，近者一年，而远者二年。此皆入官之路，不定员数，纷纷冗食，可胜道哉！四曰无功而赏。今大臣两省已上官，南郊及每年圣节各与一子官，非时请乞不与数中，转运使、提点刑狱等率有郊恩例。既以无功迭受恩赏，故边上臣僚小有劳绩，便加官爵，只务姑息，盖势不得不然。自建官以来，未有如斯之滥也。京朝官三年，使臣五年，并与磨勘迁官。先朝名曰磨勘者，盖考功过，今但默默署名，无他罪咎，或贪墨未败，或都无课最②，计年取进，而至显官。因循之弊，乃至于此，大可嗟也。臣闻《易》之道，穷则变，变则通，通则久。若朝廷立官之弊，宜更变之，则其道可久矣。若夫设施之方，陛下傥赐允行，臣当条列以闻。

（选自《蔡襄全集》，第504—507页）

---

① 箴补：纠错补缺。
② 课最：古代朝廷对官吏政绩定期进行考核，政绩最好者称"课最"。

论改科场条制疏

臣伏见隋唐以来,以进士、明经二科取士,迄今以为永制。进士虽通试诗赋策论,其实去留专在诗赋。糊名誊纸①,以示至公。点抹细碎,条约纤悉,所司奉之,便于考校。明经逐场对义②,钞节注疏,计诵字数,至有一字旁写声形类者三两字,如有一中,亦是通义。字犹不识,经旨何从而知?取士之方,一至于此。臣闻有国家者取天下之士,将以治民而经国耳。故敦其行,欲以表风俗;试其才,欲以济成务。今进士之诗赋、明经之帖义③,于治民经国之术了不关及。其间或有长才异节之士,幸而有之,或官而后习,非因设科而得也。今有善射者,或使之御,其人必自以为不能,世之人亦曰:彼射也,责之以御,强人之所不习,不可也。而以诗赋帖义取士,偶与科合者即为中第,一日使之临民谋国,其人必自以为能,而世之人亦习而不怪,兹大可异也。或曰:取士在于得人,岂系诗赋策论乎?皇甫镈以贤良方正中科④,而奸邪过人,岂不专试策乎?裴度以进士中第,而功德尤著者,岂不由诗赋而得之?臣窃不然。取之以其道,任之以其术,而陷于奸邪,其人自隳也。取之不以其道,任之不以其术,而能功德著闻,其人自立也。岂可以自隳与自立之人而害经久之制乎?三代之道,乡举里选⑤,专取德业。汉察孝廉,加之策问,取士有经术。隋唐以来,尽失之矣。行之既久,难于卒更。今就其所试之业而裁之,以试策为去留进士之术,以大义为去留明经之术,

---

① 誊纸:宋仁宗时,为防止科举试卷作弊,规定答卷交誊录院用朱笔誊写,以誊写的卷子送考官评阅,称"誊纸"。
② 对义:回答经义问题。
③ 帖义:科举考试方法之一。用纸贴去经书中的文字,让应试者默填。
④ 贤良方正:古代科举名目之一。
⑤ 乡举里选:古代取士之法。经乡试选拔,或从乡里中考察推荐。

庶几可行也。一、天下之州军尽许立学，选择乡里有年德通经义者补为教授，讲说经书，教授生徒。不应举者，三年后乞与助教名目，且令说讲。应举之人，须经本州学听书，其日限以国子监新立条约为例。一、请试策三道为一场，考校验落外，次试论为一场，又考校验落外，次试诗赋为一场。以三场皆善者为优。或策论诗赋，互有所长，则互取之。其策仍请一道问经义异同，以观其识；一道问古今沿革，以观其学；一道问当世之务，以观其才。此其大略也。一、明经只问所习经书异同大义，所对之义只合注疏大意，不须文字尽同；或自有意见，即依注疏解释外，任自陈述，可以明其识虑。若以经科文人所习已久，未能变革，即艰其取而薄其恩，取能对大义者颇优奖之，自然稍有智识之人去彼取此。

(选自《蔡襄全集》，第446—448页)

国论要目·任材

凡人之材，各有所能，不一等也。一人之智，兼治数局，时有不能也。有文词之职，有吏治之职，有兵戎之职，有财利之职，夫有吏治之材，使之临兵戎之事，则时有不能也；有财利之术，使之论朝廷之事，则时有不能也。今世用人，大率以文词进。大臣，文士也；近侍之臣，文士也；钱谷之司，文士也；边防大师，文士也；天下转运使，文士也；知州郡，文士也。虽有武臣，盖仅有之。故于文士，观其所长，随其材而任之，使其所能，则不能者止，其术莫善于还。词令之职还于文士，讲说之职还于儒学，典礼之职还于博士，兵戎之职还于武士，史文之职还（于）法吏，金谷之职还于利臣。所谓还者，与其能者，不以一人之智兼责之也。若夫宰辅大臣，必兼众能：文学之士，皆其出身；忠义之节，皆其素立，故不论也；不明法令不可也，不知军旅之情不可也，不知边疆夷狄之数不可也，不知金谷利病不可也，不知礼典之旧不可也，是故难其人。陛下知其难也，得人则爱重之，又于群臣询咨而择之。臣故谓任材者，明天子之事也。

（选自《蔡襄全集》，第432—433页）

举刘柯述充州学教授状①

右，具如前。伏以教育人材，先由学校；训导之职，实难其材。臣本州进士岁趋贡举尝及七百余人，州学生徒相聚讲议，日亦不减数十百人。昨以新授虔州赣县尉柯述在州待阙，权请教授，将及半年。考校文词，动有程准。诸生惜其罢去，诣臣乞留。臣欲望朝廷特除本州州学教授，不理资考，裨（俾）之在学训励生徒，兴明儒术，其于助治，亦可尚也。谨具状奏闻，伏候敕旨。

（选自《蔡襄全集》，第477—478页）

福州修庙学记

七闽海滨，其地险而壮，福州之治尤据其胜势，为东南一都会。其风俗尊向儒术，唐之支（文）盛，间有重人。薰渍劘刘②，日以滋众。然庠校之兴，前无著者。自五代钱吴越王制专（专制）甄（欧）冶，分子弟以莅之，乃作新宫，号为使学。本朝太平兴国中，转运使杨公克让始立孔子庙，以奠春秋。景祐四年，通判谢君微权职郡治，遂表建州学，仍请赐田五顷，以久众处。诏书报下，谢适罢去。

---

① 刘：据宋本，当作"留"。
② 薰渍：熏陶，浸染。劘刈（mó yì）：喻指砥砺、切磋。

逮范公亢、许公宗寿更守此邦，参择曹掾之能者（蔡）黄中、方峤继任其事，商工度材，历五载而大备。公帑之泉，计费千万；植宇之楹，总数六十。中设孔子与其徒高弟者十人像，又绘六十子及先儒以业传于世者，皆傅之壁，曰"九经阁"，以藏旧所赐书；曰"三礼堂"，以图舆服之制、祭享之器。黉舍斋庐①，旁翼两序；庖次开（井）饮，百用资给。今尚书都官员外郎沈公之来，入而拜，出而叹曰："学成，空不居，无以育贤才而起风化。"乃与监都（郡）太常博士陈君议增美田，充所赐数。迎（延）旧儒，敷解经术，又立比业准程，群居约束，揭为众则，以侯官尉吴及兼总之。于是远近学者靡然从慕。

初，公至，精究疾弊，绳治强豪，人用震栗。既而譬晓士民，教之六艺。以是知公摧凶梗而培善本，威惠并施。有所归赖，更口誉道，厉戒幼小，无或失业。咸愿刻文于石，垂延久后。遂相与来请襄为之记。已又作诗曰：

於戏生民，角翼者群。上圣有作，才治人文。执道之中，立世之纪。厥后迷谬，乖离本始。躬服儒方，偶媲言词。专用于神，乃文之疵。入齿王官，出知法令。不失有罪，乃政之病。然于当时，咸著能名。使二者失，由学弗明。学斯谓何，忠义悌孝。政斯谓何，礼让风教。譬如大鼎，量入于钟。龠石百数②，罔不兼容。在学于政，先其大者。言词法令，进修之假。唯州有学，邦君实谋。驱汝闽民，来处来游。象图严严，记书整整。衣冠肃雍，室庐闵静。孰为人父，敕戒而子。往焉问闻，弗往攸耻。孰为人师，启率其徒。开陈统要，罢诎巧诬。坠举废兴，属于继承。益完勿圮，惟贤者能。

（选自《蔡襄全集》，第557—559页）

---

① 黉（hóng）舍：古代学校的校舍。
② 龠（yuè）：即"籥"，古代乐器，形状像笛。

亳州永城县庙学记

孔子之门人，颜渊最为高弟（第）。其称之曰："有颜回者好学，不迁怒，不贰过。"昔之所以教人，与其所以为学者，类斯道尔。孔子没，其书传于后，而学者繇其言以之道。顾有不至者，非道之远，盖利汨（汩）之也。战国以材智相倾，士以儒文其身，而挟其私术趋时向利。独孟轲、荀况专其所守，而不屈于当时。汉以明经射策①，六经之徒自名其家，颛务师说，是非或戾于大中。然决大事尚傅（传）经以正其义，故其治迹文质有可观者。由汉以来，曲（世）褒孔子，至列王爵而庙。郡县奠其春秋，用尊大其道，以劝民学。而取士之路，以配词为进士，以数字为明经。中其选者，相蹑为公相，显荣天下。天下承流，其徒以千万数，至不可胜计。其师弟子皆以仕进之具相从，幸如博弈，苟入科则禄士（仕）。或以孔子之教人者倡于其徒，则为穷师；以颜子之所谓（为）学者学之于人，则谓穷人。数百年间，虽大贤功业，班班见于史载，而其风化之美，不臻于三代之隆，盖其源流异也。

亳州永城县孔子庙，居城西隅，庳陋不完②。皇祐四年，大理评事杜君谊知县事。杜君以孝行闻，而治民有诚信，以谓均赋徭、辨曲直、剔奸弊、兴美利，斯材吏之易能，孰若教明（民）以善道，而使（之）渍于仁义乎？明年，出奉泉，迁庙于东南，直汴之阳，作文宣王及兖国公而下十人像，笾簋之数③，率据典礼。又旁庙设学舍数十区，将以教育人材。于是县人之为学者，各以其力相之。冬十二月，庙学成，杜君录其本末以来请文。

予谓居其舍者，师若弟子，皆知其所以教人与其所以为学之本。勉而求

---

① 射策：汉代考试方法之一。主试者提出问题，书之于策，应试者拈取其一作答。
② 庳（bì）陋：矮小简陋。
③ 笾簋（biān guǐ）：笾，指古代祭祀和宴会时盛食品的一种竹器。簋，指古代盛食物的器具。

之,能以是治其心而立其身,所谓进士、明经之术者庸有不能哉?呜呼!瞻于庙,游于学,以思其道,斯可谓之学矣。舍是而言学,学斯为利;学其利乎,斯下也已!

(选自《蔡襄全集》,第563—565页)

(严淑贞、涂怀京编撰)

陈　襄

【题解】

陈襄（1017—1080年），北宋中期大臣、名儒和名师，字述古，福建侯官县古灵村（今闽侯县南通镇古城村）人。与福州乡里郑穆、陈烈、周希孟相与为友，志于传道，气古行高，磨砻镌切，相期天下之重为己任，名闻天下，闽中士人宗之，闽海间号为"古灵四先生"，又称"海滨四先生"。陈襄二十六岁中进士后，为浦城县主簿，后历任仙居、河阳县令，常州、杭州、陈州知州。在朝历官知谏院管勾国子监，知银台，迁枢密直学士，判太常，兼侍讲。陈襄每为官一任，无不以兴学为第一要务。平生讲学不辍，弟子数千，其中不少成为名儒和名臣，如状元章衡等。

《修道之谓教》是陈襄著作《礼记讲议》中讲解《中庸》的一段话，标题为编者所加。本段文字阐述基于儒家人性论的教育哲学。《中庸》开篇就说："天命之谓性，率性之谓道，修道之谓教。"陈襄解说，《中庸》是治性之书。天命之性，情欲未发，自然合于仁义礼智信；遵循天命之性，自然合道。圣人之性，诚明不动，但是圣人知道，人性会受到外物的影响而改变，随情伪而迁。教育和学习则是正情以返性，用今天的话来说，教育就是扫除尘世的污染，揭开物欲的蒙蔽，恢复人性之美。

《议学校贡举札子》作于熙宁元年（1068年），陈襄以刑部郎中修起居注，不久知谏院管勾国子监。皇帝下诏令两制台阁臣僚议学校贡举之制，陈襄上呈此篇。陈襄告诉皇帝，要治理好天下，必须求得贤才；欲得贤才，必须兴学。太学是天子教化之宫，自古圣帝贤王莫不重视太学；汉唐之世太学规模盛大，生员众多，甚至还有外国留学生。国朝（宋）儒学之盛，跨越汉唐，但是学舍凋敝，学生轻浮，学官懒惰，殊无法度。陈襄认为，办好教育，关键在于以贤德之人为师，常秩、陈烈、管师常、程颐等名儒虽然皆未中进士，身为布衣，但通经明理，可以胜任师长。陈襄对待人才，真正做到不唯学历论，重在品德和真才实学。

《与陆学士书》是陈襄给泉州知州陆学士的书信。陆学士赴任前，陈襄告诉他，为官一方，守土有责，大兴教育培养人才是急务。培养人才的关键是选好贤德服众的教育带头人。陈襄还向陆学士推荐了一批贤才，并描述了各自的品行，建议陆学士因材适用。陈襄以上建议，对于今天的行政首长、教育局局长、校长，都有参考意义。

《常州请顾临秘校主学书》是一封邀请函或聘任书。嘉祐六年（1061年）陈襄任常州知州，有感于学风衰微，没能承续近二十年前胡瑗在邻近的湖州兴学之盛，决意复振东南儒学，于是大兴州学。陈襄无疑受到胡瑗湖学的影响，决心以之作为榜样，学习，追赶。他向秘阁校理顾临发出此封邀请函，聘其主持常州州学。顾临正是胡门弟子，陈襄此举，应是想以胡氏苏湖教法来施教常州。《宋元学案·古灵四先生学案》记载陈襄评顾临，"才豪气刚，兼有识略，喜于闻过，可属以危难之事"，足见陈襄对顾临的欣赏和信任。此函的内容，体现了宋学特征，反对汉学的沉溺章句，也反对晚唐、五代以来的华丽词章，提倡明经笃行，与同时代的北宋五子及南宋朱子学同调。德行道义是陈襄心目中的教育内容，也是教育目的。

《杭州劝学文》是陈襄任杭州知州时发布的教育文告，与《常州请顾临秘校主学书》一样，宣明教育的目的在于以德行道艺陶冶君子之器，而非教人"为辞章、取禄利"。同时，此文还透露出辟佛排老、复兴儒学的时代气息。

《仙居劝学文》是陈襄第一次正式任县令时发布的教育文告。文中告诫乡民：读书是修身向善、减少纠纷和犯罪、提升人生幸福的最佳途径，应及早送子弟入学，不要荒废了孩子们的聪明才智。

《送章衡秀才序》颇能反映陈襄的儒学道统思想、教育内容和宗旨。章衡二十岁时，因祖母年老，要辞师回家照顾，陈襄惜别，写下这篇赠别序文。文章说：圣人与天地之道相合，贤人则求与圣人相合；与圣人不同时，则求与圣人经典相合。孟子、荀子、扬雄、韩愈四子合乎经典，所以教育章衡要"质诸经，辅以四子"，要"无近名，无躐学，无急于奔竞，发蒙乎四子"。天地之道难通，为学为人而通天地之道的途径和步骤，要从诚起步，合乎经，合乎圣人，合乎天。须从诚开始，尽心、尽物、尽理、尽性、尽神。但是，"章生之材，往而无所合"，陈襄觉得很遗憾。可见他对学生期望之高，要求之严。

《送管师常秀才序》，对师复、师常兄弟评价甚高，认为"二生皆天性孝友"，"其志固已异于人矣，然所居远方，穷厄辛苦，亦人之所难"。甚至赞叹他们不逊于孔夫子之高弟，可惜居于本人门下，无足取资。陈襄老师真是虚怀若谷，但他希望管氏兄弟能够进太学学习，能够"行身乎大方之涂，养心乎至义之源，游泳乎诗书之和，沉潜乎《易》《春秋》之微，博之以文艺，约之以礼法，而归诚其性"。后来管氏兄弟确实入了太学，又成为胡瑗的弟子。陈襄显然欣赏管氏兄弟甚于章衡，但章衡后来中状元，得富贵，而管氏兄弟淡泊名利，师复做了隐士，成为著名诗人，著作颇丰，师常精于经术，成为东南名师。从陈襄对待章衡与管氏兄弟的态度，可见其价值取向。

修道之谓教

修道之谓教。教，效也。圣人知人之性，感物而迁，因其性之所自有，修而明之，以教天下，使人知所则效，而复归于道，夫是之谓教也。然则人之性无以异于圣人之性。圣人之性，诚而不动，明而不惑，故情伪莫能迁焉。众人之性，不胜其情，欲动乎内，物交乎外，不能以自反，其道遂亡，此所以异也。夫杀一不辜①，人莫不恻然有所不忍，此天下之心同仁也；有是心而为不仁者，彼有以害之也。行一不义②，人莫不悁然有所不为③，此天下之心同义也；有是心而为不义者，彼有以贼之也。尊君而卑臣，隆父而杀子④，此天下之心同礼也；有是心而为无礼者，彼有以慢之也。是是而非非，好善而恶恶，此天下之心同智也；有是心而为不智者，彼有以蔽之也。内以欺诸己，外以欺诸人，则怍焉，此天下之心同信也；有是心而为不信者，彼有以迁之也。故有之者，性也，失之者，情也，不正其情，无以反其性。如此者必待学而后明，修而后复，自致曲至于能化之谓修道也⑤。修者，人之道，故谓之教。

（选自陈襄《礼记讲议·中庸》，《古灵集》卷十二，四库全书本，第205页）

议学校贡举札子

臣伏睹先降诏书，令两制以下至台阁臣僚⑥，建议学校贡举之制，得以上闻者。兹见陛下讲求至治，思得求贤养士之要，以兴起王业也。臣近以谏官

---

① ② 杀一不辜，行一不义：语见《孟子·公孙丑上》："行一不义，杀一不辜，而得天下，皆不为也。"

③ 悁（tiǎn）：惭愧。

④ 杀：抑制、压抑。

⑤ 致曲：达到一隅，深入幽微。典出《中庸》二十三章："其次致曲，曲能有诚，诚则形，形则著，著则明，明则动，动则变，变则化。唯天下至诚，为能化。"曲，局部。朱熹注：曲，一偏也。

⑥ 两制：翰林学士与中书舍人合称两制。唐、宋翰林学士受皇帝之命，起草诏令，称为内制；中书舍人与他官加知制诰衔者为中书门下撰拟诏令，称为外制。宋以后仍有两制习称，而诏令皆由翰林院起草，与唐、宋不同。

兼领国子监事，每至太学，视其斋舍颓敝，生徒佻达，官吏苟简，殊无法度。

窃谓太学者天子教化之宫，自古圣帝贤王莫之敢废。晋汉而下，虽无先王之法，然犹置师弟子多至千数。唐贞观中，规制益广，增筑学舍千二百间，博士生员与藩夷子弟游于学者，至八千余员。岂国朝儒学之盛，跨越汉唐，而弦诵之地寂寥至此，臣实耻之！盖艺祖创制，未遑斯事，当时谋议之臣识虑不远，因循百年，未有太学。今生员所居，乃是司业厅事与朝集，数位而已，天下徯望必行于陛下之手。

事得其本，为之甚易，但陛下先求贤哲之士，使居师长之位，百度兴葺，乃其末事，可以不劳而成矣。伏见前授试大理评事充忠武军节度推官、知许州长社县事常秩，性行纯明，专于古学，甘贫守道，不苟仕进，语默出处，非义不由，道德未加而人信之，此可谓以人治人者也。前授安州司户参军充国子监直讲陈烈，忠孝仁勇，根于诚性，行与道合，心与俗违，博通群经，而尤明于礼学，思一物不获其所，则其心忧焉。仁宗朝尝以学官召之，数命不起，此可谓能自任以天下之重者也。二子之道则同，而其用或异，皆所谓学孔子者也。方今丘园有道之士①，求烈与秩，未见其比。陛下方大有为之时，舍如是人，而使穷居家食，恐非虞舜之举十六相②，文王待二老之意也③。如陛下未即置诸左右，姑以礼命召至太学，使居博士之职，以经授弟子，帅公室公卿之子弟与国之俊选，咸得执经肄业而以师礼处之，庶乎其可

---

① 丘园：隐逸之意。

② 十六相：即十六族。典出《左传·文公十八年》："是以尧崩而天下如一，同心戴舜，以为天子，以其举十六相，去四凶也。"晋傅玄《晋鼓吹曲·伯益》诗："伯益佐舜禹，职掌山与川。德侔十六相，思心入无间。"唐韩愈《贺皇帝即位表》："举用俊乂，流窜奸邪，虽虞舜之去四凶、举十六相，不能过也。"

③ 文王待二老：周文王对待伯夷、姜太公（吕尚）。典出《孟子·离娄上》，孟子曰："伯夷辟纣，居北海之滨，闻文王作，兴曰：'盍归乎来！吾闻西伯善养老者。'太公辟纣，居东海之滨，闻文王作，兴曰：'盍归乎来！吾闻西伯善养老者。'二老者，天下之大老也，而归之，是天下之父归之也。天下之父归之，其子焉往？诸侯有行文王之政者，七年之内，必为政于天下矣。"

致也。

有乡贡进士管师常者①，履行正固，经术专精，东南士人多所从学，更练民事，而适于时用。尝为太学正，众论推服。乡贡进士程颐者②，有高坚之行，怀经济之学，廷试不第，无复进取，守道用晦，名闻公卿。近闻诸路搜访遗逸，以应敕书③，师常与颐咸与荐达，亦望圣恩并除国子监一助教之名，庶几太学生员有所规法。语曰："举逸民，天下之民归心焉"，正谓此也。所有近诏诸臣议学之制，论者固多，伏望陛下选择近臣颁付详定，取其合于王制者立为一代之法，固不为浅者之论而遂沮止，则天下幸甚。取进止④。

(选自《古灵集》卷八，第113页)

与陆学士书

天下士儒，惟言泉、福、建、兴化诸郡为盛，其间中高第、历显官，福吾天子之民者为不少，然而守是土者，奉天子诏令外，兴学养士无如此急也。泉之学兴久矣，养士之资与器莫不备具，但未有能举之者。执事之去是邦，士儒之望固如何，宜举之也。然兴学之本，要在得士；得士之要，在于择首长。首长贤，则上下服；上下服，则举所有之士，莫不备至矣。

某尝闻州之进士，有蔡黄庭、杨舒、辛维、庄覃、王实、李翼者，皆善

---

① 管师常：据《宋元学案·古灵四先生学案》，为龙泉（今属浙江）人，与其兄管师复俱为陈襄门人。陈襄讲学仙居，师复、师常兄弟不告父母，奔走而来。闭门官舍中，恶衣粗食，闻古善言善行，必欲力行而进之。

② 乡贡进士程颐：据《文献通考·选举·举士》，"举选不由馆学者，谓之乡贡，皆怀牒自列于州县"。在宋代，乡试、府试两级考试合格者，被举荐参加礼部贡院进士科考试，落第者则称为"乡贡进士"。程颐是理学家，世程"小程子"，北宋五子之一，嘉祐四年（1059年）廷试落第，不再应考，所以只是乡贡进士身份。

③ 敕：四库全书本作"赦"，应误，径改。

④ 取进止：古代奏疏结尾惯用套语，意为听候旨意，以决行止。

讲说，而黄庭、维、覃尤有行检。黄庭通三传，不善临干学事，但可讲授耳。舒有老学，然困于贫穷，时不能固。陈从古，盖长者。若崔虞臣、郭堪、陈说者，皆有材行文学，可使为之长，而堪通讲群经；吕鉴、许蕃、柯适、柯述、柯迪皆隽迈，有词学，蓄作事近古有节概，适、述、迪皆有志于古，而勇于道。一学之中，若尽得此十数人者，同居而和，相厉以道，而执事政有余闲之时，不惮烦劳，日往临之，俾有宗主。有贤行者，尊宠之；有才美者，长育之；有不能招来者，以身下之；有贫穷难安者，以资养之；有不能长者，以礼退之；有不能群者，以义道之；有过缺未至者，以道厉之；有不率教者，以法移之。如此行之数月，则举郡之士必皆兴于学矣，贤者事业，未必不由此而光大也。

某之所闻，盖得于士大夫间，未必尽详。抑犹有不知者，尚在执事求而择之也。士患有其道，而无其位与其地耳；既有其道，又得其位与其地，然而不为之者，真可惜也。伏惟执事留意焉。

（选自《古灵集》卷十四，第243页）

常州请顾临秘校主学书①

某窃以东南之学废而不振也已久，安定先生之去吴兴②，盖十余年矣，天下学者之兴，较之当时固已浸盛，而东南之士又常倍之，然而魁奇特起之才，

---

① 顾临：字子敦，会稽（今浙江绍兴）人。通经学，长于训诂。历任国子监直讲、馆阁校勘、同知礼院、刑兵吏三部侍郎兼侍读、翰林学士，以龙图阁学士知定州、应天、河南府知府等官职。传在《宋史》列传卷一〇三。秘校：应是顾临所任职务馆阁校勘的俗称。清梁章钜《称谓录·进士》载，"《却扫编》：进士登科人，初官多授试秘书省校书郎，故至今新擢第人，犹称秘校"。

② 安定先生之去吴兴：胡瑗离开湖州。安定先生，宋初三先生之一胡瑗，教育家、思想家。吴兴，湖州古称。庆历二年（1042年）胡瑗受湖州知州滕宗谅（滕子京）之邀主持湖州州学，分经义、事务两科，四方之士云集，弟子多至数千，时称"湖学"。

礼乐恺悌之风，反不如吴兴昔时之盛，何也？岂非庠序之教所由废兴也欤？某之不肖，领郡于兹，虽不敢以斯道为己任，然常患近世之士，溺于章句之学，而不知先王礼义之大。上自王公，下逮士人，其取人也，莫不以善词章者为能，守经行者为迂阔，而士之荣辱亦从而应之，以是天下之士，习非舍是，固已涂瞆其耳目，而莫之能正矣。某自莅事以来，惟日孜孜以兴学养士为先务，以明经笃行为首选，其心如是，直将以待夫有志之士焉耳。彼州人之子弟，与夫四方之学者，轻千里而至，其亦有望于兹。虽然，德薄任重，不足以独当其责，思得先生老成之士为之表率，而未能也。伏惟足下才足以宰制于人，义足以矫厉于时，其所为文，又有以惊动时人之耳目。今将表一学之生徒而教之以德行道艺之术，所宜无让也。谨遣诸生躬诣门下以请。

（选自《古灵集》卷十五，第254页）

杭州劝学文

某尝谓学校之设，非以教人为辞章、取禄利而已，必将风之以德行道艺之术，使人陶成君子之器，而以兴治美俗也。杭，东南之会藩也，其山川清丽，人物秀颖，宜有美才生于其间。然自建学以来，弦歌之声萧然，士之卓然有称于时者盖鲜，反不迨于支郡，何也？岂非渤海之民罕传圣人之学，习俗浮泊，趋利而逐末，顾虽有良子弟，或沦于工商释老之业，曾不知师儒之道尊，而仁义之术胜也？某之至是邦也，固当以教育为先务，而必致学者首明周官三物之要①，使有以自得于心而形于事业，然后可以言仕，此所谓学之序也。虽然，自以为愚蔽弗明，而力不足且胜其任，责不逮，思得明诚笃行

---

① 周官三物：《周礼·地官·大司徒》："以乡三物教万民，而宾兴之。一曰六德：知、仁、圣、义、忠、和。二曰六行：孝、友、睦、姻、任、恤。三曰六艺：礼、乐、射、御、书、数。"郑玄注："物，犹事也。"

陈　襄

之士，相与讲议其道而推行之。

（选自《古灵集》卷十九，第314页）

仙居劝学文

咨①！汝邑父老：夫人之为善，莫善于读书为学，学然后知礼义孝悌之教。故一子为学，则父母有养；一弟为学，则兄姊有爱；一家为学，则宗族和睦；一乡为学，则闾里康宁；一邑为学，则风俗美厚。虽有恶人，将变而为善矣。今天子三年一选士，虽山野贫贱之家所生子弟，苟有文学，必赐科名，身享富贵，家门光宠，户无徭役，休荫子弟，岂不为盛事！予自到任以来，居常悯汝邑民不识为学，父子兄弟不相孝友，乡党邻里不相存恤，其心汲汲，惟争财竞利为事，以至身冒刑宪鞭棰，流血而不知止，予甚哀焉。余奉天子诏条，不可私恕，每刑一身，若伤肤发，而汝邑民不知予心，乃相扇炽，构讼成狱，自以为能使予日不得食，夜不得寝，欲与革弊，略不能改，是诚何心！虽然，非汝百姓之乐于此也，盖不知读书之故也。前年曾有文书告谕汝乡民，令遣子弟入学，于今二年矣，何其无人也？古者十室之邑，必有忠信，今百里之邑，良民子弟不少，其间岂无聪明瑰茂朴美之器可使为公卿者？然而不使之为学，真可惜也。今汝父老归告其子弟，远令来学，予其择明师而教诲之，庶几有成。如前所说，予明年十二月官满即去，汝父老其听予言。

（选自《古灵集》卷十九，第315页）

---

① 咨：此处为叹词，叹息声。

送章衡秀才序①

予观天地人物，有可合之势，求合乎天下之方圆者，在知规矩；求合乎天下之轻重者，在知权衡。天地之道难通也，神明难明也，万物之理难齐一也，圣人尽心而诚焉，罔不通，罔不明，罔有不齐一。圣人者，天地之合也；贤人者，求合乎圣人者也。然则圣人不世出，乌乎合？曰：存则合乎人，亡则合乎经；颜渊氏合乎人，孟、荀、扬、韩合乎经②，其事则同。好学以尽心，诚心以尽物，推物以尽理，明理以尽性，和性以尽神，如是而已。

章衡子平年弱冠，为予县学生，家居毗陵，祖母既老，一日挚书于门，告予归宁其亲，义不可留。惜乎章生，吾不得以圣人之经为吾子合也。孔子没，六经之道不明于世，诸儒驳杂之说纷纷乖错，周环天下。借使章生有贤，知人之材质焉，往而质语，吾以是为章生惜。章生汲汲求一官以为父母荣耶？则四方有馀师，其涂甚径，其术甚易学。将求合于圣人耶？则无近名，无躐学，无急于奔竞，发蒙乎四子③，言行乎《诗》《书》，性命乎《周易》，观法乎二《礼》，作事乎《春秋》。富贵合乎是，贫贱合乎是，死生荣辱合乎是而已也。或曰：说经者多矣，焉攸从？曰：乌用彼穿凿也，诚至则经合，经至则圣人合，圣人至则天合矣。或曰：焉知子是而信之？曰：质诸经，辅以四子，何疑而不信哉？

章生求予，言予学徒也，不敢以教重，章生之材，往而无所合，姑以是为赠。

（选自《古灵集》卷十八，第307页）

---

① 章衡（1025—1099年），字子平，福建浦城人，陈襄弟子，嘉祐二年（1057年）状元，先后任郑州、秀州、庐州、宣州、颍州等知州，授上柱国，赐爵吴兴县开国伯。
② 孟、荀、扬、韩：孟子、荀子、扬雄、韩愈。
③ 四子：指孟子、荀子、扬雄、韩愈。

陈　襄

送管师常秀才序

管生兄弟①，处州龙泉人，其始不告父母，奔走而来，学数岁，不应诏书，其志固已异于人矣，然所居远方，穷厄辛苦，亦人之所难。二生闭门官舍中，绝人物之知，恶衣而粗食，朝寒而夕饥。两闻大功丧，疏食百日，颜色枯槁，见之令人辄悲，独能处之，欣然无有难色。出听吾言而信，入闻圣人之道而说，闻古之善言善行，必欲力行而追之。吾观二生何其异今人也！

二生皆天性孝友，而师复尤暴于外，每与人言其亲之老，则涕泗滂沛而不能收，善爱其弟，而忘其矜说。生居亲长左右，则善用力，其大者见诸德行事业焉。师复之为人，仁勇且直，作事义而好古，于朋友善争，有暴戾而弗革，必屡屈之，或至泣下者，后皆感服其义，激昂以自立。常为学纠弹，诸生畏惮之，无犯规矩。邑童子之愿学者，悉群聚而教之尽心焉。师复归学无纠弹，在学之士三十有余人，阴不相谋，尽以举生。生之行尤峻于人，其行事于学也，不戚戚于纠察，惟修身自律以劝率学者。其容止庄谨，无一日之懈，虽退食不脱冠带。横经夜坐，如对古人，如是者三年矣。

夫与人久居，然后其贤可知。昔者夫子谓颜渊，其心三月不违仁，其余则日月至焉而已。仆观古之高弟，其志与行，亦孰能大过于生，但彼居夫子之门，日闻礼义之大，又有至圣为之依归耳。若仆之道，何足取资于生？宜有所足者，然则非生材之罪也，道有所未遇，力有所未至耳。持是而归，以宁其父母，亦无愧焉。行身乎大方之涂，养心乎至义之源，游泳乎诗书之和，沉潜乎《易》《春秋》之微，博之以文艺，约之以礼法，而归诚其性。五官，

---

① 管生兄弟：管师复、管师常兄弟。管师复，字亨甫，号白云先生，又称卧云先生。为人学问深邃，淡泊名利，颇有诗名，著作有《卧云集》《五经要义》《读史管窥》等。

吾用也，吾则不为之用；万物，吾役也，吾则不为之役，如是者又数年，其亦庶乎其至也。天其不欲用予于斯文也，予如生何？如欲用予于斯文也，生其必在太学矣。

（选自《古灵集》卷十八，第305页）

（孙汉生编撰）

苏 颂

【题解】

苏颂（1020—1101年），宋代知名政治家、科学家。字子容，祖籍泉州同安（今属厦门），后迁润州丹阳（今属江苏镇江）。宋仁宗庆历二年（1042年）进士，此后长期在馆阁供职，广涉古籍。历仕仁宗、神宗、哲宗三朝，官至刑部尚书、吏部尚书、宰相，以太子少师致仕，徽宗即位后进拜太子太保。建中靖国元年（1101年）去世，享年八十二岁。

苏颂为宋代之俊彦，博学多才，经史百家，无不精通，于教育之道深有远见，卓识非凡。其著述颇丰，有《新仪象法要》《苏魏公文集》等。文章诸如《议学校法》《议贡举法》《论制科取士乞加立策等增取人数》等篇，皆凝聚其教育智慧，昭示其育才理念。于人才之培养，苏颂主张"行完学富""乡荐卷试"并重，此皆为其对教育的探索。

《议学校法》乃苏颂为响应王安石整顿学校、改革科举之号召所撰之文，直陈教育与科举之弊。文中深入剖析学校之现状，指出教育之目的在于育才，而育才之道在于改革教育之制。同时苏颂还主张学校应当重视学员品德学识之培养，提高教师之素质与教学水平，俾使学子得以全面发展。

《议贡举法》中，苏颂针对科举制度中存在的问题进行深入剖析。他指出，科举重成绩而轻品行之弊已日益凸显，设官未备，教导未至，致使学子积极性受挫。为此，他提议增损旧法，健全教学体制，使学官"分掌职事"，专职讲授,并加强考评,以行艺为擢升之路。同时他反对专以应考成绩为人才取舍之标准,认为此法过于片面,无法全面评定应试者之真实品行才学。他强调"国家取士,行实为先",将个人政治品德列为选取人才之首要要求。在此基础上,他进一步要求士子应"行完学富",即大节无亏,学识渊博。为此,他建议国家宜参考前代乡举里选之遗法,结合当代实际,另立条制,以选拔真正之人才。

《论制科取士乞加立策等增取人数》一文中,苏颂主张进一步放宽科举取士之录取标准。他提出以"贤良方正能直言极谏科"替代旧制,广开士人进仕之门路,增加录取人数。苏颂认为,此举旨在选拔那些品德高尚、学识渊博之人才,为国家广招贤才。他希望通过这样的改革,使更多有真才实学的人才能够脱颖而出,为国家的发展贡献自己的力量。同时,他也期望通过这样的方式,激发更多士人的学习热情,推动整个社会文化的进步。

议学校法

臣闻古者立太学以教于国,设庠序以化于邑。虽王之诸子,卿大夫之子弟及国之俊选皆造焉。三代所以教化行而习俗成者,由此道也。自乡遂之制坏,而学校从而废缺。汉晋而下,代有兴置,至唐而后备。上都立国子监以总六学之务。设官则有祭酒、司业为之长,博士、助教、直讲为之训导,监丞、主簿掌其政令。外则京府州县各有学,并置博士、助教以主训授之职。由是党庠、遂序、国学之制稍稍复矣。国朝自景祐以来,天下建学。庆历以后,数立规程,自是诸儒知所宗尚。岁月浸久,生师益增。然而黉校之间,未闻有业成通经之士显著于时,而副朝廷之选用者。今明诏将议改制,而降意于询访,兹诚治世之先务,而圣主所当留神也。

臣窃谓本朝学制大抵仿唐之旧,然而设官有未备,而教导有未至,故积日虽久，而成效无闻也。何以言之？唐制学官，国学则博士、助教各二人，直讲四人，大成十人，学生三百人。太学、四门学则博士、助教各三人，学生各五百人。而四门又有俊士八百人。律书、算学则博士、助教各一人，学生五十人至三十人。今之学官惟直讲、说书共八人，而无国子、太学、四门之别，职事又无殿最之课①。太学生止于三百人，广文生则三岁试补，但随秋赋而不转两学。听习律学，虽有其名，而无其职。书算则又阙焉。唐之学官，每岁终考校，以训授功业多少为殿最。学生则以业成通两经以上者，上于监。祭酒、司业策试，优者上于礼部，大成上于吏部。今二者咸无焉，其法制灭裂如此②，而欲责其壹道德而广教化，势不可得也。

必欲别为新规，臣愚以谓，积习既久，未易更张。莫若即旧法而增损之，则便而易行也。今学官八人，谓宜各令分掌职事。五人专职讲说，人各一经。《春秋》兼"三传"，《礼记》兼《周礼》《仪礼》，并为大经，各限二年讲毕。《毛诗》为中经，限一年半。《周易》《尚书》为小经，限一年。三人掌教授诸生，以诗赋、文论、经史之大义及时务策，仍轮日直学，以待诸生请问疑义，并出公试题目。若考校试卷，则八人通主之。其教导有方，成效显著，为诸生凛伏者，候及三年，委判监官闻于朝廷，望赐召试馆阁职事。其不职者，罢免之。学生以五百人为额，逐日早分经听受，每经百人。仍兼习《孝经》《论语》，听读罢，则课习文史。每月公试三，学官考校优劣，分三等。揭名于学，以为劝沮。监丞掌其课最，主簿纠其违慢。每一经讲毕，监上于判，监集官策试大义十道，次日口说十道。各定为三等，大义通十，并口说明白，能发明圣贤深蕴者，为优等。大义通六及口说俱通者，为次等。不及六通，为下等。其通一大经或一中经兼一下经，试入优等者，上于朝廷。望加旌拔③，或直送省试。仍许特奏名次等，籍其名以俟再试。甄别下等，本学常加

---

① 殿最：古代考核军功、政绩的方法，下等称为"殿"，上等称为"最"。
② 灭裂：犹言败坏、毁坏。
③ 旌：表扬，表彰。

敦勉。其文行道艺超绝伦辈，朝野所知者，不拘常例，并许举荐以备朝廷擢用。其律、书、算等，亦望各立一学，量置生徒。庶令学者粗知本原，以之入官，不至墙面也。

州郡之学，每州请置经学博士一员，（或只以教授名官。）内举人及三百人以上者，朝廷为选差正官。三年为一任，如能举职有效者，任满日本州为保荐之，乞加旌擢，其余本州辟召。有科名守选官员或经行纯粹之士，上于本路，列奏朝廷，俟旨补授。仍给本学公钱为俸。亦以三年为任，任满保荐如正官。法内命官望加优奖。举人即授以闲官，再授教授之职。每州仍置说书一员，（生徒二百人以上三人，一百以上二人。）以本郡有经术文行之士，为乡里所推者充。仍从生徒众举，州为补置。本州无其人，则请于邻州，使专讲说。诸生听读课试，亦约太学之例。如有经术精博、文艺优长者上于州。州为覆试，籍其名以补学职。俟及三年，显有功效者，（说书同。）举送国子监，与通经者同试。县学置助教一员，（或只以教授为名。）推举如州说书例，兼主讲说教授之事。诸生有业成通经者，上于州学，与通经者校试，举送州县。既立学校，须借公费。望许摽拨本处闲田或户绝及僧寺庄土多处，斟酌移割入学充职田，（天圣中，王随知江宁府，请以茅山道宫庄田充本处书院职田，诏从之。）随生徒多少以定顷亩。州县为差人主持勾收，课利入学，以助支费。条约既备，奖劝既行，则人人各务本业，穷经学文，不三五年可以丕革旧俗矣。

（选自王同策等点校《苏魏公文集》，中华书局，1988年，第210—213页）

议贡举法

臣窃谓以今之科试取士，比之往年至为详密。往年专以辞赋为考式，学古者或诎于声病。今则诗赋策论之通考，不专于一场取舍。往年虽通考三场，而学经术者或困于无文，今则有明经之举。往年敦朴之士或不习科举，无由自达。今则有遗逸之荐。是则诗赋所遗者，取之于策论。策论所失者，选之于明经。二者又不能尽，则擢之于遗逸①。天下苟有怀才负艺之人，靡不毕为朝廷收擢而任用之矣。今明诏犹以为不足者，臣窃谓其弊不在法制之失，而在于措置之未尽耳。夫措置之未尽，其说有四：一曰考试关防太密，二曰士子不事所业，三曰诈冒户贯取应，四曰取人多少不均。

所谓考试关防太密，弥封誊录是也。夫弥封誊录，本欲示至公于天下。然而徒置疑于士大夫，而未必尽至公之道，又因而失士者亦有之。何则？国家取士，行实为先。今既弥封誊录，考官但校文词，何由知其行实？故虽有瑰异之士，所试小戾程式，或致退落。平时常负玷累，苟一日之长可取，便预收采。士之贤否，而进退之间系乎幸与不幸，往往是矣。是岂朝廷之本意耶？臣窃睹天圣四年仁宗皇帝诏书曰："如闻举送之士，操履罕修，黜于有司，则纷然起谤，升于科选，又多以败官。由习尚于虚浮，宜特行于敦戒。自今诸州发解诸举人，并须考访履行，或有乖僻彰暴，虽所试可取，不得一例解送。"以此见朝廷之意，先士行而后文艺也。若弥封誊录，则何由辨其贤否，而得如诏书之敦戒乎？为今之便，则莫若去弥封誊录之法，使有司得专参详考察。一则主司知朝廷委任不疑，益务尽心。二则负实学者得以自明，程文小疵，不虞见弃。三则浅陋之人，固无侥幸之望。至公之道，无大于此议者。或曰："此法行之已久，今多士竞进，一旦改革，必致喧讼，何以弭之？"臣以为士子之行，莫若乡曲最知其详。傥或素履无闻②，因而黜落，自厌群议，复何畏乎多言邪？若其行完学富之人，偶不与荐，既知朝廷所以取之意，则人人自重，不敢轻发。养其廉耻，异日足为嘉士，其所劝盖多矣。若曰："南省聚天下之士不下数千人，主司无由一一知其贤否，虽见姓名亦何益于公选？"臣以谓此法宜先施之州郡，亦庶几存乡举里选之遗范也。望自今并委知州、通判、职官常加察访本州行能之士，记其姓名，更相论辩。遇诏

---

① 遗逸：亦作"遗佚"。指隐居之士。
② 素履：用朴实无华、清白自守的处世态度面对心中所向往的事物。

下转运司，为精择试官，依常赴院锁宿，其举人试卷更不弥封誊录，仍别差官点检收纳，应有涂注乙处并印记讫①，遂旋发送试院，不得稽留②，令试官依公考校文艺。除杂犯不考式者先行黜落外，其余悉定高下讫报州，令知州、通判、职官同入试院，共加审覆。以素有声称著于乡里者为先，然后定其去留，依以额解送。试官及州官若有偏曲私徇，令监试严加按察，具奏其事，重行黜降。如此诠择，必无幸进之人。比至南省，则是已经乡里察访，设令依旧弥封誊录，只考文艺，亦不容无状之人得预奏名也。其殿试考式系之朝廷，非有司所当措议也。

所谓士子不事所业者，举人不纳公卷是也。旧制秋赋先纳公卷一副，古律诗、赋、文、论共五卷，预荐者仍亲赴贡院投纳，及于试卷头自写家状。其知举官去试期一月前，差入贡院，先行考校，内事业殊异者，至日更精加试验。如程试与公卷全异及书体与家状不同者，并行驳放。或假借他人文字，辨认彰露，亦便扶（抶）出，永不得赴举。是举人先纳公卷，所以预见其学业趣向如何，亦有助于选择也。景祐以前，学者平居必课试杂文、古律诗、赋，以备秋卷，颇有用心于著述者。自庆历初罢去公卷，举人惟习举业外，以杂文、古律诗、赋为无用之言，而不留心者多矣。此岂所以激劝士人笃学业文之意邪？臣欲望自今举人请应依前令投纳公卷一副，不得假借他人文字，并亲书试卷头家状。一准旧制，委知举考试官预先看详，以备将来与试卷参验是非而升黜焉。如此，庶几人知向学，不为苟且之事矣。

所谓诈冒户贯请应者③，今外郡举人赴开封府取应是也。天下州郡举子，既以本处人多解额少④，往往竞赴京师，旋求户贯。乡举之弊，无甚于此。虽朝廷加以峻文而终不能禁止者，盖以开封府举人不多，解额动以数百人，适所以招徕之而使其冒法。欲革其弊，莫若预为之防。于罢举之岁，令本府下

---

① 乙：古代科举考试时，字有遗脱，在旁边增补。
② 稽留：停留，延迟。
③ 诈冒：冒领。
④ 解额：唐宋科举解试（明清乡试）合格后举送礼部的名额。

诸县察访见今土著，实有多少举人。候见得的实数目，开送贡院。比校外郡人数，酌中解名处量其分数，别立定额。外方举人知其如此，岂肯不远数千里冒峻文而求寄贯乎？其府中减下人数，却乞移与国子监添起名额。既已革寄贯诈冒之弊，又足广庠序乐育之风。如此行之，诚两有所便也。或曰："府中减下人，国子监又复添额，则人人竞赴庠序投状，其于冒妄不亦均乎？"是不然也。在开封府则有诈名冒贯之弊，于国子监自是四方俊造进取之所，事体固不相类，容其趋进复何害耶？

所谓取士多少不均者，进士与科制、遗逸是也。臣窃以往年放进士，每榜不下四五百人。自间年放榜，亦尝近二百人。诸科大约依进士人数，而制科入等者不过两三人，明经不过三五人，遗逸之荐复未有定制。臣以谓举制科者，博通古今，贯穿经史，顾其积学勤亦至矣。明经者虽诵数或阙，而大义多通。遗逸之荐，纵不能尽如诏书之所求，要之皆乡里推许之人。此数科比之进士诸科，初学幸中者多取之，亦未为谬滥也。臣伏睹新制，三岁科诏每榜以三百人为限，是进士诸科之路已广，而制举、遗逸，议论犹未及之。况近制明经已许均减诸科之数，虽取人未多，是已有定制，临时可以通融，捐彼而益此也。臣愚欲望自今三年科举，进士每榜且以二百五十人为限，留其余五十人以待制举及遗逸之类。其制举策入优等者，自依常例。在下等者，望量添人数，比类赐以出身，以酬其积学之勤。其举遗逸仍望立为定制，每放榜而后，下诏诸路州郡及转运司，共察访如士人中显有履行纯固，经术文艺优赡，为众人推许者，或场屋黜落，或丘园高蹈，咸许保荐。每路限以五人，并敦遣赴京师，依例试以策论，考定高下。优者赐以科名，与制举所增人共足所留进士五十人之数。下等亦望量推恩渥，或与免将来文解。如此则取士之路益广，而行艺之人无有弃遗。奖育人材，敦激偷窳，上助风教，不为无益也。

（选自《苏魏公文集》，第213—217页）

论制科取士乞加立策等增取人数

　　臣伏睹今年四月戊申及七月乙卯诏书，复置贤良方正能直言极谏科，并立定策入三等四等次推恩条制，有以见陛下勤求俊良，乐闻谠论①。士之抱术略怀愤懑者，当继踵而赴诏矣。然臣窃观本朝故事，制科程式太严，取人太窄。自真宗以来，每举中第者多不过三人，少或一人，至有全不收者。使豪杰之士有老于科举不预甄擢②，恐非朝廷听言求士之意。臣谨按：汉文二年始诏举贤良时，对策者百人，而晁错为上第。武帝元光五年，诏举对策者亦百人，而公孙弘为第一。历代沿袭，废置不常，至唐而特盛。每遇亲策贤良等科，中第者常不下一二十人。建中元年，姜公辅等二十五人。贞元元年，韦执谊等一十七人。四年，崔元翰等一十七人。十年，裴垍等一十七人。元和三年，牛僧孺等一十五人。长庆元年，庞严等一十五人。宝历元年，唐伸等一十九人。大和二年，裴休等二十二人。自余幽素、将相等几数十科③，取人亦众。其得士若苏瓌、苏颋父子，张说、张九龄、韩休、裴垍、杨绾、崔群、韦处厚、姜公辅、牛僧孺、元微之、裴休辈，皆出此选，卒为辅弼名臣。此外，奇才博识之士垂名于后者，不可胜数。信乎制科亲策可以收揽英俊，有补于治道也。而当时应诏之人，或命州郡荐举，或许上书自陈，被召者径赴御试。其推恩等第，则第三等中书门下超资与处分，第四等优与处分，第五等即与处分。由是言之，程式盖不甚严，而推恩亦不甚厚。至周显德四年，始诏逐处州郡，依贡举人式例别试解送尚书吏部，量试策论三道，共三千字内，取文理俱优者，方得解送上都。本朝之制又加以六论，或试于中书，或

---

① 谠论：正直之言，直言。
② 甄擢：遴选擢用。
③ 幽素、将相：均为唐代科举名目。幽素科，属于专门针对幽隐之士的一种考试。将相科，即进士科。

试于秘阁，合格方得赴御试。其所试论题，务求深奥。每举转加艰难，致合格者少。盖以推恩过厚，故取人益艰。况国家承平日久，天下学士陶染风教，竞习艺文，而应此科者尤号该洽。其程文纵非优长，未合上等，亦皆于古今义理潜心有素。若蒙采收，施之为政，必须优于专经之人，不为无益于朝廷也。

臣窃谓今来既立定策等，推恩有厚薄，则所取亦宜稍加人数。臣愚欲望将来或请应人稍多，即乞优加分数，如合格人少，即乞更加第五等，分为上下。入此等者只依进士第二甲第三甲注官，亦不为侥幸。若恐更添入流之人，即乞以进士诸科御试不合格人数，留充制科数目，彼此通融，俱无所碍。如此，则四方特起之人，咸有荣进之望。圣世搜扬之路①，蔑有壅蔽之嗟矣。

(选自《苏魏公文集》，第262—264页)

(严淑贞编撰)

---

① 搜扬：访求举拔。出自三国魏曹植《上文帝诔表》："思良股肱，嘉昔伊吕。搜扬侧陋，举汤代禹。"

吕惠卿

【题解】

吕惠卿（1032—1111年），字吉甫，号恩祖，福建泉州人，北宋时期政治家、文学家。嘉祐二年（1057年）进士及第，后与王安石交好，助王安石力行改革，推行变法，官拜副相，半生历经新旧党争，仕途起伏波折。惠卿出身官吏，少年更事，博学多才，长于经术，曾入经筵讲习《尚书》。其著作颇丰，惜现仅存《道德真经传》《庄子义》及西夏文《孝经注》。《道德真经传》《庄子义》分别作于宋神宗元丰元年（1078年）与元丰五年（1082年），皆成于吕惠卿困顿被贬之际。书中通过阐释经文，强调存在的多元性，以性命之道诠释、融合儒道关系。

在《老子·绝学无忧章第二十》一文中，吕惠卿结合老子思想中的无为与自然，指出求道者应该寡欲，摒弃世人所谓的圣智、仁义、巧利之学，剔除认知中的虚伪与世俗，抛却烦恼和忧愁，才能接近大道之母。老子的绝学无忧，并非不学，而是从无知到有知再回归到无知的过程，强调求道心态的调整，学习的心境应合乎自然的规则，而非"遗物离形""逐物役智"。

在《老子·为学日益章第四十八》一文中，吕惠卿深刻揭示老子为学的精妙之处。老子提出"为学日益，为道日损"，认为求学者可通过学习知识与技能增加才干，但对于求道者而言，应该通过修行减少欲念和私妄，以接近道的本源，顺应自然，达到"无为"的境界。在这种清静无为的状态下洞察事物，休养生息，发展生产。吕惠卿将老子的无忧称之为"神"，强调为学要"物物而非物者也"，即能够利用物而不受制于物，驾驭外物而不为外物驱使，以此来培养人内在的精神世界。

在《庄子·马蹄第九》一文中，吕惠卿洞悉庄子所用譬喻，揭示了教化百姓要"反其常性""反其真性"，保持素朴的深刻道理。文中的"马"本是自由而奔放、康健而洒脱的，由于伯乐对其进行驯化而使之失去本性和生命，以此比喻"圣人"对淳朴的百姓施加仁义和礼乐，致使出现争利不止的悲哀局面。吕惠卿以此告诫世人，教育重在"导性"，肯定了人的自然本性和自由价值，认为坚守自然的"无知""无欲"，才能保存赤子之心，才能不离其德。

老子·绝学无忧章第二十

绝学无忧。唯之与阿，相去几何？善之与恶，相去何若？人之所畏，不可不畏。荒兮，其未央哉！众人熙熙，如享太牢①，如登春台②。我独怕兮，其未兆，如婴儿之未孩。乘乘兮，若无所归。众人皆有余，而我独若遗。我愚人之心也哉，纯纯（沌沌）兮。俗人昭昭，我独若昏；俗人察察，我独闷闷。忽若晦。寂兮似无所止。众人皆有以，（而）我独顽似鄙。我独异于人，而贵食母③。

传曰：上绝弃乎圣智仁义之善，下绝弃乎巧利之恶，不以累其心，则绝学矣。绝学则无为，无为则神。神也者，鼓万物而不与圣人同忧者也，故曰绝学无忧。唯之与阿，出于声一也，其相去几何？善之与恶，离乎道一也，其相去何若？此所以虽圣智犹绝而弃之，不以累其心也。忧悔吝者存乎介，

---

① 太牢：指古代祭祀时，牛、羊、豕三牲（整只）全备为"太牢"。

② 如登春台：如同春天登上高台，享受自然美景与生活，通常形容生活在社会安定、物质富裕的时代中。

③ 食母：母指本源，本源即道，故引申为守道、用道。

震无咎者存乎悔，则人之所畏，不可不畏也。荒兮其未央哉，未央者，以言其大而无极，而不独畏人之所畏也。君子小心则畏义而法，大则天而道。人之所畏不可不畏，所以同乎人也；荒兮其未央哉，所以同乎天也。众人熙熙，则不知塞其兑，闭其门也。如享太牢，则不知夫淡乎其无味也。如春登台，则不知夫视之不足见也。我独怕兮，其未兆，若婴儿之未孩，则塞其兑，闭其门，而无味之足嗜，无见之足悦也。乘乘兮若无所归，以言唯万物之乘，而在己无居也。众人如享太牢，如春登台，故皆有余；我独怕兮，其未兆，如婴儿之未孩，故独若遗。凡此者，以言其遗物而离形也。我愚人之心也哉，以言其无知也。纯纯（沌沌）兮，以言其不杂也。俗人昭昭，我独若昏，则异乎俗人之昭昭。俗人察察，我独闷闷，则异乎俗人之察察矣。忽若晦，晦则都无所见也，都无所见，则非特若昏闷闷而已。其动也，乘乘兮若无所归；其静也，寂兮似无所止。俗人昭昭，俗人察察，故皆有以。我独若昏，我独若闷，故顽似鄙。凡此者，言其去智而忘心也。夫视听思虑，道之所自而生者也，故于道为子，而道则为之母。而众人逐物役智，以资其视听思虑，则养其子而已。而我则遗而去之，凡贵养母故也。故曰我独异于人，而贵食母。夫老君神矣，何所事养？而与众人俗人为异而已。欲使为道者知如此，而后可以至于道故也。然则绝学之大指可知矣。而先儒以谓人而不学，虽无忧，如禽何，其未知所以绝学无忧之意矣。

（选自张钰翰点校《老子吕惠卿注》，华东师范大学出版社，2015年，第22—24页）

老子·为学日益章第四十八

为学日益，为道日损。损之又损之，以至于无为，无为而无不为。故取天下常以无事，及其有事，不足以取天下。

传曰：为学者，未闻道者也，为闻道而求之，则不得不搏，故曰益。为道者，已闻道者也，已闻道者而为之，则期至于无为而已，故曰损。而损之者未免乎有为也，并其损之者而损焉，而后至于无为。无为者，无有而已。无不为者，乃所以无无也。此之谓绝学无忧。无忧之谓神。神也者，物物而非物者也①，则取于天下也何有？由此观之，取天下常以无事，及其有事，不足以取天下。观庄周之所以应帝王者而深求之，则可知已。

(选自《老子吕惠卿注》，第53—54页)

庄子·马蹄第九

马，蹄可以践霜雪，毛可以御风寒，龁草饮水，翘足而陆，此马之真性也。虽有义台路寝②，无所用之。及至伯乐，曰："我善治马。"烧之，剔之，刻之，雒之③，连之以羁馽④，编之以皂栈⑤，马之死者十二三矣。饥之，渴之，驰之，骤之，整之，齐之，前有橛饰之患，而后有鞭策之威，而马之死者已过半矣。陶者曰："我善治埴，圆者中规，方者中矩。"匠人曰："我善治木，曲者中钩，直者应绳。"夫埴木之性，岂欲中规矩钩绳哉？然且世世称之曰："伯乐善治马，而陶匠善治埴木"，此亦治天下者之过也。

马，蹄可以践霜雪，毛可以御风寒，龁草饮水，翘足而陆，此马之真性也。虽有义台路寝，无所用之，则民有常性，织而衣，耕而食，足以自给，而无所羡于高明之譬也。伯乐曰："我善治马。"烧之，剔之，刻之，雒之，

---

① 物物：参考庄子哲学概念，物物即宇宙万物的本源，即是道。
② 路寝：出自《诗经·鲁颂·閟宫》，意指古代天子、诸侯的正厅，为处理政务的重要场所，在此可引申为大而正的居室。
③ 雒（luò）：通"烙"，指用烙铁留下标记。
④ 馽（zhí）：绊马脚的绳索。
⑤ 皂栈：皂即饲马的槽枥。栈指安放在马脚下的编木，用以防潮，俗称马床。

连之以羁馽，编之以皂栈，马之死者十二三矣，则蹩躠为仁①，踶跂为义②，而天下始疑之譬也。饥之，渴之，驰之，骤之，整之，齐之，前有橛饰之患，后有鞭策之威，而马之死者已过半矣，则澶漫为乐③，摘僻为礼④，而天下始分之譬也。天下有常然，曲者不以钩，直者不以绳，圆者不以规，方者不以矩，因其性之自然而已。今陶者曰"我善治埴"，圆者中规，方者中矩。匠人曰"我善治木"，曲者中钩，直者应绳。夫待方圆曲直而后正者，则失其常然也。为天下而失其常然，是乃不知在宥⑤，治天下者之过也。

吾意善治天下者不然。彼民有常性，织而衣，耕而食，是谓同德；一而不党，命曰天放，故至德之世，其行填填，其视颠颠。当是时也，山无蹊隧，泽无舟梁；万物群生，连属其乡；禽兽成群，草木遂长。是故禽兽可系羁而游，鸟鹊之巢可攀援而窥。夫至德之世，同与禽兽居，族与万物并。恶乎知君子小人哉！同乎无知，其德不离；同乎无欲，是谓素朴。素朴而民性得矣。

善治天下者不然，因其常性而已矣。彼民有常性，织而衣，耕而食，是谓同德。德者，性之所有，而无待于外，而民之所同也。唯其同也，故无所事比⑥，而自养者已足，而非赖于人之牧之也。一而不党，则同而无所事比之谓也；命曰天放，则非人之牧之之谓也。天下之民，反乎其性，则至德之世也，无所追逐则其行填填，而不跨以跂也；无所睇望则其视颠颠，而不偏于外也。山无蹊隧，泽无舟梁，则至老死不相往来也。万物群生，连属其乡，则无族类之分也。禽兽成群，草木遂长，则无杀伐之害也。唯其如此，故禽

---

① 蹩躠（bié xiè）：尽心用力的样子。
② 踶跂（dí qí）：用心尽力、勉力行走的样子。
③ 澶漫：放纵逸乐。
④ 摘僻：拳曲手足，比喻以繁琐的礼节自加约束。
⑤ 在宥：出自《庄子·在宥》："宥使自在则治，治之则乱也"，意指任物自在，无为而化。
⑥ 事比：指汉代的一种法律形式，即已判决的典型案例汇编后经皇帝批准，具有法律效力，可作为判案的依据。

吕惠卿

兽可系羁而游，则非深居简出而避害也；鸟鹊之巢可攀援而窥，则非深巢高飞而避患也。禽兽万物犹与之同居并族，则乌知君子小人之分哉？不知君子小人之分，则同乎无知也。填填颠颠而不相往来，则同乎无欲也。含德之厚，比于赤子，同乎无知，则其德不离矣。见素抱朴，少私寡欲，同乎无欲，则是谓素朴矣。素朴，则民性得矣。素则不杂，朴则不散也。然则，欲游乎至德之世者，无他，反其常性而已。

及至圣人，蹩躠为仁，踶跂为义，而天下始疑矣。澶漫为乐，摘僻为礼，而天下始分矣。故纯朴不残，孰为牺樽①！白玉不毁，孰为珪璋②！道德不废，安取仁义！性情不离，安用礼乐！五色不乱，孰为文采！五声不乱，孰应六律！夫残朴以为器，工匠之罪也；毁道德以为仁义，圣人之过也。

民反常性而不离乎其真，则所谓圣者不可得而见也。故同乎无欲而见其素朴，则未始有疑也；同乎无知而其德不离，则未始有分也。及离乎其真，有所谓圣人者出，蹩躠为仁，踶跂为义，不由乎自然而亡其素朴，则天下始疑矣。蹩躠旋行，踶跂用力，则不由乎自然之谓也。澶漫为乐，摘僻为礼，不由乎至正而离乎常德，则天下始分矣。澶漫无节，摘僻不通，则不由乎至正之谓也。自强行仁义，淫乐慝礼者观之③，则圣人居仁由义而无蹩躠、踶跂矣，和乐中礼而无澶漫、摘僻矣。自道德之自然、性命之至正观之，则虽圣人之于仁义礼乐，犹不免于无蹩躠、踶跂、澶漫、摘僻而为之也。故纯朴不残，孰为牺樽！牺樽者，青黄而文之，以文灭质而不见其素朴者也，则以况夫毁道德以为仁义而始疑者也。白玉不毁，孰为珪璋！珪璋者，析一以为二者也，则以况夫离性情以为礼乐而始分者也。此二者皆多方，骈枝于五藏之情，而屈僻于仁义之行，多方乎，聪明之用者也。五色不乱，孰为文采！五

---

① 牺樽：牺是古代宗庙祭祀用的纯色牲畜。樽是古代盛酒的礼器。牺樽，即刻为牺牛之形的酒器。
② 珪璋：玉制的礼器，古代用于朝聘、祭祀。
③ 慝（tè）：奸邪，罪恶。

声不乱，孰应六律！则以况夫多方乎，聪明而用之者也。故残朴以为器，工匠之罪也；绝巧而反乎朴，则工匠之罪除矣。废道德以为仁义，圣人之过也，绝仁弃义而反乎道德，则圣人之过去矣。无他，反乎其常性而已矣。

夫马，陆居则食草饮水，喜则交颈相靡，怒则分背相踶。马知已此矣！夫加之以衡扼①，齐之以月题②，而马知介倪、闉扼、鸷曼、诡衔、窃辔③。故马之知而能至盗者，伯乐之罪也。夫赫胥氏之时④，民居不知所为，行不知所之，含哺而熙，鼓腹而游。民能以此矣！及至圣人，屈折礼乐以匡天下之形，县跂仁义以慰天下之心⑤，而民乃始踶跂好知，争归于利，不可止也。此亦圣人之过也。

夫马，陆居则食草饮水，喜则交颈相靡，怒则分背相踶。马知已此矣，则犹之赫胥氏之时，民居不知所为，行不知所之，含哺而熙，鼓腹而游也。加之以衡扼，齐之以月题，则犹之圣人屈折礼乐以匡天下之形，县跂仁义以慰天下之心也；而马知介倪、闉扼、鸷曼、诡衔、窃辔，其知能至盗者，则犹之民踶跂好知，争归于利，不可止也。介则介间，倪则端倪，闉则闉曲，扼则控扼，鸷则马之很，而曼盖马之谩，知夫衡扼、衔辔、介倪、闉扼之所在，而施其鸷曼以诡衔、窃辔，此马之知所以至于盗也。然则，欲马之知不至于盗，而人之心不至于好知而争归于利，无他，反其真性而已矣。自容成氏以至神农氏⑥，凡十二世，莫非至德，而独言赫胥氏，何也？以名制义，则赫明也，胥相也，赫胥氏则明，而万物相见之时也，而居不知所为，行不知所之，含哺而熙，鼓腹而游，则岂必求之于玄冥之间哉？赫胥氏之行固已然矣，此

---

① 衡扼：衡、轭是同义词，即驾在牲口脖子上、并与辕相连的部件。
② 月题：即马额上的配饰，其形似月。
③ 介倪、闉扼、鸷曼、诡衔、窃辔：束缚马的器具。
④ 赫胥氏：中国古代传说中部落的首领，后人追封他为帝王。
⑤ 县跂：悬挂高处而令人羡慕。
⑥ 容成氏：中国古代传说中的人物，相传为黄帝的大臣，发明了历法。

则反其真性以观之故也。

（选自宋吕惠卿《金刻本庄子全解》，国家图书馆出版社，2017年，第128—132页）

（范余雪编撰）

杨 时

【题解】

杨时（1053—1135年），字中立，"世居南剑将乐县北之龟山"，学者称"龟山先生"，宋代理学家、教育家。杨时幼年即显露出为学潜质，据《杨龟山先生年谱》记载，宋仁宗嘉祐五年（1060年），"先生八岁，善属文，人称神童"。神宗熙宁九年（1076年），杨时登第徐铎榜进士，次年授官汀州司户参军，但以有疾为由未上任，直到元丰三年（1080年）方赴调，次年授官徐州司法。此后，出任过虔州司法，荆州府学教授，浏阳、余杭、萧山县知事，均"有惠政"。晚年入朝担任秘书郎、著作郎、迩英殿说书、右谏议大夫兼侍讲、国子监祭酒、徽猷阁直学士、工部侍郎、龙图阁直学士等职，面对北宋王朝内忧外患的困境，积极建言献策，卒谥文靖。杨时为人称道之处，突出反映在对"二程"（程颢、程颐）洛学的推崇与践履，"吾道南矣"之寄望，"程门立雪"之佳话，至今为人津津乐道。后人对他"南渡洛学大宗""程氏正宗""闽学鼻祖"等礼赞，充分显示了杨时通过设学收徒、著述立说等途径传承北宋时期"二程"等理学巨子们开创的"义理之学"并发扬光大的突出贡献及影响。

《见明道先生》堪称杨时服膺"二程"洛学的心迹见证。"获闻先生之绪言，鄙俗之心固以潜释。"宋神宗元丰四年（1081年），杨时授官徐州司法，赴京城听调期间，于朋游之际，获悉程颢（字伯淳，学者称明道先生）、程颐

（字正叔，世称伊川先生）兄弟俩在河南颖昌讲授孔孟"不传绝学"，遂前往以师礼事之。拜师问道过程中，杨时的资质、悟性与执着精神深得程颢赞许。从师事程颢兄弟起，杨时不仅消解了观念上的困惑，学术思想上更是发生了脱胎换骨式的变化。

《哀明道先生》，是杨时为程颢所作哀祭之文。元丰八年（1085年），程颢病逝。杨时惊闻后，不仅设灵位恸哭于寝门致祭，并作此文讣告学友，不遗余力颂扬程颢接续孔孟之道的历史功绩。言真意切之中，不难想见洛学对他的深刻影响。

《寄伊川先生》作于宋哲宗绍圣三年（1096年），主题是关于北宋理学"五子"之一的张载（字子厚，世称横渠先生）所撰《西铭》旨趣的讨教。元祐八年（1093年），杨时授官湖南潭州浏阳县知事期间，复以师礼拜谒程颐于洛阳，留下"程门立雪"之佳话。此文为杨时拜别程颐后所作，其中既表赞了《西铭》"发明圣人微意至深"的独到之处，与此同时，又担忧《西铭》"言体而不及用"，恐"至于兼爱"而贻误后学，遂请教于程颐。程颐回书（见附文《伊川答论〈西铭〉》）批评了杨时的误解，称道《西铭》阐发的是"理一分殊"之说，"推理以存义，据前圣所未发"，"使人推而行之，本为用也"，而不是墨家的"兼爱"之意，其功绩可齐同于当年孟轲的"性善"论与养"浩然之气"说。这一番解析，是对理学核心命题之一"理一分殊"的首次明确表达，令杨时"豁然无疑"。此后，杨时在不同场合对"理一分殊"进行了申论阐发（见《答伊川先生》等言论），不仅突显"分殊"的价值，强调其与"理一"的并列对等地位，而且将"理一分殊"与"仁义"互释，从而赋予古代社会纲常礼教以绝对性，把传统儒学"爱有差等"等主张推上了至高无上的"天理"层面，也给中国古代社会中后期的教育带来深远影响。

《此日不再得示同学》是杨时的诗作，作于宋哲宗元符三年（1100年）。是时，杨时居乡，复讲学于含云寺。早年（宋神宗熙宁六年，1073年），杨时应礼部试下第，返回家乡后，曾在含云寺讲学，并于次年（1074年）选择含云寺附近之地建置读书楼,且时与同学赋诗感怀明志。若干年后,杨时又重回故地,虽时光易逝,物是人非,但曾经的小径、苍台、竹林、幽禽、明月、溪水、松涛等景观似乎依旧带着灵性,于是触景生情,创作此诗,并谆谆告诫学子们应珍惜大好时光、勤勉向学,注重心性修养,以圣人为则,砥砺前行。

《龟山语录》是杨时在荆州、汴京(开封)、余杭、南都(今河南商丘)、毗陵(今江苏常州一带)、萧山等地讲学论道及与弟子答问的言谈记录,题目为编者所加。此书收录《荆州所闻》《京师所闻》《余杭所闻》《南都所闻》《萧山所闻》等篇,涉及"理一分殊""格物致知"与心性修养等理学命题的阐发,从中清晰反映出杨时对诸生、士子在修身、为学、处世、待人、接物等方面的寄望。其中,"以身体之,以心验之,从容默会于幽闲静一之中,超然自得于书言象意之表"的修养方法,被称为"龟山门下相传指诀"。

《龟山答问》是杨时与门人、故交、好友之间关于"天理""性命""教化""求仁""行道"等方面的言谈答问,涉及理学思想与教育的基本范畴与要求等。此处节选数条,题目为编者所加。

《龟山策问》是杨时为科举考试所作设问考题。书中所选两题,一是阐发"大学之道,必先知所止",一是阐发古人修身善世之道。

《龟山书信》是杨时与师长亲友弟子往来信札,题目为编者所加。书中节选致其从弟杨仲远、致弟子翁子静、致友人翁好德和李杭的部分书信,谈及为学、为道等内容。

见明道先生

某鄙朴无知,不量力之不足也。窃慕古人之学,诵其书,论其世,想见其为人而师之,有日矣。然以浅闻卑见,未能灼知古人大体,故刻意虽坚,终未有得也。尝观古之为士者，所至远近虽不同，其秉节励行，皆有以自立于世，岂其材悉能过人耶？特以先王教学之道明①，而士于此时，无私习之蔽故也。

周道衰，庠序之法废，故家遗俗，随以熄灭。幸而有孔子出焉，振先王已坠之教，驾说于当世。而从之游者，若参之鲁，师之辟，由之喭，师之过，商之不及，其材固非有大过人也，然其闻所未闻，见所未见，而余言遗行，有后世宿儒皓首而不能穷者，则士之得所依归，岂曰小补之哉？自秦、汉迄于魏、晋、隋、唐之间，明知之士，见于其时，不无人矣。间有一节一义可称于世者，概以圣人中道，非过则不及，岂其材皆不逮古耶？徒以学无师承，不知所以裁之故也。以今较古，则学之难易，又可知已。

且三代而上，道德明而异端熄，邪说诐行不作于下，士之朝夕蹈袭者，无非礼乐之间，则其学岂不易致耶？末世以来，诸子百家，异端并起，是非纷错，无所考正。士之始学者，如适九达之衢，纵横曲折，眩然莫知所之，非有导其前，则终身未见其至也。呜呼！师道废久矣。后世之士，不能望见古人之万一者，岂不以此欤？

某尝悲夫世之人自蔽曲学不求有道者正之，而又自悲其欲求有道者而未之得也。调官至京师，于朋游间获闻先生之绪言，鄙俗之心固以潜释，于是慨然兴起曰：古之人其相去甚远矣，尚或诵其诗，读其书，论其世，想见其为人而师之，又况亲逢其人哉？其往不可复矣，此区区所以有今日之请也。先生其将哀其愚、悯其志而进之，使供洒扫于门下，则千万幸甚！

（选自杨时撰、林海权校理《杨时集》卷十六，中华书局，2018年，第442—443页）

---

① 先王教学之道：即儒家推崇的先圣先贤"仁义之道"，也就是后世的"孔孟之道"。

哀明道先生

元丰八年夏六月既望,河南承议先生以疾终于官。是月晦,邸报至彭城。其门人杨某闻知,为位恸哭于寝门,而以书讣诸尝同学者。

呜呼,道之无传也久矣!孟子没千有余岁,更汉历唐,士之名世,扬雄氏而止耳。雄之自择所处,于义命犹有未尽。自雄而下,其智足以窥圣学门墙者,盖不可一二数也,况足与语道而传之哉?宋兴百年,士稍知师古。诸子百氏之籍,与夫佛、老荒唐谬悠之书,下迨战国纵横之论,幽人逸士浮夸诡异可喜之文章,皆杂出而并传。世之任道者,日夜惫精劳思,深探博取,可为勤矣。然其支离蔓衍,不知慎择而约守之,故其用志益劳,而去道弥远。使天下学者靡然趋之,如适诸夏而弃通衢大道,犯荆棘之墟,行苍崖之巅,眩然迷殆,而卒莫知自反者,其于世教何补哉?

先生于是时乃独守遗经,合内外之道①,默识而性成之。其学之渊源,盖智者不能窥,而善言者所不能称说也。自周哀以来,天下之学,其失如彼,则后之得圣人之道而传之者,于吾先生,可不独任其责哉?

呜呼,道之传亦难矣!夫由尧、舜而来,至于汤、文、孔子,率五百有余岁而后得一人焉。孔子没,其徒环天下,然独积百年而后孟子出。由孟子而来,迄汉、唐千有余岁,卒未有一人传之者。若孔、孟,又皆穷老于衰世,其道方不得一施于天下。夫圣贤之不世出,而时之难值也如此。今幸而有其人,又且遭时清明,朝廷方登崇俊良,而先生未及用而死,则予之恸哭,岂特以师弟子之私恩而已哉?故为辞以泄其哀而自慰云:

---

① 内外之道:即儒家宣扬的"内圣外王"之道,或"修齐治平"之道。合内外之道,则是指"修齐治平"之道的连贯、同一、和谐。杨时说:"盖自诚意、正心推之,至于可以平天下,此内外之道所以合也。故观其意诚心正,则知天下由是而平;观其天下平,则知非意诚心正不能也。"(《荆州所闻》八十)

杨 时

余悲古人之不见兮，逢世德之险微。析道真之纯美兮，肆（敕历切）全体而分刲①。驾异端而并逐兮，骈交毂乎多歧。亘千岁其泯泯兮，去圣远而真遗。卓彼先觉兮，惟德是伃。展斯文之在兹兮，万世之师。锄榛棘之荒秽兮，辟正路之孔夷②。伏圣贤之轨躅③兮，背世辙而疾驰。带钩距而负绳兮，纷万变而莫窥。驰（弛）衔勒而弗厉兮，尚回旋其中规。嗟命之县于天兮，匪予敢知。畜溟渤而载华岳兮④，曾有尘之弗施。叹道之难行兮，孔孟穷老以栖栖。伊时势则然兮，此云胡其若兹？通辟阖于一息兮⑤，尸者其谁？斡天枢而自尔兮（一作"谅曲任而直推兮"），欲执咎其焉归？齐死生于昼夜兮，天理之常。匪往匪来兮，虽寿夭兮何伤？想德音其未远兮，俨若在傍。固诚之不可掩兮，何有何亡？日月逝兮形魄藏。呜呼已矣兮，斯亦难忘！

（选自《杨时集》卷二十八，第732—734页）

寄伊川先生

某窃谓道之不明，智者过之。《西铭》之书，其几于此乎？

昔之问仁于孔子者多矣，虽颜渊、仲弓之徒，所以告之者，不过求仁之方耳。至于仁之体，未尝言也。孟子曰："仁，人心也。义，人路也。"言仁之尽、最亲，无如此者。然本体用兼举两言之，未闻如《西铭》之说也。孔、孟岂有隐哉？盖不敢过之，以起后学之弊也。且墨氏兼爱，固仁者之事也，其流卒至于无父，岂墨子之罪耶？孟子力攻之，必归罪于墨子者，正其本也。

---

① 分刲（kuī）：刲，割。分刲，即指对儒家道统的条分缕析。
② 孔夷：孔，小。夷，古汉语中指中原（正统）之外的区域、部族。文中指对儒家经义的曲解、误解。
③ 轨躅：车轮辗过的痕迹，喻为规则、规范。
④ 溟渤：溟海和渤海，喻为宽广、宏富。
⑤ 辟阖：开合，引申为纵横变化。

故君子言必虑其所终，行必稽其所弊，正谓此耳。

《西铭》之书，发明圣人微意至深，然而言体而不及用，恐其流遂至于兼爱，则后世有圣贤者出，推本而论之，未免归罪于横渠也。

某窃谓此书，盖西人共守而谨行之者也。愿得一言，推明其用，与之并行，庶乎学者体用兼明，而不至于流荡也。横渠之学，造极天人之蕴，非后学所能窥测。然所疑如此，故辄言之，先生以为如何？

（选自《杨时集》卷十六，第450页）

[附] 伊川答论《西铭》

前所寄史论十篇，其意甚正，才一观，便为人借去，俟更子细看。

《西铭》之论则未然。横渠立言，诚有过者，乃在《正蒙》。《西铭》之为书，推理以存义，据前圣所未发，与孟子性善、养气之论同功（二者亦前圣所未发），岂墨氏之比哉？

《西铭》明"理一而分殊"，墨氏则二本而无分。（老幼及人，理一也；爱无差等，本二也。）分殊之蔽，私胜而失仁；无分之罪，兼爱而无义。分立而推理一，以止私胜之流，仁之方也；无别而迷兼爱，至于无父之极，义之贼也。子比而同之，过矣。且谓"言体而不及用"，彼则使人推而行之，本为用也，反谓不及，不亦异乎？

（选自《杨时集》卷十六，第451页）

答伊川先生

示论《西铭》微旨，晓然具悉，如侍几席亲承训诲也，幸甚幸甚！

某昔从明道,即授以《西铭》使读之。寻绎累日,乃若有得,始知为学之大方,是将终身佩服,岂敢妄疑其失,比同于墨氏?前书所论,谓《西铭》之书以民为同胞,长其长,幼其幼,以鳏寡孤独为兄弟之无告者,所谓明"理一"也。然其弊,无亲亲之杀,非明者默识于言意之表,乌知所谓"理一而分殊"哉?故窃恐其流遂至于兼爱,非谓《西铭》之书为兼爱而发与墨氏同也。

古人之所以大过人者无他,善推其所为而已。"老吾老,以及人之老,幼吾幼,以及人之幼",所谓推之也。孔子曰"老者安之,少者怀之",则无事乎推矣。无事乎推者,理一故也。理一而分殊,故圣人称物而平施之,兹所以为仁之至,义之尽也。何谓称物?亲疏远近各当其分,所谓称也。何谓平施?所以施之,其心一焉,所谓平也。某昔者窃意《西铭》之书,有平施之方,无称物之义,故曰"言体而不及用",盖指仁义为说也。故仁之过,其蔽无分,无分则妨义。义之过,其流自私,自私则害仁。害仁则杨氏之为我也①,妨义则墨氏之兼爱也。二者其失虽殊,其所以得罪于圣人则均矣。

《西铭》之旨,隐奥难知,固前圣所未发也。前书所论,窃谓过之者,特疑其辞有未达耳。今得先生开谕,丁宁传之,学者自当释然无惑也。

相去阻修,未缘趋侍,以请毕余教,兹为恨耳。

(选自《杨时集》卷十六,第 452—453 页)

---

① 杨氏:即杨朱(约公元前 395—约公元前 335 年),字子居,魏国(一说秦国)人,道家杨朱学派创始人,主张"贵己""重生""人人不损一毫"等,在春秋战国时期诸子百家争鸣中独树一帜,学说一度影响非凡,有"天下之言,不归杨则归墨"之说。

此日不再得示同学

此日不再得，颓波注扶桑①。跹跹黄小群②，毛发忽已苍。愿言媚学子，共惜此日光。术业贵及时，勉之在青阳③。行己慎所之，戒哉畏迷方。舜跖善利间④，所差亦毫芒。富贵如浮云，苟得非所藏。贫贱岂吾羞，逐物乃自戕。胼胝奏艰食，一瓢甘糟糠。所逢义适然，未殊行与藏。斯人已云没，简篇有遗芳。希颜亦颜徒，要在用心刚。譬犹适千里，驾言勿徊徨。驱马日云远，谁谓阻且长？

末流学多岐，倚门诵韩庄。出入四寸间，雕镌事辞章。学成欲何用，奔趋利名场？挟策博塞游⑤，异趣均亡羊。

我懒心意衰，抚事多遗忘。念子方妙龄，壮图宜自强。至宝在高深，不惮勤梯航⑥。茫茫定何求，所得安能常？万物备吾身，求得舍即亡。鸡犬犹知寻，自弃良可伤。欲为君子儒，勿谓予言狂。

（选自《杨时集》卷三十八，第929—930页）

---

① 扶桑：古代神话中海外的大桑树，说是太阳出来的地方。
② 跹跹：舞动的美妙姿态。
③ 青阳：幼年，幼小时期。
④ 舜跖：虞舜、盗跖的并称，分别指代圣人与恶人。《孟子·尽心上》载："鸡鸣而起，孳孳为善者，舜之徒也；鸡鸣而起，孳孳为利者，跖之徒也。欲知舜与跖之分，无他，利与善之间也。"
⑤ 挟策博塞：策，简册、书籍。博塞，古代一种类似掷骰子的游戏。挟策博塞，典出《庄子·骈拇》："臧与谷，二人相与牧羊，而俱亡其羊。问臧奚事，则挟策读书；问谷奚事，则博塞以游。二者，事业不同，其于亡羊均也。"在诗中，杨时借以表示做事不专心，求学不着道。
⑥ 梯航："梯山航海"的简语，梯与船，登山渡水的工具。形容脚踏实地，一步一个脚印，长途跋涉，不畏艰辛前行。

杨 时

龟山语录（节选）

荆州所闻

古之学者以圣人为师，其学有不至，故其德有差焉。人见圣人之难为也，故凡学者以圣人为可至，则必以为狂而窃笑之。夫圣人固未易至，若舍圣人而学，是将何所取则乎？以圣人为师，犹学射而立的然。的立于彼，然后射者可视之而求中。若其中不中，则在人而已。不立之的，以何为准？

（选自《杨时集》卷十，第227页）

六经不言无心，惟佛氏言之；亦不言修性，惟扬雄言之。心不可无，性不假修。故《易》止言"洗心""尽性"。《记》言正行佛氏之言。《记》言"正心尊德性"，孟子言"存心养性"。佛氏和顺于道德之意，盖有之理，于义则未也。

（选自《杨时集》卷十，第228页）

问："孔子曰：'中庸之为德，其至矣乎！'何也？"曰："至所谓极也。极犹屋之极，所处则至矣。下是为不及，上焉则为过。"

或者曰："'高明所以处己，中庸所以处人。'如此，则是圣贤所以自待者常过，而以其所贱者事君亲也，而可乎？然则如之何？"曰："高明即中庸也。高明者，中庸之体；中庸者，高明之用耳。高明，亦犹所谓至也。"

（选自《杨时集》卷十，第229—230页）

君子务本。言凡所务者，惟本而已。若仁之于孝悌，其本之一端耳。盖为仁必自孝悌推之，然后能为仁也。

其曰为仁，与体仁者异矣。体仁则无本末之别矣。孔子曰："老者安之，朋友信之，少者怀之。"此无待乎推之也。孟子曰："老吾老，以及人之老；

幼吾幼,以及人之幼。"此推之也。推之,所谓为仁。

(选自《杨时集》卷十,第238页)

又曰:"孟子对人君论事,句句未尝离仁,此所谓王道也?"曰:"安得句句不离乎仁?"

曰:"须是知'一以贯之'之理。"曰:"一以贯之,仁足以尽之否?"曰:"孟子固曰:'一者何?曰:仁也。'仁之用大矣。今之学者,仁之体亦不曾体究得。"

(选自《杨时集》卷十,第248—249页)

颜子所学,学舜而已。盖舜于人伦,无所不尽也:以为父子,尽父子之道;以为君臣,尽君臣之道;以为夫,尽夫道;以为兄,尽兄道。此孟子所谓"舜为法于天下,可传于后世"者也。孟子所忧,亦忧不如舜耳。人能以舜为心,其学不患不进。

(选自《杨时集》卷十,第254—255页)

问:"以匹夫一日而见天子,天子问焉,尽所怀而陈之,则事必有窒碍者,不尽则为不忠,如何?"曰:"事亦须量深浅。孔子曰:'信而后谏。未信,则以为谤己也。'《易》之《恒》曰:'浚恒凶。'此《恒》之初也。故当以渐而不可以浚,浚则凶矣。假如问人臣之忠邪,其亲信者谁欤?遽与之辨别是非,则有失身之悔。君子于此,但不可以忠为邪,以邪为忠。语言之间,故不无委曲也。至于论理则不然。如惠王问孟子'何以利吾国',则当言'何必曰利'。宣王问孟子卿不同,则当以正对,盖不直则道不见故也。世之君子,其平居谈道甚明,论议可听。至其出立朝廷之上,则其行事多与所言相戾,至有图王而实霸,行义而规利者。盖以其学得之文字之中,而未尝以心验之故也。若心之所得,则曰吾所以为己而已。是故心迹常判为二。心迹既判而为二,故事事违其所学。"

(选自《杨时集》卷十,第261—262页)

或劝先生解经。曰:"不敢易也。曾子曰:'吾日三省吾身,为人谋而不忠乎？与朋友交而不信乎？传不习乎？'夫传而不习，以处己则不信，以待人则不忠，三者胥失也。昔有劝正叔先生出《易传》示人者①，正叔曰：'独不望学之进乎？姑迟之，觉耄即传矣。'盖已耄，则学不复进故也。学不复进，若犹不可传，是其言不足以垂后矣。六经之义，验之于心而然，施之于行事而顺，然后为得。验之于心而不然，施之于行事而不顺，则非所谓经义。今之治经者，为无用之文，徼幸科第而已，果何益哉！"

（选自《杨时集》卷十，第266页）

知合内外之道，则颜子、禹、稷之所同可见。盖自诚意、正心推之，至于可以平天下，此内外之道所以合也。故观其意诚心正，则知天下由是而平；观其天下平，则知非意诚心正不能也。兹乃禹、稷、颜回之所以同也。

（选自《杨时集》卷十，第276页）

范济美问："读《论语》，以何为要？"曰："要在知仁。孔子说仁处最宜玩味。"

（选自《杨时集》卷十，第281页）

京师所闻

李似祖、曹令德问："何以知仁？"曰："孟子以恻隐之心为仁之端，平居但以此体究，久久自见。"因问似祖、令德寻常如何说隐？似祖云："如有隐忧，勤恤民隐，皆疾痛之谓也。"曰："孺子将入于井，而人见之者必有恻隐之心。疾痛非在己也，而为之疾痛，何也？"似祖曰："出于自然，不可已也。"曰："安得自然如此？若体究此理，知其所从来，则仁之道不远矣。"

二人退，余从容问曰："万物与我为一，其仁之体乎？"曰："然。"

（选自《杨时集》卷十一，第283页）

问："《论语》言仁处何语最为亲切？"曰："皆仁之方也。若正所谓仁，则未之尝言也，故曰'子罕言利与命与仁'。要道得亲切，唯孟子言'仁，人

---

① 正叔：即程颐（1033—1107年），字正叔，北宋理学家。

心也',最为亲切。"

(选自《杨时集》卷十一,第284页)

问:"《中庸》只论诚,而《论语》曾不一及诚,何也?"曰:"《论语》之教人,凡言恭敬忠信,所以求仁而进德之事,莫非诚也。《论语》示人以其入之之方,《中庸》言其至也。盖《中庸》,子思传道之书,不正言其至,则道不明。孔子所罕言,孟子常言之,亦犹是矣。"

(选自《杨时集》卷十一,第290页)

《易》曰:"君子敬以直内,义以方外。"夫尽其诚心而无伪焉,所谓直也。若施之于事,则厚薄隆杀,一定而不可易,为有方矣。"敬"与"义"本无二。所主者敬,而义则自此出焉,故有内外之辨。其实,义亦敬也。故孟子之言义,曰"行吾敬"而已。

(选自《杨时集》卷十一,第291页)

所谓"时习"者,如婴儿之习书,点画固求其似也。若习之而不似,亦何用习?学者学圣人,亦当如此。大概必践履圣人之事,方名为学习。

又不可不察。习而不察,与不习同。若今之学者,固未尝习,而况于察?

(选自《杨时集》卷十一,第293页)

问:"何谓'屡空'?"曰:"此颜子所以殆庶几也。学至于圣人,则一物不留于胸次,乃其常也。回未至此,屡空而已。谓之屡空,则有时乎不空。"

(选自《杨时集》卷十一,第294页)

问:"'操则存',如何?"曰:"古之学者,视听言动无非礼,所以操心也。至于无故不彻琴瑟,行则闻佩玉,登车则闻和鸾,盖皆欲收其放心,不使惰慢邪僻之气得而入焉。故曰'不有博弈者乎?为之犹贤乎已'。夫博弈,非君子所为,而云尔者,以是可以收其放心尔。

"说经义至不可践履处,便非经义。若圣人之言,岂有人做不得处?学者所以不免求之释、老,为其有高明处。如六经中自有妙理,却不深思,只于平易中认了,曾不知圣人将妙理只于寻常事说了。"

(选自《杨时集》卷十一,第294—295页)

或问"操心"。曰:"《书》云'以礼制心',所谓操也。如颜子'克己复礼',最学者之要。若学至圣人,则不必操而常存。扬雄言:'能常操而存者,其唯圣人乎?'此为不知圣人。"论及庄周言天人处,曰:"络马首,穿牛鼻,是谓人。"曰:"是亦天也。若络牛首穿马鼻,则不可谓之天。"

论《西铭》,曰:"河南先生言'理一而分殊',知其'理一',所以为仁;知其'分殊',所以为义。所谓'分殊',犹孟子言'亲亲而仁民,仁民而爱物'。其分不同,故所施不能无差等。"

或曰:"如是,则体用果离而为二矣。"曰:"用未尝离体也。且以一身观之,四体百骸皆具,所谓体也。至其用处,则履不可加之于首,冠不可纳之于足,则即体而言,分在其中矣。"

(选自《杨时集》卷十一,第297页)

余杭所闻

"获乎上有道,不信乎朋友,弗获乎上矣。信乎朋友有道,不顺乎亲,弗信乎朋友矣。顺乎亲有道,反身不诚,不说于亲矣。"

今之君子欲行道以成天下之务,反不知诚其身。岂知一不诚,它日舟中之人尽为敌国乎?故曰不诚,未有能动者也。夫以事上则上疑,以交朋友则朋友疑,至于无往而不为人所疑,道何可行哉?盖忘机,则非其类可亲;机心一萌,鸥鸟舞而不下矣,则其所能所为可谓高矣。

(选自《杨时集》卷十一,第304页)

《大学》一篇,圣学之门户。其取道至径,故二程多令初学者读之。盖《大学》自正心诚意至治国平天下只一理,此《中庸》所谓"合内外之道也"。若内外之道不合,则所守与所行自判而为二矣。孔子曰:"子帅以正,孰敢不正?"子思曰:"君子笃恭而天下平。"孟子曰:"其身正而天下归之。"皆明此也。

(选自《杨时集》卷十一,第305页)

"观盥而不荐，有孚颙若。"诚意所寓故也。古人修身齐家治国平天下，本于诚吾意而已。《诗》《书》所言，莫非明此者。但人自信不及，故无其效。圣人知其效必本于此，是以必由也。

或曰："正心于此，安得天下便平治？"曰："正心一事，自是人未尝深知之，若深知而体之，自有其效。观后世治天下，皆未尝识此。然此亦惟圣人力做得彻，盖心有所忿懥恐惧好乐忧患，一毫少差，即不得其正。自非圣人，必须有不正处。然有意乎此者，随其浅深，必有见效，但不如圣人之效著矣。观王氏之学①，盖未造乎此，其治天下，专讲求法度。如彼修身之洁，宜足以化民矣，然卒不逮王文正、吕晦叔、司马君实诸人者②，以其所为无诚意故也。明道常曰：'有《关雎》《麟趾》之意，然后可以行《周官》之法度。'盖深达乎此。"因问："颜子'克己'，欲正心耶？"曰："然。"

（选自《杨时集》卷十一，第308—309页）

因言秦、汉以下事，曰："亦须是一一识别得过。欲识别得过，须用着意六经。六经不可容易看了。今人多言要作事须看史。史固不可不看，然六经先王之迹在焉，是亦足用矣。必待观史，未有史书以前，人何以为据？盖孔子不存史而作《春秋》，《春秋》所以正史之失得也。今人自是不留意六经，故就史求道理，是以学愈博，而道愈远。若经术明，自无工夫及之；使有工夫及之，则取次提起一事，便须断遣，处置得行，何患不能识别？"

（选自《杨时集》卷十一，第311—312页）

《孟子》一部书，只是要正人心，教人存心养性，收其放心。至论仁、义、礼、智，则以恻隐、羞恶、辞让、是非之心为之端。论邪说之害，则曰"生于其心，害于其政"。论事君，则欲格君心之非，正君而国定。千变万化，

---

① 王氏之学：指王安石的"荆公新学"。
② 王文正：即王曾（978—1038年），北宋政治家，历任秘书省著作郎、翰林学士、中书侍郎、参知政事等职，谥号文正。吕晦叔：即吕公著（1018—1089年），字晦叔，北宋政治家、学者。司马君实：即司马光（1019—1086年），字君实，北宋政治家、史学家、文学家。

只说从心上来。人能正心，则事无足为者矣。《大学》之修身、齐家、治国、平天下，其本只是正心诚意而已。心得其正，然后知性之善。

孟子遇人，便道性善。永叔却言圣人之教人①，性非所先。永叔论列是非利害，文字上尽去得，但于性分之内全无见处，更说不行。人性上不可添一物。尧、舜所以为万世法，亦只是"率性"而已。所谓"率性"，循天理是也。外边用计用数，假饶立得功业，只是人欲之私，与圣贤作处，天地悬隔。

（选自《杨时集》卷十二，第327页）

扬雄云："学所以修性。"夫物有变坏，然后可修；性无变坏，岂可修乎？性不假修。故《中庸》但言"率性""尊德性"，孟子但言"养性"，孔子但言"尽性"。

（选自《杨时集》卷十二，第337页）

语罗仲素云："今之学者，只为不知为学之方，又不知学成要何用。此事体大，须是曾着力来，方知不易。夫学者，学圣贤之所为也。欲为圣贤之所为，须是闻圣贤所得之道。若只要博通古今为文章，作忠信愿悫②，不为非义之士而已，则古来如此等人不少，然以为闻道则不可。且如东汉之衰，处士逸人与夫名节之士有闻当世者多矣，观其作处，责之以古圣贤之道，则略无仿佛相似，何也？以彼于道，初无所闻故也。今时学者，平居则曰'吾当为古人之所为'，才有事到手，便措置不得。盖其所学，以博通古今为文章，或志于忠信愿悫，不为非义而已，而不知须是闻道故应如此。由是观之，学而不闻道，犹不学也。"

（选自《杨时集》卷十二，第351—352页）

语仲素曰："某尝有数句教学者读书之法云：'以身体之，以心验之，从容默会于幽闲静一之中，超然自得于书言象意之表。'此盖某所为者如此。"

（选自《杨时集》卷十二，第357页）

---

① 永叔：即欧阳修（1007—1072年），字永叔，北宋文学家、史学家、政治家。
② 愿悫（què）：质朴诚笃。

仲素问："'尽其心者知其性'，如何是尽心底道理？"曰："未言尽心，须先理会心是何物。"又问。曰："心之为物，明白洞达，广大静一，若体会得了然分明，然后可以言尽。未理会得心，尽个甚？能尽其心，自然知性，不用问人。大抵须先理会仁之为道，知仁则知心，知心则知性。是三者，初无异也。横渠作《西铭》，亦只是要学者求仁而已。"

（选自《杨时集》卷十二，第358页）

谓学校以分数多少校士人文章，使之胸中日夕只在利害上。如此作人，要何用？

（选自《杨时集》卷十三，第365页）

谓正叔云："古之学者，四十而仕。未仕以前二十余年，得尽力于学问，无他营也，故人之成材可用。今之士，十四五以上便学缀文觅官，岂尝有意为己之学？夫以不学之人，一旦授之官，而使之事君长民治事，宜事效不如古也。故今之在仕路者，人物多凡下，不足道以此。"

（选自《杨时集》卷十三，第366页）

南都所闻

学者若不以敬为事，便无用心处。致一之谓敬，无适之谓一。

（选自《杨时集》卷十三，第385页）

萧山所闻

读书须看古人立意所发明者何事，不可只于言上理会。如万章问"象日以杀舜为事"①，孟子答舜所以处之之道，其意在说圣人诚信无伪。此尤不可

---

① 象：姬姓，舜的异母弟弟，受封于有庳（今湖南道县北）。《史记·五帝本纪》载："舜父瞽叟盲，而舜母死，瞽叟更娶妻而生象，象傲。""舜父瞽叟顽，母嚚，弟象傲，皆欲杀舜。舜顺适不失子道，兄弟孝慈。欲杀，不可得；即求，尝在侧。"

不知。若从枝叶上理会，只如象"欲使二嫂治朕栖"之语①，此岂可信？尧在上，不容有此等人；若或有之，不知则已；然尧于舜，既以女妻之，其弟如此，岂有不知？知则治之矣。

（选自《杨时集》卷十三，第 399 页）

龟山答问（节选）

答胡德辉问

问："'夫子之言性与天道不可得而闻也。'或谓性也，天也，道也，三者同出而异名。知性之未始有物也，虽天亦然。知天之未始有物也，虽性亦然。或曰：不然。性明其理，天道明其事。明理之际，或疑其无；明事之际，或疑其有。必也理、事俱融。此其说之难闻也。故经言天道，皆以祸福善恶焉。异乎言性也！二说孰是？"

答："'天命之谓性，率性之谓道。'性、命、道三者，一体而异名，初无二致也。故在天曰命，在人曰性，率性而行曰道，特所从言之异耳。所谓天道者，率性是也，岂远乎哉？夫子之文章，乃所以言性与天道非有二也，闻者自异耳。子贡至是始与知焉，则将进乎此矣。"

（选自《杨时集》卷十四，第 404—405 页）

问："樊迟问仁。子曰：'居处恭，执事敬，与人忠，虽之夷狄，不可弃也。'子张问行。子曰：'言忠信，行笃敬，虽蛮貊之邦，行矣。'其意甚类。

---

① 欲使二嫂治朕栖：指舜的异母弟弟象，不仅想方设法要除掉舜，而且想要霸占舜的两位妻子（尧的女儿娥皇、女英），比喻贪得无厌，私欲使人丧尽天良。典出《孟子·万章上》：象曰："'谟盖都君咸我绩。牛羊父母，仓廪父母，干戈朕，琴朕，弤朕，二嫂使治朕栖。'"

或说'问仁'乃'问行'尔,亦字之误。"

答:"学者求仁而已,行则由是而之焉者也。其语相似,无足疑者。世儒之论仁,不过乎博爱自爱之类。孔子之言则异乎此。其告诸门人可谓详矣,然而犹曰'罕言'者,盖其所言皆求仁之方而已,仁之体未尝言故也。要当遍观而熟味之,而后隐之于心而安,则庶乎有得,非言论所及也。"

(选自《杨时集》卷十四,第410页)

问:"'中庸之为德也,其至矣乎!民鲜久矣。'说者谓有高明之至德,有中庸之至德。君子以高明者人所难勉,中庸者人所易行,故以人所难勉者立己,而以人所易行者同民,将使人人能之。其言'民鲜久矣',盖上失其道非一日也。而考之《中庸》,则曰:'君子中庸,小人反中庸。君子之中庸也,君子而时中。'又曰:'君子依乎中庸,遁世不见知而不悔,惟圣者能之。'又曰:'舜其大知也与?执其两端,用其中于民。'又曰:'回之为人,择乎中庸,得一善则拳拳服膺而弗失之矣。'夫君子得是而时中,圣人依是而遁世。进为抚世莫如舜,退隐就闲莫如颜。然且有所执有所择,如是果人之所可到。然圣人以'民鲜久矣'言之,则中庸者,亦人之所易行矣。愿究言之,使学者有所适从。"

答:"道止于'中'而已矣。出乎'中'则过,未至则不及,故惟'中'为至。夫'中'也者,道之至极。故'中'又谓之极。屋极亦谓之极,盖中而高故也。极高明而不道乎中庸,则贤智者过之也;道中庸而不极乎高明,则愚不肖者之不及也。世儒以高明、中庸析为二致,非知中庸也。以谓圣人以高明处己,中庸待人,则圣人处己常过之,道终不明不行,与愚不肖者无以异矣。夫道若大路,行之则至。故孟子曰:'尧、舜之道,孝悌而已矣。'其为孝悌,乃在乎行止、疾徐之间,非有甚高难行之事,皆夫妇之愚所与知者。虽舜、颜不能离此而为圣贤也,百姓特日用而不知耳。"

(选自《杨时集》卷十四,第412—413页)

龟山策问（节选）

　　孟子没，圣人之道不传。六经微言晦蚀于异论，士不知所以学，非一日也。自熙宁以来，训明经术以风多士，所以迪之，可谓至矣。然大学之道，必先知所止。知所止然后能定，能定然后能应。不知所止，而欲应酬曲当，是犹射者未知正鹄之所在，而欲取中也，其可得乎？

　　诸君承学之久，宜知所止矣。异时施于有政，将必有道也。愿试言之，以观攸趋。

（选自《杨时集》卷十五，第436—437页）

　　孟子言："禹、稷、颜回同道①。"夫回之在陋巷，饭蔬饮水，终日如愚人然，邈乎其若无意于世也。禹思天下之溺者犹己溺之也，稷思天下之饥者犹己饥之也，其以身任天下之责，可谓重矣。则三人者，疑若内外之不相及也，而孟子曰"易地则皆然"，则古之人所以修身善世之道，盖一而已。后世道学不明，学士大夫穷而善其身，则进无以经世之务，汲汲于事功，则退无以处箪瓢捽茹之乐②。自汉、唐以来，往往皆是也，其失果安在哉？

　　国家比诏有司，推原熙、丰三舍之令③，播告之修，所以迪士者至矣。盖将养天下之成材而望之以禹、稷之事也。承学之士，宜知古人所以修身善世

---

① 禹：姓姒，夏氏，名文命（也有禹便是名的说法）。史称大禹、帝禹，为夏后氏首领，中国古代传说中与尧、舜齐名的贤圣帝王，最卓著的功绩，就是历来被传颂的治理滔天洪水以及划定天下版图为九州。稷：即后稷，周始祖，是古代百谷之长，帝王奉祀为谷神。

② 箪瓢捽（zuó）茹：指艰难困苦的生活、处境。

③ 熙、丰三舍之令：北宋神宗熙宁、元丰年间，王安石出任参知政事，主持变法活动，实行文化教育方面的改革，史称"熙宁兴学"。其中有一项重要举措便是在太学创立"三舍法"：将太学分为外舍、内舍、上舍三种程度，凭借学业考核，依次递升。此举不仅有助于调动太学生的学习积极性，提高太学教学质量，而且在一定程度上调节学校育才与科举选才之间的关系，堪称中国古代高等教育机构管理制度上的一项创举。

之道与夫后世之失，躬蹈而力行之，以副朝廷出长入治之选。请试言之。

（选自《杨时集》卷十五，第437—438页）

龟山书信（节选）

与杨仲远（节选）

近日不审为学何地？向者欲往定夫处①，今果然否？夫为己之学，正犹饥渴之于饮食，非有悦乎外也。以为弗饮弗食，则饥渴之病必至于致死。人而不学，则失其本心，不足以为人。其病盖无异于饥渴者，此固学之不可已也。

然古之善学者，必先知所止。知所止，然后可以渐进。伥伥然莫知所之，而欲望圣贤之域，多见其难矣。此理宜切求之，不可忽也。

某迂拙之学无以希世，而望古不及，又不自量力之不足也，犹孜孜不已，宜为后生豪俊之所悯笑。而乃过为吾弟之所取信，故尤区区不敢嘿也，惟亮之！

（选自《杨时集》卷十六，第456页）

寄翁好德

然尝谓君子之学，求仁而已。伯夷之清②，伊尹之任③，柳下惠之和④，皆圣人也，其道不同，而趋向则同者何？曰：仁而已矣。故古之君子，虽相

---

① 定夫：即游酢，字子道，后改字定夫，号广平、廌山，北宋理学家，"二程"高足之一。
② 伯夷：姓墨胎氏，名允，商末孤竹国（今河北卢龙）人，生卒年不详，商纣王末期孤竹国第八任君主亚微的长子。因遵父愿让位于弟叔齐。周灭商后，兄弟二人拒领周粟，饿死于首阳山，此举备受后世儒家学者称道。
③ 伊尹：商朝最早的丞相，传说他通晓天文地理，无所不能，人称活神仙。
④ 柳下惠（公元前720－公元前621年）：展氏后人，名获，字禽，一字季，春秋时期鲁国柳下邑人。有"坐怀不乱"的故事，以其德行被儒家学者视为心目中的贤人。

去千里，相望异世，或出或处，或默或语，未尝同，及考其所归，若合符契。然则吾徒所学，又奚必朝闻而暮讲之欤？要同归于仁而止。苟知此，则前日之遽然，犹不足恨也。

夫求仁之方，孔子盖言之详矣。然而亲炙之徒，其说犹有未闻者，岂孔子有隐于彼欤？犹之大匠能诲人以规矩，不能与之巧。故言之在我，闻不闻者在彼，虽圣人亦不能进其不及也。后世之士，未尝精思力究，妄以肤见臆度，求尽圣人之微言，分文析字，寸量铢较，自谓得之，而不知去本益远矣。夫至道之归，固非笔舌史尽也，要以身体之，心验之，雍容自尽于燕闲静一之中，默而识之，兼忘于书言、意象之表，则庶乎其至矣。反是，皆口耳诵数之学也。

(选自《杨时集》卷十六，第480—481页)

与翁子静（节选）

某窃谓学者当知圣人，知圣人然后知所以学。舜在深山中，与木石居，鹿豕游，无以异于深山之野人也，而四岳知其可以托天下。颜渊在陋巷，终日如愚，然而孟子称其与禹、稷同道，夫岂苟言哉？其中必有诚然不可掩者。夫舜之可以托天下，颜渊之可以为禹、稷，其必有在矣，学者不可不知也。知此，则知所以学矣。

(选自《杨时集》卷十八，第492页)

答李杭（节选）

夫今人与古人之学异，来书论之悉矣。此不复道。孟子曰："鸡鸣而起，孳孳为善者，舜之徒也；鸡鸣而起，孳孳为利者，跖之徒也。"舜、跖之相去远矣，而其分乃在乎善、利之间。则为尧、舜者，亦力于为善而已。颜子曰："舜何人也，有为者亦若是。"论颜子之学，则曰："得一善，则拳拳服膺而弗失之矣。"此古之人用力可考而知也。夫"圣人，人伦之至也"，岂有异于人乎哉？尧、舜之道曰孝弟，不过行止疾徐而已，皆人所日用，而昧者不知也。夏葛而冬裘，渴饮而饥食，日出而作，晦而息，无非道也。譬之，莫不饮食，而知味者鲜矣，推是而求之，则尧、舜与人同，其可知也已。

然而为是道者，必先乎明善，然后知所以善也。明善在致知，致知在格物。号物之多至于万，则物盖有不可胜穷者。反身而诚，则举天下之物在我矣。《诗》曰："天生烝民，有物有则。"凡形色具于吾身者，无非物也，而各有则焉，反而求之，则天下之理得矣。由是而通天下之志，类万物之情，参天地之化，其则不远矣。

夫入德之门，有宜先传者，有后倦者，其序不可诬也。若洒扫应对，则门人小子所宜先传者。苟于成人而复使为之，则或倦矣。然圣人所谓性与天道者，亦岂尝离夫洒扫应对之间哉？其始也，即此而为学；其卒也，非离此以为道。后倦焉者，皆由之而不知者也。故曰"有始有卒者，其惟圣人乎？"某之所闻如此。足下试思之，如何？老倦，艰于执笔，辞不逮意。幸亮之！

（选自《杨时集》卷十八，第494—495页）

（杨卫明编撰）

游　酢

【题解】

　　游酢（1053—1123年），福建南平建阳麻沙镇长坪村人，北宋理学家、教育家。字定夫，号广平，又号廌山，也写为"豸山"，谥"文肃"。宋皇祐五年（1053年），游酢出生于建州建阳禾平里（今长坪村）。熙宁元年（1068年）在家乡求学于族叔、理学家游复与本地学者江侧。熙宁五年（1072年）游学京师（今河南开封），与伊川先生程颐相见，伊川以"其资可适道"向其兄明道先生程颢推荐；次年补入太学学习，20岁的他成为太学生，并成为二程的门人。游酢后引荐杨时，二人同在二程门下学习，留下"载道南归""程门立雪"的典故。元丰五年（1082年），游酢30岁，登黄裳榜进士，授越州萧山县尉，后一直致力于著书与教学。元丰八年（1085年），游酢被推荐入朝，官太学录，后改宣德郎，升博士。元祐三年（1088年），游酢结识了范仲淹次子范纯仁，范纯仁请游酢任颍昌府学教授；范纯仁入朝为相后，游酢复入太学任太学博士。绍圣三年（1096年）十月，游酢父亲去世，游酢回建阳筑廌山草堂守制并著书立说，著《论语杂解》《孟子杂解》《中庸义》等。后来又到武夷山五曲"水云寮"讲学，并完成《易说》《诗二南义》等著作。游酢是解读四书体系的先行者。元符三年（1100年），游酢回京任监察御史，此后历任和、舒、濠等州知州，因任官地点在今安徽境内，游酢晚年选择寓居和州，去世后葬于和州。

《论士风奏疏》是游酢上奏的疏文,"徽宗初即位,监察御史游酢上论士风"。游酢向宋徽宗进言说,"天下之患,莫大于士大夫至于无耻",天下最坏的事就是士大夫的无耻。良好士风的形成,在于廉耻的教育。因为无耻,士大夫的眼中只剩利益,"如入市而攫金,不复见有人也。始则众笑之,少则人惑之,久则天下相率而效之"。如果士大夫只追逐利益,就会"迷国以成其私可为也",为了达到私利甚至敢于迷惑欺骗国君。士大夫丧失了基本的道德,国家就会处于危难之中。"礼、义、廉、耻,谓之四维,四维不张,国非其有也","四维"既是个体道德的体现,也是社会道德的根本,甚至是治国的纲领。如果士大夫全无礼义廉耻之心,那么国将不国。因此,要"倡清议于天下",倡导良好的舆论;士大夫要爱惜羽毛,"人人自好",宁愿饿死也不能丧失节气,宁愿穷死也不敢败坏声名。

　　《书明道先生行状后》是游酢在《明道先生行状》后的一段附文,主要是"拾其(即明道先生程颢)遗事备采录"。游酢通过追忆明道先生,重申了两个儒家的重要教育观念:其一,教育者就是传道者,要做到"不愤不启,不悱不发",并根据学生的资质进行诱导;其二,"先生之教,要出于为己",程颢的教育与孔子的教育一脉相承,强调"为己之学",学者受教,不是为了功名利禄,而是为了修养自己的道德和增进自己的学问。本文还通过具体事例,表明程颢即使处于艰难的环境,也能自得其乐,"人不堪其难,而先生处之裕如也";程颢疑人不用,用人不疑,"虽僮仆必托以忠信","盖诚心发于中",以诚信治下,这些思想在当下也有重要意义。此文既是游酢凭吊程颢的祭文,也是游酢总结程颢生平的重要文章。虽篇幅较长,但被朱子看中并全文收录在《伊洛渊源录》中。

　　《孙莘老易传序》是游酢为孙莘老所著《易传》写的序言。在儒家经典中,游酢尤其推崇《易经》,这与宋代一批理学家对《易经》的解读是一致的。宋代理学家普遍探求《易经》所蕴含的哲理,阐明《易经》的理学宗旨。游酢认为,《易经》这本书,涵盖万象,但用一句话来形容,就是"顺应性命之理"。这一个"理",隐藏在天文、地理、人心之中。天、地、人藏着的理,人心中自然存在的仁义,这些"理""仁""义"老百姓盲目而不知,以致"民之迷日久",所以要以经书为教育的范本,要通过《易经》这本书,来让老百姓明理知理。从伏羲到孔子,他们之所以致力于《易经》不遗余力,就是要教化天下百姓,"盖将领天下于中正之涂",让天下百姓不入迷途,进入正道。

《论语杂解·吾日三省吾身章》是游酢对《论语》"吾日三省吾身"章的解读。游酢强调践履功夫,在解读《论语》中的曾子"日省"时,就践履的道德修养提出了比曾子更高的要求。曾子曰:"吾日三省吾身:为人谋而不忠乎?与朋友交而不信乎?传不习乎?"游酢认为,曾子的学习之道,其核心在于"诚",内心的忠诚,行事的诚信,对自己所学不遗憾,不欺人,不欺己,不苟且,不敷衍。在此基础上,游酢提出他的观点,说学者的道德修行,不能仅停留在"三省"上,要反省的很多,比如,对待父母是否孝?对待尊长是否敬?做事是否有愧于心?言语是否不合实际?欲望是否不正当?贪念是否可以克制?以此类推,通过每天的反省不断修正、改变,逐步提升自己的道德修养,这样才能抵达曾子所说的"诚身"。游酢对儒家的践履功夫是深得程颐之传。

《论语杂解·君子不器章》是游酢对《论语》"君子不器"章的解读。游酢以《易经》之说解读此章,他引用《易经·系辞》中的"形而上者谓之道,形而下者谓之器"来解释"不器"。游酢等大儒普遍赞同要培养合乎"道"的人才,而不是培养具体的"器"才。"道"与"器"是中国古代哲学的重要范畴,儒家以"形而上"指无形的或未成形体的东西,"形而下"则指有形的或已成形的东西。"道"(形而上)与"器"(形而下)的关系,即规律道理和具体器物的关系。君子重道,就能中正平和,融通万物,不会偏执于某一具体的"圆、方、柔、刚"。游酢用《易经》解读《论语》关于"君子不器"的思想,为朱子所继承。朱子后来用通俗的语言加以表述,说:"可见底是器,不可见底是道。理是道，物是器。"朱子并以火炉比喻说："此是器，然而可以向火。所以为人用，便是道。"

《论语杂解·孔子谓季氏章》是游酢对《论语》"孔子谓季氏"章的解读。《孔子谓季氏章》的全文为："孔子谓季氏：'八佾舞于庭，是可忍也，孰不可忍也？'"孔子说，季氏在院子里面安排表演八佾这种舞蹈，这种事情都狠心做得出来，还有什么事情是季氏不敢做的呢？八佾是在西周时期贵族享用乐舞的最高等级，当时有明确的规定：天子礼乐用八佾，即横纵各八人，共六十四人表演乐舞；诸侯六佾，三十六人；大夫四佾，十六人。季氏是鲁国的大夫，即"陪臣"，却公开在家中使用六十四人表演天子礼乐，这种行为就是典型的无视王权和君权的僭越。游酢解读说，季氏的僭越是心中"无君""无王"。季氏所为就像是拔掉树根去堵塞水的源头，是帽子和鞋子上下位置颠倒，是倒行逆施，尊卑不分。游酢将季氏所为最后归结为"灭天理""坏人伦"，回归到教育的本质即"天理"和"人伦"中来。游酢说，"立人之道曰仁与义"，"理也，义也"，"人伦，天下所共由也"。如果遵循仁、义、理，有基本的君臣、父子、夫妻人伦，就不可能出现"八佾舞于庭"这种违背人伦的僭越现象了。

《论语杂解·兴于诗章》是游酢对《论语》"兴于诗"章的解读。游酢认为，后天的学习可以改变一个人的心性与气质。一个人、一个团体、一个民族、一个国家文化风气的养成，都需要后天的学习，通过读书、教育来迅速实现后天的成长是最有效的办法。因此，以圣贤之书来培植士风，使人向善，是极有益的。谈到孔子的"兴于诗"时，游酢认为，读《诗经》可以感发善心。如读《天保》之诗，就可以更明白君臣之义；读《常棣》之诗，就可以更明白兄弟之爱；读《伐木》之诗，可以明白友情；读《关雎》《鹊巢》之诗，可以明白夫妇人伦。最后并举晋代孝子王褒之例来佐证此说。

《孟子杂解·人皆有不忍之心章》是节选游酢对《孟子》"人皆有不忍之心"章解读的一段话。儒家教育的出发点是：推爱己之心以爱人，推爱父母兄弟之心以爱一切。"亲亲"，亲爱自己的亲人；"仁民"是对百姓仁慈；"爱物"是对天下万物有慈悲心。儒家认为，这样推己及人的仁爱，可以使人伦关系合理，社会安宁；在政治上推己及人，由"亲亲而仁民"，便能施行仁政，以德化民。游酢继承儒家与理学家的思想，一方面，支持以"亲亲"为出发点的教育理念。儒家承认人的欲望与私心，如"食色，性也"，如"亲亲相隐"，但又由此出发，倡导人们克制欲望，即理学家的"灭人欲"；由"亲亲"出发，倡导推己及人，达到天下和睦、社会安定的目的。但另一方面，游酢又反对无差别的爱，他认为如果"爱无差等"，就会使人变得虚伪，即失去本心。

论士风奏疏

天下之患，莫大于士大夫至于无耻，则见利而已，不复知有他。如入市而攫金①，不复见有人也。始则众笑之，少则人惑之，久则天下相率而效之，莫知以为非也。士风之坏，一至于此，则锥刀之末将尽争之②，虽杀人而谋其身可为也，迷国以成其私可为也③。草窃奸宄④，夺攘矫虔⑤，何所不至，而人君尚何所赖乎？古人有言，礼、义、廉、耻，谓之四维，四维不张，国非其有也。今欲使士大夫人人自好，而相高以名节，则莫若朝廷之上，倡清议于天下。士有顽顿无耻，一不容于清议者，将不得齿于缙绅，亲戚以为羞，乡党以为辱。夫然，故士之有志于义者，宁饥饿不能出门户，而不敢以丧节；

---

① 攫金：典出《列子·说符》："昔齐人有欲金者，清旦衣冠而之市，适鬻金者之所，因攫其金而去。吏捕得之，问曰：'人皆在焉，子攫人之金何？'对曰：'取金时，不见人，徒见金。'"后因以"攫金"谓盗劫财物。
② 锥刀之末：小刀的边缘，比喻细微之利。也作"锥刀之利"。
③ 迷国：使国迷乱。
④ 草窃：掠夺，盗窃，或称草寇。奸宄：犯法作乱的坏人。
⑤ 虔：这里指巧取豪夺，虚伪作假。

宁厄穷终身不得闻达，而不敢以败名。廉耻之俗成，而忠义之风起矣，人主何求而不得哉？惟陛下留意。

（选自《游廌山集》卷四，四库全书本，第1—2页）

书明道先生行状后

先生道德之高致，经纶之远图，进退之大节，伊川季先生与门人高第既论其实矣，酢复何言？谨拾其遗事备采录云。

先生生而有妙质，闻道甚早，年逾冠，明诚夫子张子厚友而师之①。子厚少时，自喜其才，谓提骑卒数万可横行匈奴，视叛羌为易与耳，故从之游者多能道边事。既而得闻先生议论，乃归谢其徒，尽弃其旧学，以从事于道。其视先生虽外兄弟之子，而虚心求益之意，恳恳如不及。逮先生之官，犹以书抵扈②，以"定性未能不动"致问先生为破其疑③，使内外动静道通为一，读其书可考而知也。其后，子厚学成德尊，识者谓与孟子比，然犹秘其学，不多为人讲之。其意若曰："虽复多闻，不务畜德④，徒善口耳而已。"故不屑与之言。先生谓之曰："道之不明于天下久矣。人善其所习，自谓至足。必欲如孔门不愤不启，不悱不发，则师资势隔，而先王之道或几乎熄矣。处今之时，且当随其资而诱之，虽识有明暗，志有浅深，亦各有得焉，而尧舜之道，庶可驯致。"子厚用其言，故关中学者躬行之，多与洛人并。推其所自，先生

---

① 明诚：张载的私谥。
② 扈：即鄠县，今陕西西安鄠邑区。
③ 张载曾向程颢求教"定性未能不动，犹累于外物"。张载问题的意思是：想让自己的心安定下来，却未能保持内心不为所动，仍然受到外在事物的牵累，到底如何才能安定躁动不安的心？程颢思索后，给张载写了一封信，即流传至今的《定性书》。这是程颢30岁时所作的一篇不到500字的短文，是宋明理学的"内圣"经典之作，被视为儒学版的《心经》。
④ 畜德：修积德行。

游 酢

发之也。

擢为御史，睿眷甚渥，亟承德音，所献纳必据经术，事常辨于早而戒于渐。一日，神宗纵言及于辞命，先生曰："人主之学，惟当务为急，辞命非所先也。"神宗为之动颜。会同天节宫嫔专献奇巧，为天子寿。先生既言于朝，又顾谓执政戒之，执政曰："宫嫔实为，非上意也，庸何伤？"先生曰："作淫巧以荡上心，所伤多矣。公之言非是。"执政辞遂屈。是时，有同在台列者，志未必同，然心慕其为人，尝语人曰："他人之贤者，犹可得而议也。乃若伯淳，则如美玉然，反复视之，表里洞彻，莫见疵瑕。"①

先生平生与人交，无隐情，虽僮仆必托以忠信，故人亦不忍欺之。尝自澶渊遣奴持金诣京师贸用物，计金之数可当二百千。奴无父母妻子，同列闻之，莫不骇且诮。既而奴持物如期而归，众始叹服。盖诚心发于中，畅于四肢，见之者信慕，事之者革心，大抵类此。

先生少长亲闱，视之如伤，又气象清越，洒然如在尘外，宜不能劳苦。及遇事，则每与贱者同起居饮食，人不堪其难，而先生处之裕如也。尝董役，虽祁寒烈日，不拥裘，不御盖，时所巡行，众莫测其至，故人自致力，尝先期毕事。异时夫伍，中夜多哗，一夫或怖，万夫竞起，奸人乘虚为盗者，不可胜数。先生以师律处之，遂讫去，无哗者。及役罢夫散，部伍犹肃整如常。

初至鄂，有监酒税者，以贿播闻，然怙力文身，自号能杀人，众皆惮之，虽监司州将不敢发。先生至，将与之同事，其人心不自安，辄为言曰："外人谓某自盗官钱，新主簿将发之。某势穷，必杀人。"言未讫，先生笑曰："人之为言，一至于此！足下食君之禄，讵肯为盗？万一有之，将救死不暇，安能杀人？"其人默不敢言，后亦私偿其所盗，卒以善去。州从事有既孤而遭祖母丧者，身为嫡孙，未果承重。先生为推典法意，告之甚悉，其人从之，至

---

① 程颐《明道先生行状》中，将程颢比喻成"精金""良玉"："先生资禀既异，而充养有道。纯粹如精金，温润如良玉。"

今遂为定令，而天下缙绅始习为常。盖先生御小人使不丽于法①，助君子使必成其美，又大抵类此。

先生虽不用，而未尝一日忘朝廷。然久幽之操，确乎如石，胸中之气冲如也。所至，士大夫多弃官从之学，朝见而夕归，饮其和，茹其实，既久而不能去。其徒有贫者，以单衣御冬，累年而志不变，身不屈。盖先生之教，要出于为己②，而士之游其门者，所学皆心到自得，无求于外，以故甚贫者忘饥寒，已仕者忘爵禄，鲁重者敏，谨细者裕，强者无拂理，愿者有立志，可以修身，可以齐家，可以治国平天下。非若世之士，妄意空无，追咏昔人之糟粕，而身不与焉，及措之事业，则伥然无据而已也。

方朝廷图任真儒，以惠天下。天下有识者谓先生行且大用矣，不幸而先生卒。呜呼！道之行与废，果非人力所能为也，悲夫！哭而为之赞曰：

天地之心，其太一之体与！天地之化，其太和之运与！确然高明，万物覆焉；隤然博厚，万物载焉，非以其一与！阳自此舒，阴自此凝；消息盈虚，莫见其形，非以其和与！夫子之德，其融心涤虑，默契于此与！不然，何穆穆不已，浑浑无涯，而能言之士，莫足以颂其美与！嗟乎！孰谓此道未施，此民未觉，而先觉者逝与！百世之下，有想见夫子而不可得者，亦能观诸天地之际与！

（选自《游廌山集》卷四，第7—11页）

孙莘老易传序

《易》之为书，该括万有，而一言以蔽之，则顺性命之理而已。阴阳之有

---

① 不丽于法：不会落入法网。
② 为己：指为己之学，学习是为了修养自己的道德和增进学问。

消长，刚柔之有进退，仁义之有隆污①。三极之道②，皆原于一，而会于理。其所遭者时也，其所托者义也，其所致者用也。知斯三者，而天下之理得矣。斯理也，仰则著于天文，俯则形于地理，中则隐于人心，而民之迷日久，不能以自得也。冥行于利害之域③，而莫知所向，圣人有忧之，此《易》之所为作也。伏羲象之，而八卦成；文王重之，而六爻具；周公系之辞，仲尼训其义。④ 自伏羲至仲尼，则《易》之书不遗余旨矣。盖将领天下于中正之涂，而要于时措之宜也。居则观象而玩辞，动则观变而玩占。以研心则虑精，以应物则事举。天且助之，人且与之，而何凶咎之有？故曰：是兴神物以前民用。又曰：因贰以济民行。此四君子之用心也。

孙公莘老少而好《易》，常以是行己，亦以是立朝，或进或退，或语或默，或从或违，皆占于《易》而后行也。晚而成书，辞约而旨明，义直而事核，又将与学者共之，盖亦先圣之所期，岂徒为章句以自名家而已？此先生传《易》之意也，学者宜以是观之。

（选自《游廌山集》卷四，第2—3页）

论语杂解·吾日三省吾身章

考曾子之学，主于诚身，则其操心宜无不忠，其立行宜无不信，而处己者无憾矣。虑其所以接人者，或入于不忠不信而不自悟也，故曰三省其身焉。省之如此，其周，则有不善未尝不知，知之未尝复行者，庶乎可以企及矣。然此特曾子之省身者而已，若夫学者之所省，又不止此。事亲有不足于孝，

---

① 隆污：指多少、高低。
② 三极：指三才，即天、地、人。
③ 冥行：夜间行路。指盲目行事。
④ "伏羲"句：此句说的是"易更三圣"的历史，即伏羲画八卦，周文王演绎八卦，孔子阐释易学经义。另，周公在六十四卦卦辞的基础上撰写了爻辞。

事长有不足于敬欤？行或愧于心，而言或浮于行欤？欲有所未窒，而忿有所未惩欤？推是类而日省之，则曾子之诚身，庶乎可以跂及矣。

古之人所谓夜以计过，无憾而后即安者，亦曾子之意。曾子于正心诚意之道，宜无须臾忌也，惟以应物之际，恐或失念而违仁，故日所省者三事而已。

（选自《游廌山集》卷一，第 4—5 页）

论语杂解·君子不器章

形而上者谓之道，形而下者谓之器。君子体夫道者也，故不器，不器则能圆能方，能柔能刚，非执方者所与也。

（选自《游廌山集》卷一，第 11 页）

论语杂解·孔子谓季氏章

人臣僭国君之礼，是无君也；陪臣僭天子之礼，是无王也。季氏以八佾舞，其心遂无王矣，是将拔本塞源、冠履倒施，灭天理而坏人伦矣，此而可忍，孰不可忍也？

（选自《游廌山集》卷一，第 12 页）

论语杂解·兴于诗章①

"兴于诗",言学《诗》者,可以感发于善心也。如观《天保》之诗②,则君臣之义修矣;观《常棣》之诗③,则兄弟之爱笃矣;观《伐木》之诗④,则朋友之交亲矣;观《关雎》《鹊巢》之风⑤,则夫妇之经正矣。昔王褒有至性⑥,而弟子至于废讲《蓼莪》⑦,则诗之兴发善心,于此可见矣。

(选自《游鹰山集》卷一,第24页)

---

① 兴于诗:出自《论语·泰伯》:"子曰:'兴于《诗》,立于礼,成于乐。'"本段为游酢对"兴于诗"的解读。

② 《天保》:指《诗经·小雅·天保》,是一首臣子向君王表达深切期望与美好祝愿的诗作。

③ 《常棣》:指《诗经·小雅·常棣》,是周人宴会兄弟时歌唱兄弟亲情的诗,该诗的主旨为,"凡今之人,莫如兄弟"。

④ 《伐木》:指《诗经·小雅·伐木》,是一首宴享之诗,有诗句云:"伐木丁丁,鸟鸣嘤嘤……嘤其鸣矣,求其友声。"后因以"伐木"作为表达朋友间深情厚谊的典故。此诗借"嘤鸣"一词表达对友情的歌颂,给后世留下了深远的影响。

⑤ 《关雎》:指《诗经·周南·关雎》,是《诗经》开篇之诗,是一首描写男女情感的诗,叙写一位男子对一女子由起初的"寤寐求之"的思慕,到求之不得的"辗转反侧",到"琴瑟友之"的亲近,终于鼓乐娶之,宜其室家。《鹊巢》:指《诗经·召南·鹊巢》,此诗主旨多有争议。朱子认为,"二南之诗,盖圣人取之以为天下国家之法",因此解读诗中的"鸠"为文王之化,行后妃之德盛而赞颂之。

⑥ 王褒(哀):王哀废讲《蓼莪》的典故出自《晋书》:"王哀,字伟元,城阳营陵人也……哀少立操尚,行己以礼,身长八尺四寸,容貌绝异,音声清亮,辞气雅正,博学多能。痛父非命,未尝西向而坐,示不臣朝廷也。于是隐居教授,三征七辟皆不就。庐于墓侧,旦夕常至墓所拜跪,攀柏悲号,涕泪着树,树为之枯。母性畏雷,母没,每雷,辄到墓曰:'哀在此。'及读《诗》至'哀哀父母,生我劬劳',未尝不三复流涕,门人受业者并废《蓼莪》之篇。"

⑦ 《蓼莪》:指《诗经·小雅·蓼莪》,是表现孤子哀伤情思之诗,诗人抒发了不能终养父母的痛极之情。

孟子杂解·人皆有不忍之心章

孟子曰:"君子亲亲而仁民,仁民而爱物。"此自然之序也,彼爱无差等者,失其本心也已。

(选自《游廌山集》卷一,第51页)

(祝熹编撰)

罗从彦

【题解】

罗从彦（1072—1135年），宋代南剑州沙县（今福建沙县）人，字仲素，谥文质，北宋思想家、教育家，世称豫章先生。宋礼部祭文称其"上传洛伊，下授延平，斯文一脉，万古是师"，在闽学发展过程中发挥了承杨（时）传李（侗）启朱（熹）的作用，具有举足轻重的地位。他以位处第二的身份，与杨时、李侗、朱熹并称"闽学四贤"。其生平事迹《宋史》有本传，著作《豫章文集》收入"四库全书"。明万历四十二年（1614年）从祀孔庙。清康熙四十五年（1706年），康熙皇帝为福建沙县豫章特祠赐"奥学清节"匾额。罗从彦不仅在政治观、道德观方面有自己独到的见解，而且在修养论尤其是教育思想上有突出表现，其实践成果便是推进"洛学闽化"进程，从而成就闽学，使之成为影响中国历史的重要思想。

《议论要语》一文，是罗从彦的一篇重要著述，提出并阐述了如下观点：一是仁义礼智为立身之本。"仁义礼智，所以为立身之本，而阙一不可。故孟子以恻隐之心为仁之端，而无恻隐之心则非人；以羞恶之心为义之端，而无羞恶之心则非人；以辞让之心为礼之端，而无辞让之心则非人；以是非之心为智之端，而无是非之心则非人。"人具有仁义礼智四德，恻隐、羞恶、辞让、是非四端，才成其为人，无此四德四端，便不是人。以四德四端为内圣道德标准，来衡量人之所以为人，则是中华民族长期形成的为人的道德标准以及为人处世的原则。二是士之立身，要以名节忠义为本。文中指出："士之立身，要以名节忠义为本。有名节，则不枉道以求进；有忠义，则不固宠以欺君矣。"他甚至把名节忠义具体化为"三爱"，即爱君、爱国、爱民，强调"立朝之士，当爱君如爱父，爱国如爱家，爱民如爱子。然三者，未尝不相赖也。凡人爱君则必爱国，爱国则必爱民，未有以君为心，而不以民为心者。故范希文谓：居庙堂之上则忧其民，处江湖之远则忧其君"。"三爱"的主旨是热爱自己的国君、国家和人民。这在当时赵宋民族危亡的关键时刻，发出这样的呼吁是有特别意义的。三是教化者，朝廷之先务。罗从彦认为："教化者，朝廷之先务；廉耻者，士人之美节；风俗者，天下之大事。朝廷有教化，则士人有廉耻；士人有廉耻，则天下有风俗。或朝廷不务教化，而责士人之廉耻，士人不尚廉耻，而望风俗之美，其可得乎？"其意说的是，只有教化才有良好士风，良好士风才能带动良好社会风俗的形成，有良好社会风俗，社会才会安定太平。由此可见，罗从彦把道德教育看成是治国之先务、立国之根本。

罗从彦强调士子读书应静处观心，闲中稽古。他的《观书有感》云："静处观心尘不染，闲中稽古意尤深。周诚程敬应粗会，奥理休从此外寻。"心中一尘不染，闲中体验天地万物之理，便可进入一种"彩笔书空空不染，利刀割水水无痕。人心但得如空水，与物自然无怨恩"（《勉李愿中五首·其四》）之境界①。这是一种使心进入超越一切言象和情感的无意识放空的状态，以至豁然有悟而与天地万物融为一体。这种体悟无须借助外在种种手段，只须凭心的直觉。这种"静中体验未发"在闽学治学过程中，被作为一种具体修养工夫而确立，"体验未发"便成为杨时—罗从彦—李侗以至朱熹道南学派的重要课题。罗从彦是最早明确此观点的人。李侗回忆说："某曩时从罗先生问学，终日相对静坐，只说文字，未尝及一杂语。先生极好静坐，某时未有知，退入室中亦只静坐而已。先生令静中看喜怒哀乐未发之谓中，未发时作何气

---

① 李愿中：即李侗，罗从彦弟子，朱熹之师尊。

象，此意不唯于进学有力，兼亦是养心之要。"（朱熹《延平答问》）静中体验未发状态，就要专一思虑、专一意识，排除一切物欲的牵累和杂语的干扰，使身心处于一种平静无波、虚灵不昧的状态，不仅有益于进学，亦是养心之要。

在《诲子侄文》中，罗从彦将东邻千条、西邻百贯这两家"不肖子"的故事，与南邻万斛家"入孝出悌，文行忠信"的事迹对比，借万斛老人之口，引出教育子孙"非鞭非笞，非诟非骂"，而应注重说理、开导、激励，如"愿汝出门去，翰林著文章"，"愿汝出门去，锦绣为肝肠"，"愿汝出门去，柱石镇岩廊"等一系列发散式的名言警语。罗从彦讲究正面教育、榜样教育，借用名人效应，强烈表达了他的价值取向。即便在今天，重读罗从彦的《诲子侄文》，仍有现实教育意义。

身为一名理学大儒，罗从彦十分注重读书开智、涵性养心，认为教育须以格言警句悬挂于东壁，以起到座右铭的良好作用，并曾在罗氏家族书堂壁写下《题堂壁句》，意旨是："我们罗氏自祖宗流传以来，一道清清白白的气质不可不去培养。即使金钱再多，富不过数十年；田产再多，房屋再大，传不过数十代。不像这旧书几卷，遗留给我们的子子孙孙，只要一代代读下去，知识永不会朽灭；又怎么比得上聪慧的心智，只要传授给我们的子子孙孙那么一丁点，都可以让他们代代受用不尽。登上此学堂的罗氏弟子们，要各自猛然醒悟。"严格意义上说，罗从彦这段话是"家训族规"，既是对新入学罗氏弟子的一种劝诫，也是一种"诗书传家"的主张。这与罗从彦《自警》诗"性地栽培恐易芜，是非理欲谨于初。孔颜乐地非难造，好读诚明静定书"，《勉弟子》诗"不闻鸡犬闹桑麻，仁宅安居是我家"中的思想是相互贯通的。罗氏后人把《题堂壁句》看作是一种宣言、一种传承、一种财富。这种视书卷价值远胜于金山银山的儒家思想，是罗从彦教诲子孙的思想精华，也是他人格魅力的写照，更是他留给后世的精神遗产。

议论要语

人主读经则师其意，读史则师其迹。然读经以《尚书》为先，读史以《唐书》为首。盖《尚书》论人主善恶为多，《唐书》论朝廷变故最盛。

朝廷立法不可不严，有司行法不可不恕。不严则不足以禁天下之恶，不恕则不足以通天下之情。汉之张释之、唐之徐有功，以恕求情者也。常衮一切用法，四方泰清，莫有获者，彼庸人哉！天下后世典狱之官，当以有功为法，以衮为戒。

人主欲明而不察，仁而不懦。盖察常累明，而懦反害仁故也。汉昭帝明而不察，章帝仁而不懦，孝宣明矣而失之察，孝元仁矣而失之懦。若唐德宗则察而不明，高宗则懦而不仁。兼二者之长，其惟汉文乎！

祖宗法度不可废，德泽不可恃。废法度则变乱之事起，恃德泽则骄佚之心生。自古德泽最厚莫若尧舜，向使子孙可恃，则尧舜必传其子。至于法度，莫若周家之最明，向使子孙世守，则历年至今犹存可也。

仁义者，人主之术也。一于仁，天下爱之而不知畏；一于义，天下畏之而不知爱。三代之主，仁义兼隆，所以享国至于长久。自汉以来，或得其偏，如汉文帝过于仁，宣帝过于义。夫仁可过也，义不可过也。

名器之贵贱以其人，何则？授于君子则贵，授于小人则贱。名器之所贵，则君子勇于行道，而小人甘于下僚；名器之所贱，则小人勇于浮竞，而君子耻于求进。以此观之，人主之名器可轻授人哉！

周厉王监谤，秦始皇偶语者弃市，徒能禁于一时，岂能禁之于万世？观厉王之恶，至秦之世而不可禁；始皇之恶，至汉之世而不可禁。非惟不能禁于后世，而又必有明白其是非者。贤君所以专务修德，而乐闻善言；当时之臣，故亦乐告以善道，而成一代之治安。彼二主不达此，规规然徒禁一时之

罗从彦

论难，行事不善，使人不敢议其非，或致亡于一朝，而取讥评于万世，不亦误哉！然想当时未必其身亲为不善也，必有奸佞之臣济之，此可以为世戒。

可爱非君，可畏非民。后世荒淫之君所为不善，故君不知民可畏，而知民可虐；民不知君可爱，而知君可怨。是君民为仇也，安得无颠覆之祸？

仁义礼智，所以为立身之本，而阙一不可。故孟子以恻隐之心为仁之端，而无恻隐之心则非人；以羞恶之心为义之端，而无羞恶之心则非人；以辞让之心为礼之端，而无辞让之心则非人；以是非之心为智之端，而无是非之心则非人。李林甫为宰相，在廷之臣皆非人也。掊克生灵，无恻隐之心；阿附宦官，无羞恶之心；势利相倾，无辞让之心；上下雷同，无是非之心。夫一端之亡，亦非人矣，况四端俱亡，安得谓之人？宜乎有天宝之乱也。

君明君之福，臣忠臣之福。君明臣忠，则朝廷治安，得不谓之福乎？父慈父之福，子孝子之福。父慈子孝，则家道隆盛，得不谓之福乎？俗人以富贵为福，陋哉！

老子曰："祸兮福所倚，福兮祸所伏。"指国家而言。故晋武平吴，何曾知其将乱？隋文平陈，房乔知其不久。祸福倚伏者，其在兹乎！

唐德宗之恶过于纣，孟子曰："贼仁者谓之贼，贼义者谓之残。残贼之人，谓之一夫。"何则？仁义所以治天下之本，而纣皆残贼之，遂失天下。观德宗之恶，讵止于贼仁义哉？社稷不亡，幸矣！

奸邪之人乱国政，李林甫是也；庸鄙之人弱国势，张禹是也。荀子曰："权出于一者强。"谓权出于一则主势不分，而君道尊矣。后世宰相侵君之权而不令终者多，贤如李文饶，尚不能免此，况李林甫之徒哉？为人臣者，视此以为戒。

秦暴如火，天下怨之。怨而不离者，扶苏在焉。及扶苏死，二世立，而秦亡。贤主之国家为何如！

王者富民，霸者富国。富民，三代之世是也；富国，齐、晋是也。至汉文帝行王者之道，欲富民而告戒不严，民反至于奢；武帝行霸者之道，欲富国而费用无节，国乃至于耗。

教化者，朝廷之先务；廉耻者，士人之美节；风俗者，天下之大事。朝廷有教化，则士人有廉耻；士人有廉耻，则天下有风俗。或朝廷不务教化，而责士人之廉耻；士人不尚廉耻，而望风俗之美，其可得乎？

君子在朝，则天下必治，盖君子进则常有乱世之言，使人主多忧而善心生，故天下所以必治。小人在朝，天下必乱，盖小人进则常有治世之言，使人主多乐而怠心生，故天下所以必乱。

正者天下之所同好，邪者天下之所同恶。而圣贤未尝致忧于其间，盖邪正已明故也。至于邪正未明，则圣贤忧之。观少正卯言伪而辩，行僻而坚，孔子则诛之。杨墨一则为我，一则兼爱，孟子则辟之，皆邪正未明而惑人者众，此孔孟之所汲汲。

继志述事，《礼记》独指武王、周公，不可执此而行。使宣王继厉王志，述厉王事，可乎？

石守道采摭唐史中女后奸臣宦官事，各以其类作三卷，目之曰《唐鉴》，而言曰："巍巍巨唐，女后乱之于前，奸臣坏之于中，宦官覆之于后。"考其所论，可为万世鉴，惜乎不推其本而言之。故人主欲惩三者之患，其本不过有二：以内则清心，以外则知人。能清心，则女后不能乱之；能知人，则奸臣不能坏之，宦官不能覆之。请借明皇一君而论，开元能清心矣，能知人矣，武后、惠妃、萧嵩、杨思勖岂能易其志？及天宝之际，不能清心矣，不能知人矣，而杨贵妃、李林甫、高力士遂乱其心。清心知人，其人主致治之本欤！

天下之变，不起于四方，而起于朝廷。譬如人之伤气，则寒暑易侵；木之伤心，则风雨易折。故内有李林甫之奸，则外有禄山之乱；内有卢杞之邪，则外有朱泚之叛。《易》曰："负且乘，致寇至。"不虚言哉！

三代法度，秦尽变之，然独不去肉刑。以此用心，安得不遽灭？

汉宣帝诘责杜延年治郡不进，乃善识治体者。夫治郡不进，非人臣之大罪，而宣帝必欲诘责之，何耶？盖中兴之际，内之朝廷，外之郡县，法度未备，政事未修，民人未安堵。或治郡不进，则百职废矣，乌可不责之？夫一郡尚尔，况天下乎？予谓汉宣帝识治势。

汉武帝知汲黯之贤而不用，唐太宗知宇文士及之佞而不去，何其误耶？夫人主知贤而不能用，未若不知之为善；知佞而不知去，未若不知之为愈。苟知贤而不能用，则善无所劝；知佞而不能去，则恶无所惩。虽然，武帝知贤而不用，犹愈于元帝知萧望之之贤而反罪焉；太宗知佞而不去，犹愈于德宗知卢杞之奸而复用焉。观元帝、德宗之与武帝、太宗，岂不相寥绝哉？

三代之治在道而不在法，三代之法贵实而不贵名，后世反之，此享国与治安所以不同。

士之立朝，要以正直忠厚为本。正直则朝廷无过失，忠厚则天下无嗟怨。二者不可偏也，一于正直而不忠厚，则渐入于刻；一于忠厚而不正直，则流入于懦。汲黯正直，所以辟公孙弘之阿谀；忠厚，所以辟张汤之残刻。武帝享国五十五年，其臣之贤，独此一人而已。武帝反不用，其为君可知。

立朝之士，当爱君如爱父，爱国如爱家，爱民如爱子。然三者，未尝不相赖也。凡人爱君则必爱国，爱国则必爱民，未有以君为心，而不以民为心者。故范希文谓：居庙堂之上则忧其民，处江湖之远则忧其君，谅哉！

士之立身，要以名节忠义为本。有名节，则不枉道以求进；有忠义，则不固宠以欺君矣。

朝廷大奸不可容，朋友小过不可不容。若容大奸，必乱天下；不容小过，则无全人。

孔子曰："道之以政，齐之以刑，民免而无耻。"以君言之，则宣帝、明帝；以臣言之，则赵广汉、张敞得之。又曰："道之以德，齐之以礼，有耻且格。"以君言之，则文帝、景帝；以臣言之，则龚遂、黄霸得之。君臣优劣，于此可见。

圣人无欲，君子寡欲，众人多欲。

路温舒之见高矣！宣帝初立，政之宽猛，中外未尝见之，而路温舒首以尚德缓刑为戒，援引古今，至于千言。其后盖宽饶、杨恽以无罪见戮，果符温舒之言。呜呼，人臣见几而能谏，人主闻善而能徙，然后君臣两尽其道。温舒见而能谏矣，宣帝闻善不能徙，惜哉！

昔季氏伐颛臾，孔子曰："吾恐季孙之忧，不在颛臾，而在萧墙之内也。"其后阳货果囚季桓子，圣人之言可不为万世法哉？自三代而下，人主不师孔子之言，不戒季氏之事，而被萧墙之害者多矣。

成汤处心过于武王，成汤放桀于南巢，惟有惭德，曰："予恐来世以台为口实。"武王以受罪浮于桀，曰："今朕必往，则岂复有惭德哉？"又《汤誓》《汤诰》数桀之恶浅，而《泰誓》数纣之恶深。善乎，古人谓纣虽无道，不如是之甚者，诚知武王之心欤！

人君纳谏之本，先于虚己。禹拜昌言，故能纳谏；德宗强明自任，必能拒谏。

人之立身可常行者在德，不可常行者在威。盖德则感人也深，而百世不忘；威则格人也浅，而一时所畏。然德与威不可偏废也，常使德胜威，则不失其为忠厚之士；苟威胜德，则未免为锻炼之流。观羊祜与杜预俱守襄阳，后人思祜之深而思预之浅者，岂祜尚德而预尚威乎？

中人之性，由于所习。见其善则习于为善，见其恶则习于为恶。习于为善则举世相率而为善，而不知善之为是，东汉党锢之士与夫太学生是也。习于为恶则举世相率而为恶，而不知恶之为非，五代君臣是也。

西汉人才可与适道，东汉人才可与立，三国人才可与权。杜钦、谷永可与适道，而不可与立，故附王氏；陈蕃、窦武可与立，而不可与权，故困于宦官；至于诸葛孔明，然后可与权。夫人才至可与权，则不可以有加。

张良近太公之材略，诸葛近伊尹之出处。然良佐高祖，论其时则宜，语其德则合。亮处三国，则才大任小，惜哉！

（选自《豫章文集》卷十一，四库全书本，第1—11页）

观书有感

静处观心尘不染,闲中稽古意尤深。

周诚程敬应粗会,奥理休从此外寻。

(选自《豫章文集》卷十三,第1页)

诲子侄文

东邻有千条家,子孙不肖,博弈饮酒,驰马试剑,挟弹持弩,与群小为伍,见士人则逃遁。西邻有百贯家,子孙不羞里巷,不顾父母,日复如是。诸子前行,路人肉杖之,曰:"为人子孙,固如是乎?"二家之长,一日聚议曰:"吾二家子孙,不肖如是之深。治之,恐伤骨肉之情;不治之,则恐败先君之业。若之何而为是乎?"旁有客曰:"此乃至愚至贱之徒,终遭刑责而后已。吾将拉汝二人,访诸南邻万斛之丈人,请问训子孙之术矣。"

南邻万斛之家数十人,入孝出悌,文行忠信,口不绝吟于六艺之文,手不停披于百家之篇。闺门之内,肃肃如也;闺门之外,雍雍如也。君之子孙若是,夫何为而至是也?南邻万斛丈人曰:"吾之诲子孙也,非鞭非笞,非诟非骂,但写唐文人杜牧示小侄阿宜二句,又写本朝宰执诸公仿杜牧示侄联句,又写范文正公家训题东轩壁句,时人谓之东壁句,吾将示之,仿效写于东壁,示子孙尤佳。"东西二丈曰:"敬闻命矣,愿得本以写于壁焉。"

杜牧曰:"愿汝出门去,取官如驱羊。"

富郑公曰①:"愿汝出门去,锦绣归故乡。"

---

① 富郑公:富弼(1004—1083年),北宋政治家、文学家。

韩魏公曰①："愿汝出门去，早早拜员郎。"

范文正曰②："愿汝出门去，翰林著文章。"

曾公亮曰③："愿汝出门去，锦绣为肝肠。"

陈了斋曰④："愿汝出门去，柱石镇岩廊。"

真德秀曰："愿汝出门去，德行重八方。"⑤

其后苏东坡打浑（诨）示子苏迈曰⑥："愿汝出门去，勿玷辱爷娘。"

（选自《豫章文集》卷十二，第6—8页）

题堂壁句

吾家自祖宗流传以来，一道清白之气不可不培。盖金粟虽多，积数十年必散；田宇虽广，遗数十代亦亡。孰若残书数卷，贻之吾子吾孙，世世可以习之不朽；又孰若灵心一点，传之吾子吾孙，世世可以受用不尽。登堂者，各宜猛省。

（据罗氏家族书堂壁）

（罗辉、马洪骄编撰）

---

① 韩魏公：韩琦（1008—1075年），北宋大臣，与范仲淹齐名，时称"韩范"。

② 范文正：范仲淹（989—1052年），北宋著名的政治家、文学家、军事家、教育家，世称"范文正公"，著有《岳阳楼记》等。

③ 曾公亮（999—1078年）：北宋政治家、学者。

④ 陈了斋：陈瓘（1057—1124年），北宋名臣。

⑤ 真德秀（1178—1235年）：南宋理学家、名臣。此句非罗从彦原句，系罗氏后人补缀窜入。

⑥ 苏东坡：苏轼（1037—1101年），北宋著名文学家、书画家。

李 侗

【题解】

李侗（1093—1163年），字愿中，世号延平先生，生于南剑州剑浦（今福建南平），宋代教育家、理学家、散文家。与杨时、罗从彦并称为"南剑三先生"。其教育生涯与个人的学术追求紧密相连，年轻时师从罗从彦，深入研习河洛之学，掌握了《春秋》《中庸》《论语》《孟子》等儒家经典精义，为他日后独特教育思想的形成和教育活动的开展奠定了坚实的理论基础。值得一提的是，李侗的教育主张对后世教育家和思想家产生了深远的影响，尤其是其学生朱熹，更是在二程、李侗等人思想的基础上进一步光大儒家学说，成为闽学的开创者和中国理学思想的集大成者。

《初见罗豫章先生书》是李侗向其老师罗从彦求学时写的信，在此函中表达了强烈的受教愿望。首先，表述了教育之重要。"师之教"乃是做人的根本之一，且"古之圣贤，莫不有师，其肄业之勤惰，涉道之浅深，求益之先后，若存若亡，其详不可得而考"。然而孟子之后道统失传，分出门派众多，真儒却很少，"道之可以治心，犹食之充饥、衣之御寒也。身有迫于饥寒之患者，遑遑焉为衣食之谋"，儒者之道若是失传，"可不为之大哀邪？"其次，李侗表达了对罗从彦的景仰，"至于不言而饮人以和，与人并立而使人化，如春风发物，益亦莫知其所以然也"。最后，李侗向罗从彦发愿，想到先生门下潜心求学、钻研学问。他说自己资质愚鄙、不自量力，以前还把时间浪费在科举上，只因祖祖辈辈皆以儒学起家，自己不忍让祖先的事业衰落，遂发愿要拜于罗从彦门下，以求安身立命之方法，"使由正路行而心有所舍，则俯焉日有孳孳，死而后已"，并表示自己将坚守穷理尽性的规条，万不敢自弃于先生门下。

《与教授公书》是李侗给曾任南剑州学教授的任希纯的书信。李、任相交甚好，两人在州学时经常交流，任希纯评价生员课考优劣时也时常询问李侗的意见。后来任希纯调到外地做官，李侗十分怀念那段时光，晚年数次互通书信。李侗信中提到，"梅雨方郁，伏惟燕居爽垲颐神，尊候万福。侗块处山樊，绝无曩昔师友，不闻道义之训。朝夕兀坐，赖天之灵，尚得以旧学寻绎，以警释贫惫而已"，向任希纯表达了长久未见的思念之情，同时分享了自己在山中研读的日常。

《又与教授公书》是李侗给任希纯的另一封书信。信中提到，"侗块处山间，绝无过从。赖有经史中古人心迹，可以探赜。虽粗能遣释朝夕，然离群索居，不自知其过者亦多矣"，表达了对友人的怀念与感激，也与友人商榷自己读经、交游的感想和体悟，请对方不吝指点。李侗不是科举出身，却也是南剑州一方名儒，受时人称誉。书信情感真切，文辞谦逊，体现出李、任二人的深厚交谊。

《与罗博文书》是李侗给好友罗博文的书信，信中表达了李侗对学生朱熹的评价，"元晦进学甚力，乐善畏义，吾党鲜有"，"此人极颖悟，力行可畏，讲学极造其微处"；对弟子朱熹很是嘉许，"今既论难，见儒者路脉，极能指其差误之处"，认为"渠所论难处，皆是操戈入室，须从原头体认来，所以好说话"，全面肯定了朱熹登堂入室的儒学素养、纠正前人偏颇的勇气、严密的逻辑和理性的思辨。本篇文字在赞誉朱熹的同时，也向我们展现了一位执着追求学术、眼光深邃、奖掖后生的道学长者形象。

《与刘平甫书》是李侗写给刘平甫的一封书信，信虽简短，道理却深刻。信中明确提到"学问之道，不在于多言，但默坐澄心"，指出理学的追求并不在于言辞的多少，而在于内心的沉静与专注，强调了默坐自省与体认天理的重要性。而这正是李侗一直坚守的静坐明理、修养心性的学问之道。

《上舍辞归罗豫章先生》是李侗给老师罗从彦的赠诗，以诗言志表明他追求的不是表面的虚荣，而是真正的学问。他认为追求知识和追求道德应该是一体的，两者相辅相成。整首诗情感真挚、意境深沉，不仅展示了李侗在学术道路上的坚定信念和不懈追求，也抒发了他对孔孟学问的敬畏和对诗礼未来的美好憧憬。

初见罗豫章先生书

侗闻之，天下有三本焉：父生之，师教之，君治之；阙其一①，则本不立。古之圣贤，莫不有师，其肄业之勤惰，涉道之浅深，求益之先后，若存若亡，其详不可得而考。惟洙泗之间，七十二弟子之徒，议论问答，具在方册，有足稽焉，是得夫子而益明也。孟氏之后，道失所传，支分派别，自立门户，天下真儒，不复见于世。其聚徒成群，所以相传授者，句读文义而已耳，谓之熄焉可也。夫巫医乐师百工之人，其术贱，其能小，犹且莫不有师；儒者之道，可以善一身，可以理天下，可以配神明而参变化，一失其传而无所师，可不为之大哀邪？

恭惟先生乡丈，服膺龟山先生之讲席有年矣，况尝及伊川先生之门，得不传于千五百岁之后，性明而修，行完而洁，扩之以广大，体之以仁恕，精深微妙，各极其至，汉唐诸儒，无近似者。至于不言而饮人以和，与人并立而使人化，如春风发物，益亦莫知其所以然也。凡读圣贤之书，粗有识见者，孰不愿得受经门下，以质所疑？至于异论之人，固当置而勿论也。侗之愚鄙，

---

① 阙：同"缺"。

欲操被篲以供扫除①，几年于兹矣。徒以习举子业，不得服役于门下，先生想不谓其可弃也。且侗之不肖，今日拳拳欲求教于先生者，以谓所求有大于利禄也。抑侗闻之，道之可以治心，犹食之充饥、衣之御寒也。身有迫于饥寒之患者，遑遑焉为衣食之谋②。造次颠沛，未始忘也。至于心之不治，有没世不知虑者，岂爱心不若口体哉？弗思甚矣。然饥而思食，不过乎菽粟之甘；寒而求衣，不过乎绨袍之温。道之所可贵，亦不过君臣父子夫妇长幼朋友之间，行之以仁义忠信而已耳。舍此之不务，而必求夫诬诡谲怪，可以骇人耳目者而学之。是犹饥寒切身者，不知菽粟绨布之为美，而必求夫珍异侈靡之奉焉。求之难得，享之难安，终亦必亡而已矣。

侗不量资质之陋，妄意于此。徒以祖父以儒学起家，不忍堕箕裘之业，孳孳矻矻③，为利禄之学，两终星纪，虽知真儒有作，闻风而起，固不若先生亲炙之，得于动静语默之间，目击而意会也。身为男子，生在中华，又幸而得闻先生长者之风十年。于今二十有四岁矣，茫乎未有所止。烛理不明，而是非无以辩（辨）；宅心不广，而喜怒易以摇。操履不完而悔吝多，精神不充而智巧袭。拣焉而不净，守焉而不敷，朝夕恐惧，不啻犹饥寒切身者求充饥御寒之具也。不然，安敢以不肖之身，为先生长者之累哉？圣学未有见处，在佛子中，有绝嗜欲、捐想念，即无住以生心者，特相与游，亦足以澄汰滓秽，洗涤垢坋，忘情乾慧，得所休歇。言踪义路，有依倚处，日用之中，不无益也。若曰儒者之道，可会为一，所以穷理尽性、治国平天下者，举积诸此，非自愚则欺也。众人皆坐侗以此，而不知侗暂引此以为入道之门也。仰惟先生不言而饮人以和，接物而与之为春，未占而孚，无有远迩，此侗所以愿受业于门下，以求安身之要。故吾可舍，今我尚存。昔之所趋，无涂辙之可留；今之所受，无关键之能碍。气质之偏者，将随学而变；染习之久者，

---

① 被篲（bō huì）：被，围裙。篲，扫帚。泛指洒扫工具。
② 遑遑：惊慌不安的样子。也作"皇皇"。
③ 孳孳矻矻：勤勉不懈的样子。孳孳，勤勉的样子。矻矻，辛勤劳作的样子。

李 侗

将随释而融。启之迪之，辅之翼之，使由正路行而心有所舍，则俯焉日有孳孳，死而后已。侗当守此，不敢自弃于门下也。

（选自《李延平集》，商务印书馆，1935年，第1—2页）

与教授公书

侗顿首再拜，鼎元秘教尊兄座前：侗不见颜范甚久，咫尺时闻动静，深以自慰。梅雨方郁，伏惟燕居爽垲颐神，尊候万福。侗块处山樊，绝无曩昔师友①，不闻道义之训。朝夕兀坐，赖天之灵，尚得以旧学寻绎，以警释贫窭而已，其他亦何足言？苦于无侣，可以纵步前造斋馆，以承近日余论。临纸驰情未间，伏冀顺序，为远业加卫，以须升用。至叩至叩！乘便谨上状不宣。重午后一日，侗顿首再拜上。

（选自《李延平集》，第3页）

又与教授公书

侗顿首再拜，鼎元秘书契旧：昨便中传示诲幅，并录示盛制。一睹心画，如见颜角，玩味以还，慰感未易可言。区区欲即嗣状，窃聆车马近与日者他适，以故未果于奉书，惟积倾仰耳！秋暑尚炽，远惟即日以还，庆侍尊候，动止万福。侗块处山间，绝无过从，赖有经史中古人心迹，可以探赜。虽粗能遣释朝夕，然离群索居，不自知其过者亦多矣，尚何敢疏一二于吾兄者邪？忽得不外指示所志，一一谛思，足见别后造道之深，钦服钦服！侗文采鄙拙，未尝辄敢发一语。近为朋游见迫，有一二小诗，辄不揆录去求教，取笑而已，

---

① 曩（nǎng）昔：以往，从前，过去。

非敢以报来辱也。便次有以警诲者,千万勿吝,至恳至恳!咫尺未期会合,且冀勉励,以赴省闱大敌。行席巍科,为交游庆。此外加爱为祷。七月十四日,侗顿首再拜。

(选自《李延平集》,第 3—4 页)

与罗博文书

元晦进学甚力,乐善畏义,吾党鲜有。晚得此人,商量所疑,甚慰。又曰:此人极颖悟,力行可畏,讲学极造其微处。某因此追求,有所省,渠所论难处,皆是操戈入室,须从原头体认来,所以好说话。某昔于罗先生得入处,后无朋友,几放倒了。得渠如此,极有益。渠初从谦开善处下工夫来,故皆就里面体认。今既论难,见儒者路脉,极能指其差误之处。自见罗先生来,未见有如此者。又云:此人别无他事,一味潜心于此。初讲学时,颇为道理所缚,今渐能融释,于日用处,一意下工夫。若于此渐熟,则体用合矣。此道理全在日用处熟,若静处有而动处无,即非矣。

(选自《李延平集》,第 4 页)

与刘平甫书

学问之道,不在于多言,但默坐澄心,体认天理。若见,虽一毫私欲之发,亦自退听矣。久久用力于此,庶几渐明,讲学始有力也。

(选自《李延平集》,第 4 页)

上舍辞归罗豫章先生

学道求师久剑潭,岂缘枯朽预濡涵。
致知事业同归理,克己工夫判立谭。
未借老商颜笑一,已偕韩氏俗重三。
过庭若问论诗礼,应问从谁学指南。

(选自《李延平集》,第 6 页)

(马洪骄编撰)

黄公度

【题解】

黄公度（1109—1156年），字师宪，号知稼翁，福建莆田人。南宋文学家、政治家，在教育领域也有显著的影响。黄公度早年便展现出深厚学识和卓越才华，绍兴八年（1138年）成功考中进士并名列第一。初任平海军节度判官兼南外宗簿，开始仕途生涯。在教育领域，黄公度注重人才的培养和选拔，任职期间增学廪、择秀民，致力于社会和教育事业的发展。

《谢馆职》是一篇表达个人志向与感激之情的书启。黄公度回顾了自己的成长经历，从"税鞅南州"到"雠书东观"，深感"治道之隆替，常系人才之盛衰"。赞颂皇朝对儒学的重视，表达了自己才能有限但得以进入儒馆、从事图籍艺文的幸运，以及对未来的担忧和不确定。黄公度最后感谢提携之恩，表示将奋发图强、报效国家。整篇文章充满了黄公度对学问的热爱、对人才的重视以及对恩人的感激之情，展现了一位志士的远大抱负和谦逊品质。

《跋林褒世子字说》是一篇肯定儒学家庭教育、颂扬家族传统与子孙才华的赞文。文章开篇即提三世业儒者多显贵，暗示林家作为儒学世家的书香背景。"今褒世诸子，嶷嶷然皆令器，学殖笔耕，困且益坚，如良农服田，不以水旱辍"，意谓温陵林褒世作为九牧的后代，其家族致力于文学和道德的培养已近百年，虽尚未显赫于世，然而子孙们却展现出非凡的才华和坚韧的品性，他们勤奋学习，笔耕不辍，即使面临困境也愈发坚定，如同勤劳的农夫无论水旱都不放弃耕作。文章预言，这些子弟令人期待，将来必身着整齐衣冠，以卓越的文采光耀朝廷。

谢馆职

税鞅南州，初离冗调；雠书东观，误玷清流。辞恐近名，受惭非据。窃惟治道之隆替，常系人才之盛衰。苟养于闲暇之时而须其成，则至于缓急之际而收其用。故皇朝大开儒馆，列承明著作之庭；遴选时髦，典图籍艺文之事。一无吏责，每号英游。非独究简编之断残，抑将待器业之成就。或以淹该而持从橐①，或以词藻而代王言。或经术渊源而师表诸生，或识度宏远而参陪大政。凡旋登于要路，率多由于此途。矧夫睿圣中兴，典章大备，追述祖宗养贤之制，式符尧舜稽古之心。珍馆一新，掩天禄、石渠之壮丽②；遗书尽获，轶开元、正（贞）观之盛多。自非博物洽闻，宏才伟议，苦心识子云之奇字，强记诵安世之亡书，则何以接蓬莱、方丈之游，绅金匮、石室之秘③？如某者，趋时独拙，赋分最奇。钝迟无倚马之才，涉猎乏梦熊之对。少壮努力，初欲无愧于古人；长大苦饥，岂敢有意乎当世？徒以家声之坠地，要须儒术以谋身。不图藂尔之才④，乃中袖然之举。一行作吏，百不如人。自决科虽阅于八年，而莅事才更于二考。汲汲于斗升之禄，区区为口腹之谋。忽被优迁，实逾素望。人皆歆艳，目曰登瀛之荣；己独凌兢，心怀临谷之惧。重念寒门之先世，盖尝厕迹于英躔⑤。坐复青毡，惭无歆、向父子之学；自量素

---

① 淹该：知识渊博。从橐（tuó）：橐，口袋。指负橐簪笔，充当顾问之职。亦指文学侍从一类的官员。语出《汉书·赵充国传》："安世本持橐簪笔事孝武帝数十年。"

② 天禄、石渠：指天禄阁、石渠阁，均为汉代皇家藏书之所。

③ 金匮、石室：均为古代藏书存档之室。

④ 藂尔：小的样子。藂，古代演习朝会礼仪时立放捆扎茅草用来标志位次，引申为丛聚的样子。

⑤ 躔（chán）：践履，行迹。

业，难居傅、班伯仲之间。何取孤踪，亦陪俊轨。兹盖伏遇某官，股肱元圣，羽翼斯文。虽巍巍勋业之无前，尚切切人物之为意。提携晚进，不遗下体之菲葑①；收拾寸长，尽种盈门之桃李。遂令顽陋，亦预甄陶。某敢不奋发远图，温寻旧习，力死而后已之学，读生而未见之书。誓竭微躯，仰酬洪造。虽大臣务得人而报国，不容谢私；然志士为知己而杀身，岂敢忘德！

(选自《莆阳知稼翁集》卷下，四库全书本，第33—34页)

跋林褒世子字说

三世业儒，鲜有不贵达者，况积善之家乎！温陵林褒世，九牧裔也，缉文种德，殆余百年，独未能焯赫厥声，以丕显乃祖。今褒世诸子，嶷嶷然皆令器②，学殖笔耕，困且益坚，如良农服田，不以水旱辍。异时整襟猎缨，以文章瑞朝廷者，其斯人欤！

莆阳黄某绍兴癸亥长至日读温彦基所为褒世五子字说，因书。

(选自《莆阳知稼翁集》卷下，第60页)

(马洪骄编撰)

---

① 不遗下体之菲葑：菲葑，为蔓菁、萝卜一类的菜。语出《诗经·邶风·谷风》："采葑采菲，无以下体。"
② 嶷嶷，幼小聪慧的样子。

林之奇

【题解】

林之奇(1112—1176年),字少颖,号拙斋,人称三山先生,南宋福州侯官(今福建福州)人。曾师从吕本中,主要弟子有吕祖谦、刘世南及子林子冲。绍兴二十一年(1151年)中进士第,调任莆田簿,改长汀尉,后召为秘书省正字,转校书郎。卒年65岁,谥文昭,入祀乡贤祠。林之奇为当时名儒、理学名家,从学者接踵而至。著有《尚书全解》《周礼讲义》《孟子讲义》《扬子讲义》《道山记闻》《拙斋文集》《观澜集》等。今存《拙斋文集》二十卷,《尚书全解》五十八卷。

《记闻》,收于《拙斋文集》,共二卷,记载林之奇治学感悟与师友言行之见闻,由文中可观当时诸文士之交流与论学情形。《记闻》之中,多引经籍,多处涉及对《论语》的解读与新悟。林之奇认为,儒学"仁义"思想蕴含安邦之道,是士大夫必须学习的精神内核。篇中记录师友往来论学,亦有孔子与弟子论学风范。《记闻》中亦可反映林之奇的思想,如顺其自然,养气为重;仁义为先,谨遵孝道;多闻阙疑,取舍有度等。本书节选与教育相关的篇章。

《上陈枢密论行三经事》,为上书枢密院知事陈诚之论述王安石《三经新义》之弊的文章。绍兴二十九年(1159年)六月,林之奇为校书郎。《宋史》载:"会朝廷欲令学者参用王安石《三经义》之说,之奇上言:'王氏三经,率为新法地。晋人以王、何清谈之罪,深于桀、纣。本朝靖康祸乱,考其端倪，王氏实负王、何之责。在孔孟书，正所谓邪说诐行淫辞之不可训者。'"①当时朝廷欲令学者参用王安石《三经新义》，林之奇极力反对，认为《三经新义》虽然以儒学为指导思想，却多为王安石推进变法所作，与圣人原意大相径庭。林之奇提出，这是一本王安石表达自己观点的"私书"，不可作为广大士人、学生的参考用书用以"垂世立教"。

《上宰相书》，林之奇在秘书省时上书宰相建言议事之作。文中所涉颇广，选文部分，主要与人才议题相关。林之奇重视人才的培养与任用。他指出人才可分为三类：擅文之才、正严之才和有用之才。而三者之中，又以有用之才最为难得。擅文之才、正严之才，"以之当平居暇日，羽仪朝廷可矣"，但"一旦乘之以缓急"，更凸显有用之才的价值。有用之才，不以文采和举止论高低，而是能出谋划策，为国家真正做出贡献，是真正的实用之才，"惟是实用之才、智谋之士，可以备粗使而膺剧任者，要在于求之不病其广，得之不厌其多"。林之奇指出，当时的环境下战事频繁，朝廷百官畏谨退缩，国家正需要大量有用之才。对于这样的人才，林之奇强调了养才的重要性，阐述了如何培养有用之才，如何正确对待和招揽有用之才。他以养木、养马为喻，认为"如能养之于闲暇，则为机益深，为力益锐，为志益广，出而任国家之事，宜其绰绰然有余裕矣"。重视人才、善养人才、广用人才，这是林之奇的人才观，也是林之奇教育观中的重要内容。

《孟子讲义序》是林之奇为《孟子讲义》所作之序。《孟子讲义》今已佚，仅此序存于《拙斋文集》中。序言肯定了《孟子》在儒学上的地位，认为它们都是"先圣之法言，圣者之要道也"。而且，《孟子》能推明《论语》之意，所以要学《论语》，首先应该学《孟子》。序言批评了赵岐的观点。赵岐认为《孟子》是孟子自作，林之奇则认为是孟子没后弟子及其门人等录编而成；赵岐认为是孟子"耻没世而无闻"，故退而自编传世，林之奇则认为这把孟子之志理解得过于狭隘；赵岐认为《孟子》一书篇、章、字的数目都有讲究，而

---

① 〔元〕脱脱等：《宋史》，北京：中华书局，1985年，第12 861页。

篇章的次序也有内在逻辑，林之奇则认为这样的理解远离孟子本意，而求孟子之意，"必求其言"，"至于文字多寡，篇名先后"，则可能出于一时之偶然，不可拘泥执着。

《观澜集前序》，是林之奇为《观澜集》所作之前序，现收于《拙斋文集》中。《观澜集》是林之奇依据教学需要而亲手编的文学选本。前序先引扬雄《法言》"言可闻而不可殚，书可观而不可尽"，强调自己编选《观澜集》是"以其蕞尔之闻见，而对万古浩博之书"，是以有穷而追无穷。林之奇《观澜集》之得名，来自《孟子》"观水有术，必观其澜"。他特别强调"活"："澹泊而有遗味，发越而有遗音者，非活不能也。"因"澜"为活水，故其所选诸文亦活，人们学习这些文章才能有收获。

记闻（节选）

读书须是玩，玩字最妙。"学而时习之，不亦说乎？"① 时习是玩，玩是有发处。

少蓬曰②："子张问崇德辨惑。③ 子曰：先事后得，非崇德欤？④ 学者要德

---

① 此句出自《论语·学而》："子曰：'学而时习之，不亦说乎？有朋自远方来，不亦乐乎？人不知而不愠，不亦君子乎？'"

② 少蓬：清代王梓材按云："少蓬，盖'紫微'之别称。"紫微，即吕本中（1084—1145年），字居仁，号紫微，世称东莱先生，祖籍莱州，寿州（今安徽寿县）人。又有一说，指曾幾。下文所言"吉甫"，亦是曾幾。曾幾（1084—1166年），字吉甫、志甫，自号茶山居士，谥号文清。按：少蓬乃秘书少监之别称，若以官职论，曾幾曾授秘书少监，或更准确。

③ 此句出自《论语·颜渊》："子张问崇德辨惑。子曰：'主忠信，徙义，崇德也。爱之欲其生，恶之欲其死；既欲其生，又欲其死，是惑也。诚不以富，亦只以异。'"

④ 此句出自《论语·颜渊》："樊迟从游于舞雩之下，曰：'敢问崇德、修慝、辨惑。'子曰：'善哉问！先事后得，非崇德欤？攻其恶，无攻人之恶，非修慝欤？一朝之忿，忘其身，以及其亲，非惑欤？'"

崇，须是先事后得。始得如释氏，却是先得后事。"

少蓬尝问胡文定①："今有人居山泽之中，无君臣、无父子、无夫妇，所谓道者，果安在哉？"文定曰："此人冬裘夏葛，饥食渴饮，昼作入息，能不为此否？"少蓬曰："有之。"文定曰："只这便是道。"

又尝问曰："某已永感，欲尽孝心，如何行？"文定曰："何曾一日离得？"

尝问尹和靖日用下工夫处②。和靖曰："须求喜怒哀乐未发以前底心。"少蓬曰："如今才举便是发了，如何求得未发之心？"和靖曰："只如吉甫未发意来，相见时岂有许多事？才举意来，乘轿来相见，吃茶、吃汤，须如此类求之。"

少蓬曰："道只在日用处。'师冕见云云，子张曰：与师言之道欤？子曰：然，固相师之道也。'③ 故读书须是玩。"

喻丈云："天下事只要消平，不要激作。"④

吴元忠尝问喻子才⑤："六经紧要在甚处？"子才云："六经数十万言，只有十个字能尽其义，要之不出乎'君臣、父子、夫妇、长幼、朋友'而已。"

子才云："仕而优则学，学而优则仕。则者，即也。仕而优，便是学。

---

① 胡文定：指胡安国。胡安国（1074—1138年），又名胡迪，字康侯，号青山，谥号文定，学者称武夷先生，后世称胡文定公。提倡修身为学，主张经世致用，重教化，讲名节，轻利禄，憎邪恶。
② 尹和靖：指尹焞。尹焞（1071—1142年），字彦明，一字德充，洛阳人，尹洙侄孙，程颐直传弟子，赐号和靖处士。
③ "师冕"一段：出自《论语·卫灵公》："师冕见，及阶，子曰：'阶也。'及席，子曰：'席也。'皆坐，子告之曰：'某在斯，某在斯。'师冕出，子张问曰：'与师言之道欤？'子曰：'然，固相师之道也。'"
④ 喻丈：指喻樗（？—1180年），字子才，号湍石，南宋建炎二年（1128年）进士。为人性直好议论，赵鼎与语，奇之，荐授秘书省正字。后文喻子才，亦是喻樗。"天下事只要消平，不要激作"，出自喻樗《玉泉语录》。
⑤ 吴元忠：指吴敏（生卒年不详），字元中，一作元忠，扬子（今江苏仪征）人，北宋钦宗朝宰相。

'有民人焉，有社稷焉，何必读书，然后为学'，① 非仕而优则学乎？学而优，便是仕，'孝乎惟孝，友于兄弟，施于有政，是亦为政'，② 非学而优则仕乎？"

（选自林之奇《拙斋文集》卷一，国家图书馆出版社，2013年，第1—2页）

上陈枢密论行三经事③

某有少区区管见，辄欲致尘露之益于左右④。虽非所宜言者，仰恃爱予之素，不自觉其为黩也。

某伏见近有请于朝者，欲以王氏《三经义》复使学者参用其说⑤，而有司视以升沉多士，朝廷已有新降指挥行下。某窃谓此一事，所系于治体者甚大。王氏《三经义》，虽其言以孔孟为宗，然寻其文，索其旨，大抵为新法之地者十六七。此王氏之私书也，讵可以垂世立教乎？晋人以王、何清谈之罪深于桀、纣，本朝胡蝗内食之祸，考其端倪，王氏实居王、何之责。其为《三经义》，在孔孟书中正所谓邪说诐行淫辞之不可以训者，仁人君子辞而辟之若救头然，尚且惧其有以惑世乱俗，矧又从而唱率之乎？此非仁贤在位之所应有也。虽然，斡旋变化，以正人心、善风俗，亦顾在上君子所以鼓舞之者如何尔。

---

① "有民"一段：出自《论语·先进》："子路使子羔为费宰。子曰：'贼夫人之子。'子路曰：'有民人焉，有社稷焉，何必读书，然后为学？'子曰：'是故恶夫佞者。'"
② "孝乎"一段：出自《论语·为政》："或谓孔子曰：'子奚不为政？'子曰：'《书》云：孝乎惟孝，友于兄弟。施于有政。'是亦为政，奚其为为政？"
③ 陈枢密：指宋高宗绍兴末知枢密院事陈诚之。陈诚之（1093—1170年），字自明，一说景明，福建长乐人，南宋时期名臣、文学家。
④ 尘露：喻事物微小，不足称道。
⑤ 王氏《三经义》：指王安石《三经新义》。为王安石撰《周官新义》与王雱、吕惠卿撰《毛诗义》《尚书义》之合称，是其推进"熙宁变法"的重要思想基础。

某服在畎亩，闻此一事，寝处为之不宁者旬浃①，辄因通书僭言及此，惟幸枢密裁度之。

(选自《拙斋文集》卷六，第1—2页)

上宰相书（节选）

凡天下之所谓人才者三：其一曰文章华丽，可以丹青帝典、藻饰王度者；其一曰持身严、操行确，所为周备谨密，初未尝有纤瑕微颣之可指者；又其一曰沉实通敏有用之才，可使谋帷幄、专方面，而能定难于犹豫之秋，应变于斯须之顷。三者皆才之可贵者也，而有用之才为最难得。此其为才，以文采则未必过人，以细行则未能无缺，而沉实确然，有益于世。故为国家者，养才于闲暇之时，以待仓卒之用，必多得若人而后可。由前二者之才，其文非不工也，其行非不谨也，以之当平居暇日，羽仪朝廷可矣。一旦乘之以缓急，往往如贾谊所谓见利则逝，见便则夺，苟免而已，立而观之耳，有便吾身者，则欺卖而利之耳，非所与共患难者也。庞士元曰②："儒生文士岂识时变，识时变者在乎俊杰。"然则考其可与共患难者，亦在多得夫识时变之俊杰，讵可以专仗乎儒生文士哉？今之人材，弹冠应聘而至，星列棋布乎职位之间，可谓甚盛矣。然由前二者之才则多，而由后之所谓实用之才则或者犹患其寡。夫有用之才必待用而后见，今其未用之于临机制变之地也，何从而知其为寡乎？盖以近十余年来，凡任职乎百官有司者，其畏谨退缩常有余，而肯为朝廷慨然任事者寡也。事无难易，惟在乎任之而已。平居而肯任事，是乃有事之日所以能任患也。边鄙不耸，上恬下嬉，惟是簿书期会之间，循

---

① 旬浃：即浃旬，一旬，十天，指较短的时日。
② 庞士元：指庞统。庞统（179—214年），字士元，号凤雏，湖北襄阳人，三国时刘备之谋士。

绳墨、守规矩之不暇。苟有一利之可兴，一害之可除，虽心知其然，而啜嚅趑趄，畏首畏尾，远嫌者不肯议，避谤者不敢为。如是而冀其任患，未易得也。用人之道犹张弓，高者抑之，下者举之，有余者损之，不足者补之。文章行艺之士，不乏于此时，訚訚秩秩①，如是足矣。惟是实用之才、智谋之士，可以备粗使而膺剧任者，要在于求之不病其广，得之不厌其多。所得之无穷，则其应天下之变亦且无穷矣。章圣澶渊之役，其一时人才所赖以制敌者，以其文章言之则未必工，以其细行言之则未能无缺，所以能挫强虏而夺之气者，一皆可用之实才尔。故其扈驾则王超、李继迁、高琼，其守御则魏能、石普、张凝、田敏、王玘、贾宗、李延渥，其漕运则张齐贤、丁谓、董龟正、李亚荀，其约和则曹利用，此其大略也。若其他姓名，见于国史者甚众。凡此人才，非其至于有警而后求，临战而后得也。其养之有素，则纵横颠倒，惟吾所用尔。盖天下之才，随叩而鸣，随唱而应，未有吾以是求而彼不以是至者。特患不知养之于无事之日，而欲用之于有事之时，则仓皇四顾，莫知所为，果能定大业，而立大勋乎？譬犹养木者，必有以灌之溉之，则可以冀其为栋梁之用；养马者必有以刍之秣之，则可以冀其为致远之用。彼其号为实用之才、智谋之士，亦必翘然有以自异于人，而不甘与凡下者伍也。如能养之于闲暇，则为机益深，为力益锐，为志益广，出而任国家之事，宜其绰绰然有余裕矣。不养而求其用，是何异不灌不溉而欲木之支大厦，不刍不秣而欲马之致千里，胡可得哉？伏惟秉钧之下，以章圣之既效者创为一定之规模，主张而力行之，则吾国益强，吾政益举。内治已立，何外攘之足虑哉？区区管蠡之见，幸赐钧念，某下情悚惕之至。

（选自《拙斋文集》卷七，第7—10页）

---

① 訚訚（yín yín）秩秩：人才众多的样子。

孟子讲义序

《孟子》《论语》，皆先圣之法言，圣者之要道也。然《孟子》之书，大抵推明《论语》之意，故学《论语》者，当自《孟子》始。七篇之书，赵台卿谓孟子自作①，其说不然。《论语》《孟子》皆先圣既没之后门弟子所录；不惟门弟子所录，亦有门弟子门人者。如《论语》称"有子曰""曾子曰"，皆门人所录也。以至冉子、闵子皆称子，以是知其门人，皆有所记录于中。② 如《孟子》之书，乃公孙丑、万章诸人之所录。③ 其称"万子曰"者，则又万章门人之所录。盖集众人之闻见而后成也。其言则孟子之言，其书则门人之手，不可必也。赵台卿以谓孟子当苍姬之讫录④，值炎刘之未奋⑤，进不得佐兴唐虞雍熙之治⑥，退不能信三代之余风⑦，耻没世而无闻，是故退而垂宪言以贻后人，而为此书。夫既与门人答问而言之矣，又耻没世而无闻，退而编次其言以传后世。此盖汉魏已降文人之通弊，孔孟之志必不如是之狭也。

赵台卿既以此书为孟子所作，故其《论序》篇则曰："孟子之意，以谓帝王之盛，惟有尧舜。尧舜之道，仁义为尚，故以梁惠王问利国，对以仁义为

---

① 赵台卿：指赵岐（约108—201年），初名嘉，字台卿，后避难改名赵岐，东汉经学家，善明经，多才艺。
② 有子、曾子、冉子、闵子：皆是孔门弟子。有子，即有若；曾子，即曾参，后世尊为"宗圣"；冉子，即冉求；闵子，即闵子骞。
③ 公孙丑：齐国人，孟子的弟子。万章：邹国人，孟子弟子，一生追随孟子，为孟子所喜爱。相传孟子晚年常同万章、公孙丑等弟子谈论经书，并一起编著《孟子》一书。
④ 苍姬：指周王朝。讫录：谓天命已终。
⑤ 炎刘：旧指以火德王的刘氏汉朝。
⑥ 唐虞雍熙之治：指政治清明的时代。唐虞，唐尧、虞舜，指古代圣帝贤君。雍熙，指和乐的样子。
⑦ 三代之余风：指君王的统治使得国家民风淳朴，社会风气就像三代一样。三代，指夏商周三朝代。

林之奇

首篇；仁义根于心，然后可以大行其政，故次以公孙丑问管晏之政，答以曾西之所羞"，以至《滕文公》《离娄》数篇，莫不有说。① 凡为篇所以七者，以象七政；章所以二百六十一者，以象三时之日数也；三万四千六百八十五字者，所以法五七之数而不敢盈。② 若此之类，其说迂阔，是犹相马者，徒求于物色牝牡之间，而失其真者远矣。以是知言辞多寡先后，谓非出于一时所记，此非孟子之意也。大抵求孟子之意者，必求其言。至于文字多寡，篇名先后，出于一时之偶然，不可泥也。

(选自《拙斋文集》卷十六，第6—7页)

观澜集前序

"言可闻而不可殚，书可观而不可尽。"③ 人之以其蕞尔之闻见，而对万古浩博之书，言将以穷其无穷，极其无极。虽末世穷年，曾不足以究马体之毫

---

① "孟子"一段：论及《孟子》七篇次序：《梁惠王》《公孙丑》《滕文公》《离娄》《万章》《告子》《尽心》。

② "凡为"一段：七者，言《孟子》篇数；二百六十一者，言《孟子》章数。三万四千六百八十五者，言《孟子》字数。又，七政，即七曜；三时，指春、夏、秋三时；五七，指五常、七政。又，赵岐《〈孟子〉篇叙》载："《孟子》篇叙者，言《孟子》七篇所以相次叙之意也。孟子以为圣王之盛，惟有尧舜。尧舜之道，仁义为上，故以梁惠王问利国，对以仁义为首篇也。仁义根心，然后可以大行其政，故次以公孙丑问管晏之政，答以曾西之所羞也。政莫美于反古之道，滕文公乐反古，故次以文公为世子，始有从善思礼之心也。奉礼之谓明，明莫甚于离娄，故次以离娄之明也。明者当明其行，行莫大于孝，故次以万章问舜往于田号泣也。孝道之本，在于情性，故次以告子论情性也。情性在内而主于心，故次以尽心也。尽己之心，与天道通，道之极者也，是以终于尽心也。篇所以七者，天以七纪，璇玑运度，七政分离，圣以布曜，故法之也。章所以二百六十有九者，三时之日数也。不敢比易当期之数，故取其三时。三时者，成岁之要时，故法之也。三万四千六百八十五字者，可以行五常之道，施七政之纪，故法五七之数而不敢盈也。"

③ "言可"两句：出自扬雄《法言》卷一："圣人矢口而成言，肆笔而成书，言可闻而不可殚，书可观而不可尽。"

末，而耄及之矣。此《观澜》之编所由作也。"观水有术，必观其澜。"① 澜，活水也。水惟其活，是以智者得师焉。文乎文乎！澹泊而有遗味，发越而有遗音者，非活不能也。余之于斯文是之取尔，视其所视而遗其所不视，庶几得之。

（选自《拙斋文集》卷十六，第 7 页）

（杨祖荣编撰）

---

① "观水"两句：出自《孟子·尽心上》："孟子曰：'孔子登东山而小鲁，登泰山而小天下。故观于海者难为水，游于圣人之门者难为言。观水有术，必观其澜。日月有明，容光必照焉。流水之为物也，不盈科不行；君子之志于道也，不成章不达。'"

林光朝

【题解】

林光朝（1114—1178年），字谦之，号艾轩，兴化军莆田县（今福建莆田）人，是宋代德才兼备之名臣，亦是著名理学家、教育家。他自幼聪颖好学，受业于同邑名儒林霆。曾先后两次进京赶考，均落榜，但并不气馁，终于在隆兴元年（1163年）考中进士。同时游学于浙江钱塘、吴兴一带，成为南渡后传承伊洛之学的第一人，时人誉为"南夫子"。著作有《艾轩集》。

今选《艾轩集》三篇，其中策问两篇。策问，即以经义或政事等设问以求解、试士。原书策问两篇本无题名，为表述方便，故据文中内容，暂拟题为《学据何书》《九土风俗》。

《学据何书》一文，先引《礼记·王制》，强调先王厚风俗，又历数虞夏至五代以来文体文章之变与风俗之关系，认为"文章之系于风俗也"。基于此，林光朝高度赞扬了今主"析科目，崇学校"的功绩，强调教育对风俗涵养作成的重要意义。既然"风俗之变，尤所不敢忽也"，而教育、学习又在其中占有如此重要的地位，那么林光朝进一步追问：在教育学习中，面对纷繁复杂而多样的典籍，学者学习圣贤之学，应该以何为据、以何为正呢？

《九土风俗》一文，开篇引用班固《汉书·地理志》对风俗的解释。班固认为，风是"系水土之风气"，可影响民众的"刚柔缓急"，此就自然层面而说；而俗是"随君上之情欲"，可影响民众的"好恶取舍"，此就人文层面而说。班固《汉书·地理志》又说,"孔子曰:'移风易俗,莫善于乐。'言圣王在上,统理人伦,必移其本,而易其末,此混同天下一之虖中和,然后王教成也"。强调圣王教化、统理人伦对风俗的重要意义。林光朝从班固有关风俗的描述着笔,通过连番发问说明了风俗与地域自然、人文风气、王道教化、时代移易等多方面的复杂关系。

《幸学诏书记事》为林光朝杂著诸篇之一,是任国子祭酒时所作。其时,孝宗皇帝亲幸国子监,并命讲说《中庸》,故林光朝纪其事,显其义。他认为,帝王之兴,以中和之道,代代相传相授,而上庠下庠、东序西序、右学左学等诸般学校的设立,皆在"推是道而达之天下也",由此"人伦以明,典礼以行,好恶以平,习俗以成"。因此,林光朝强调,"夫是数者,皆由大学来也"。而孝宗皇帝亲幸国子监,命授讲学,即是对学校教育的重视,具有重要意义。

学据何书

问:陈诗以观民风,纳贾以知好恶,① 此先王厚风俗之意也。文体之变,其风俗之所系邪?是故读虞夏之书,则有浑浑之气,商书灏灏,周书噩噩,② 内外相形,虚实相应,不可以伪为也。战国尚纵横,其文也,巧而善辨;西汉尚经术,其文也,质而有理;晋尚清谈,唐尚辞章,而文亦随之,学者之所知也。三代以还,淳浇朴散,其间有可人意者,数代而止耳。齐、梁、魏、隋、五代之间,事以俗变,气卑弱而不伸,文浮张而少实,君子无取焉。信

---

① "陈诗"两句:出自《礼记·王制》:"命大师陈诗,以观民风。命市纳贾,以观民之所好恶,志淫好辟。"
② "是故"一段:出自扬雄《法言·问神》:"虞夏之书浑浑尔,商书灏灏尔,周书噩噩尔。"浑浑,浑厚质朴的样子。灏灏,同"浩浩",远大的样子。噩噩,严正、严肃的样子。

哉！文章之系于风俗也。主上以光明缉熙之学①，将与天下共之，析科目，崇学校，所以涵养作成者至矣。风俗之变，尤所不敢忽也。敢问书契以来②，六经、诸子、百家传记之言，纷纷藉藉，学者将何所依据耶？圣人之经，初无定制，其读书也不知有《易》，其读《易》也不知有《诗》，以至《春秋》也，《三礼》也，其文不相祖述而同出于圣人，当以何者为正耶？扬雄《太玄》、王通《续经》，是有意乎六经而作也，君子不以为经，何耶？圣贤之文，虽体制不同，大体与六经相为表里。刻玉剪彩，骈花俪叶，为耳目观听之具，此围棋击剑之技尔，何以文为？骚人之辞，幽愁愤闷，非若六经之简且易也，识者谓其与日月争光，何耶？仲尼既殁，后世之所取信者，六经也。同之而未必是，异之而未必非。同异之间，其必有说也。若曰圣贤之学不在于无用之空言，则千百载之下无六经，无诸子，无百家传记，而能得古圣贤之用心者，又不知其何事也。幸详言之，以观诸君子之所学。

（选自林光朝《艾轩集》卷四，四库全书本，第6—7页）

九土风俗

问：班固尝言，九土之风俗，以其民之刚柔缓急，系水土之风气，谓之风；以其好恶取舍，随君上之情欲，谓之俗。③是故风止于一方一国，而俗常成于天下。尧舜之民，比屋可封，桀纣之民，比屋可诛，若非有水土风气之

---

① 光明缉熙：出自《诗经·周颂·敬之》："日就月将，学有缉熙于光明。"缉熙，积累光亮，渐积广大。
② 书契：指文字。《周易·系辞下》："上古结绳而治，后世圣人易之以书契。"
③ "班固"一段：出自班固《汉书·地理志》："凡民函五常之性，而其刚柔缓急，音声不同，系水土之风气，故谓之风；好恶取舍，动静亡常，随君上之情欲，故谓之俗。"

异;曹奢魏褊①,桑间濮上之淫荡不节②,又若有不可易之俗。何也?秦民借锄取帚③,天下之俗,一败无遗,然酆都酆镐,先王之遗风,至汉犹在,而故老所言黄帝、尧舜之处,其风教固殊焉。岂其有圣人之泽,则百世之下,虽横民暴政,不得而遽变之也?河内,商之旧都,既变唐叔之风,而其俗侵夺薄恩,则有纣之遗化,何也?颍川、南阳,本夏禹之国,夏人之忠,固不胜申、韩刻害之余烈,而黄、韩继为太守,则教化盛行,民以笃厚。④卫康叔之德⑤,乃不若所谓黄、韩者,何也?鲁人之俗好礼义,以为周公、孔子之泽,以其訾毁巧诋之失,亦岂无出于周公、孔子者耶?齐人之俗好经术,以为太公之遗风,而其多诈不情,又岂无出于太公者耶?不然,所谓风俗之本,其说果安在?

(选自《艾轩集》卷四,第15—16页)

幸学诏书记事

臣闻中和之极,自古以固存;帝王之兴,以是而相授。若黄帝、尧、舜之盛,逮夏后、商、周以来,虽无传道之名,已有执中之说。尧尝以是传之

---

① 曹奢魏褊:指曹国人性奢靡,魏国人性褊狭。宋代胡太初《临汀志·风俗形势》:"广古大川异制,民生其间异俗,曹奢魏褊,楚急齐舒,从古而然。"

② 桑间濮上:指男女幽会的地方。《汉书·地理志》:"卫地有桑间濮上之阻,男女亦亟聚会,声色生焉。"

③ 借锄取帚:出自《汉书·贾谊传》:"借父耰锄,虑有德色;母取箕帚,立而谇语。"形容风俗败坏,不仁爱。

④ "颍川"一段:申、韩,指战国申不害、韩非。黄、韩,指黄霸、韩延寿。《汉书·地理志》:"颍川、南阳,本夏禹之国。夏人上忠,其敝鄙朴。……颍川,韩都。士有申子、韩非刻害余烈,高仕宦,好文法,民以贪遴(吝)争讼生分为失。韩延寿为太守,先之以敬让;黄霸继之,教化大行,狱或八年亡重罪囚。南阳好商贾,召父富以本业;颍川好争讼分异,黄、韩化以笃厚。'君子之德风也,小人之德草也',信矣。"

⑤ 卫康叔:卫国第一代国君,又称康叔封、卫康叔封、卫叔、卫侯。

林光朝

舜，舜谓"是道也，吾将与天下共之"。是以有虞氏之上庠下庠①，盖欲推是道而达之天下也。禹、汤、文、武皆以其所传者达之天下，故夏后氏有东序西序②，商人有右学左学③，周人则兼四代之学而用之。人伦以明，典礼以行，好恶以平，习俗以成。夫是数者，皆由大学来也。国家开造之初，艺祖皇帝以峻极之模、生知之性，视唐虞三代之事不约而同，故未及下车，首幸太学，逾月又幸，所以破五季之荒梗，拆诸藩之牙角，此为王化之本、天下之脉，不可不早定也。二百年来，圣明述作，同出一辙。太上皇帝于投戈息马之日，躬行酌献，斯文有光，如再开辟。皇帝陛下举缛典于三十年之后，春二月乙亥，以大昕鼓众④，乃帅群后，合公卿、大夫、士之子，国之隽秀者，设席于前，旁逮两庑，命国子祭酒臣光朝讲《中庸》。又以是日幸武学，行肃揖之仪。於戏盛哉！以父子而处，有此懿躅⑤，未之前闻也。窃观明诏，以崇劝多士，是为不刊之典，宜写之琬琰，以风动四方。臣茂良、臣彦颖以是白之上前，制曰：可。臣光朝敢拜手稽首，退而纪其事。

（选自《艾轩集》卷五，第15—16页）

（杨祖荣编撰）

① 上庠下庠：古代学校。《礼记·王制》云："有虞氏养国老于上庠，养庶老于下庠。"
② 东序西序：古代学校。《礼记·王制》云："夏后氏养国老于东序，养庶老于西序。"
③ 右学左学：古代学校。《礼记·王制》云："殷人养国老于右学，养庶老于左学。"
④ 大昕鼓众：典出《礼记·文王世子》："天子视学，大昕鼓征，所以警众也。"
⑤ 懿躅（zhuó）：美好的业绩。《旧唐书·杜佑传》云："宣力济时，为臣之懿躅；辞荣告老，行己之高风。"

朱　熹

【题解】

朱熹（1130—1200年），字元晦，一字仲晦，号晦庵，又号紫阳，祖籍徽州婺源（今江西婺源），出生于南剑州尤溪（今福建尤溪），南宋著名理学家、教育家。作为一位理学家，朱熹的教育思想是与他的理学思想紧密联系在一起的；作为一位有着从政经历的教育家，朱熹的教育思想又是和他的从政实践紧密联系在一起的。因此，朱熹的教育理论，除了一部分纯粹是为教育事业和教育机构撰写的文章，如《同安县谕学者》《谕诸生》《谕诸职事》《白鹿书院学规》《静江府学记》《信州铅山县学记》《福州州学经史阁记》《沧洲精舍谕学者》《学校贡举私议》之外，还有不少夹杂在其他类型的著述之中。其中，理学著作如《四书章句集注》《近思录》《小学》《童蒙须知》《易学启蒙》，政论文如为数众多的奏札、封事，史学著作如《宋名臣言行录》《伊洛渊源录》，门下弟子所记录的语录如《朱子语类》等，甚至在诗歌作品中也有不少精彩的篇章。

朱熹初仕同安，职兼学事，是其教学生涯的开端。他在同安发布的《同安县谕学者》《谕诸生》《谕诸职事》等文告，引导诸生"致思于科举之外，而知古人之所以为学"的道理，提出学习的目的不在于以科举之业"干禄蹈利"，而在于"语圣贤之余旨，究学问之本原"；要求诸生以理义养其心，专心致思，不受词章之学所限，要在"日用起居食饮之间"体会儒学的正心诚意之学,"而由之以入于圣贤之域"。

对学校制度建设方面,在《谕诸职事》中,他指出:"学校之政不患法制之不立,而患理义之不足以悦其心。"其中所谓法制,指的是学校设立的各项规约、章程等制度;理义,则是儒家伦理道德规范。二者之间的关系为"义理有以博其心,规矩有以约其外",义理与规矩,起着内心道德自我约束和外部学规条目制约的不同作用。这一认知,始终贯穿于朱熹其后有关书院教学与书院学规的探讨中。

《静江府学记》,朱熹于淳熙四年(1177年)十一月为好友、时任靖江知府的张栻而撰。在这篇记文中,朱熹把古今之学做了对比,赞扬上古圣王的教化之道,"古者圣王设为学校,以教其民,由家及国,大小有序,……使其明诸心,修诸身,行于父子、兄弟、夫妇、朋友之间,而推之以达乎君臣、上下、人民、事物之际,必无不尽其分焉者"。通过学校教育,为社会提供了大批人才,政事与民风均达到理想的效果。"是以当是之时,理义休明,风俗醇厚,而公卿、大夫、列士之选,无不得其人焉。此先王学校之官,所以为政事之本、道德之归,而不可以一日废焉者也。"而后世的学校教育,"师之所以教,弟子之所以学,则皆忘本逐末,怀利去义,而无复先王之意。以故学校之名虽在,而其实不举。其效至于风俗日敝、人材日衰"。在文末,朱熹赞扬张氏,"其学近推程氏,以达于孔孟,治己教人,一以居敬为主,明理为先"。此说精确地揭示了张栻及朱熹本人的教育思想来源于孔孟儒学,以及居敬明理、治己育人的思想精髓。

《信州铅山县学记》,成文于淳熙六年(1179年)九月。文中提出"道无古今之殊,而学有今古之异"。在周代,学有"智、仁、圣、义、中、和"六德,"孝、友、睦、姻、任、恤"六行,"礼、乐、射、御、书、数"六艺。所以学者于"事"中求"学","学"中处"事","于学者日用起居食饮之间,既无事而非学,于其群居藏修游息之地,亦无学而非事",从而"开发其聪明,成就其德业","交相为用而无所偏废"。同时,朱熹批评时下的学校教育,"学者无以识其指意之所在,于其日用之间,既诞谩恣睢,而不知所以学;其群居讲习之际,又不过于割裂装缀以为能,而莫或知其终之无所用",为此,他认为,"汲汲乎化民成俗"是学校教育与社会教化的当务之急。本文的写作,与《白鹿书院学规》几乎同时。《白鹿书院学规》着重强调"明人伦",本文则强调学者须于日用起居食饮之间"成就其德业",二者有互补之益。

朱熹最著名的教育文论,应属撰于淳熙六年(1179年)的《白鹿书院学规》,又名为《白鹿洞书院揭示》。在淳熙、绍熙建阳刻本《晦庵先生文集》中,则名为《白鹿书院学规》。淳熙、绍熙建阳刻本现存台北故宫博物院,是朱子在世时所刊唯一刻本。由此可以推断,"学规"应是此文的最早名称。此学规,是朱熹从儒学经典《论语》《孟子》《中庸》和汉代大儒董仲舒、北宋大儒周敦颐的名言中择取而成。其中虽然没有朱熹本人的话,但贯穿其中的是朱熹教书育人以及如何教书育人的重要思想和内在逻辑,从而形成一个严密完整的体系。学规中提出了明五伦的教育目的,博学、审问、谨思、明辨、笃行的为学之序,以及修身之要、处事之要和接物之要。所谓教育目的,就是要明人伦,即父子、君臣、夫妇、长幼、朋友五教之目。如何明人伦?其方法,是要遵从为学之序:"博学之,审问之,谨思之,明辨之,笃行之。"学、问、思、辨,是穷理的方法;笃行,就是落实在行动上。这个行动,是成体系的,从修身、处事到接物,所以后面就有修身之要、处事之要、接物之要,故其中内容,涉及五教之目、为学之序、修身之要、处事之要、接物之要五个层面。无论是从资料来源还是从内容来看,《白鹿书院学规》都可以视为集传统儒学教育思想之大成者。用朱熹自己的话来说,就是"特取凡圣贤所以教人为学之大端",要求学者"相与讲明遵守而责之于身"。所谓"大端",指的就是教学目的论、方法论上的大问题;所谓"相与讲明遵守而责之于身",就是通过师生讨论解读认识到此学规的重要意义,真正将学规的条例贯彻落实到书院诸生的教育实践和人生成长过程中。文中特别强调了"讲明义理,以修其身"的教育目的和推己及人以提高教育的社会影响作用,充分体现了朱子以"明人伦"为书院教育之本的宗旨,又明确了为学之序和修身、处事、接物等要点,高度凝聚了朱子的理学教育思想,既表达了古代社会教育的基本要求,又揭示了办学教学的一般规律。《白鹿书院学规》是最能体现中国古代书院精神的学规,对书院的发展具有极其重要的意义。

《琼州学记》撰于淳熙九年(1182年),朱熹在文中强调指出,"父子有亲,君臣有义,夫妇有别,长幼有序,朋友有信",这五伦是每个人身心所固有。而学校教学的目的,就是效法古圣先贤的根本宗旨,"莫非因其固有而发明之,而未始有所务于外也"。学校教育的任务,就是"择其民之秀者,群之以学校,而联之以师儒,开之以《诗》《书》,而成之以礼乐。凡所以使之明是理而守之不失,传是教而施之无穷"。

《童蒙须知》,是朱熹撰写的一篇启蒙教育读物,本书节选部分。在文中,朱熹开篇就讲,对年幼尚不明事理的儿童,要从学穿衣、戴帽、说话、走路开始,然后是学洒水扫地、打扫卫生,再后来是读书写字,以及其他的一些小事,都应该去学。其目的,在于引导儿童孝顺父母、尊敬长辈、陶冶身心,以及了解与这些小事相关的道理。这就把怎么穿衣、怎么讲话、怎么走路、怎么做卫生、怎么读书写字,也就是每个人日常生活、学习中的"日用常行"与"修身治心"之道联系起来,从而揭示出二者之间的关系。"日用常行"是"修身治心"的外在表现,"修身治心"则是落实为人之道的内在动力。朱子认为幼儿教育"必使其讲而习之于幼稚之时,欲其习与智长、化与心成"(《小学原序》),就是使幼儿在早期形成良好的习惯与品行。

《小学原序》是朱熹为启蒙读物《小学》所作之序。《小学》成书于淳熙十四年(1187年)武夷精舍讲学之时,是朱熹在武夷精舍开始推行童蒙教育的重要实践。该书共六卷,分为内篇四:立教、明伦、敬身、稽古。外篇二:嘉言、善行。内篇述虞夏商周圣贤之言行,外篇述汉以来圣贤之言行。在此序中,朱熹阐述了小学教育的原则和方法,提出"古者小学,教人以洒扫、应对、进退之节,爱亲、敬长、隆师、亲友之道,皆所以为修身、齐家、治国、平天下之本",并且强调这些修习规范于童蒙幼时即应教习养成。

《大学章句序》,撰于淳熙十六年(1189年)。朱熹受二程的影响,将《大学》从《礼记》中抽出,独立成篇,与《论语》《孟子》《中庸》合称四书,作为太学教育的教材。他认为,《大学》是"古之大学所以教人之法也"。小学与大学,是人生接受教育的两个不同阶段。"人生八岁,则自王公以下,至于庶人之子弟,皆入小学,而教之以洒扫、应对、进退之节,礼乐、射御、书数之文。及其十有五年,则自天子之元子、众子,以至公、卿、大夫、元士之适(嫡)子,与凡民之俊秀,皆入大学,而教之以穷理、正心、修己、治人之道。"认为小学只是教之以事,"如礼乐、射御、书数及孝弟忠信之事";大学则教之以理,"如致知、格物及所以为忠信孝弟者"。(《朱子语类》)

《福州州学经史阁记》,撰于庆元初(1195年)九月。文中对其时学校"教养无法,师生相视,漠然如路人"的现象提出批评,提出教育诸生的目标,在于"明德新民,求各止于至善而已"。至于如何明德新民以达到至善,朱熹认为其途径不待于外求,而"识其在我而敬以存之"。此为向内求的途径。至于"天地阴阳事物之理,修身事亲、齐家及国,以至于平治天下之道,与凡圣贤之言行、古今之得失、礼乐之名数,下而至于食货之源流,兵刑之法制"等,则需要通过认真读书获得。此为向外求的途径。

《学校贡举私议》是朱熹晚年所撰最重要的教育论文,本书节选部分。在文中,朱熹首先对上古三代从乡党到国都实行自下而上的选举人才制度给予充分的肯定,"教之以德行道艺,而兴其贤者能者",在此基础上,进而阐明学校教育中"德业"与"爵禄"二者之间的辩证关系。他认为,学校培养出的学生,应该是"有定志而无外慕","使定其心而不为利禄动"的君子。一方面,"君子谋道不谋食",另一方面,通过努力学习,"言寡尤,行寡悔",即谨言慎行,得禄之道也就自然而然形成。此即朱子所谓"夫子告以慎其言行，修天爵而人爵从之矣""学也，禄在其中矣""苟能修身，亦不废其干禄也"(《论语精义》)的为学、为人主张。如此，方能达到"成人材而厚风俗，济世务而兴太平"的治政目的。

接着，朱子以古喻今，批评其时的教学和科举制度，"其所以教者，既不本于德行之实，而所谓艺者，又皆无用之空言"，在"德"与"艺"即道德和才能两方面都没有取得好的效果。科考成了"诈冒之捷径"，从而形成奔走钻营、趋炎附势的不良风气。即便是当时的最高学府太学，也沦为"声利之场"，师道精神缺失。这既败坏了学者的心志，也造成了其时"人材日衰，风俗日薄"的局面。为此，他对隋唐以来专以文词取士，而尚德之举不复见、积至于今流弊已极的现象提出尖锐的批评。

为扭转颓习，朱子在文中提出了一系列"改制"，即改革科举之弊的措施，以期"可以大正其本，而尽革其末流之弊"。他认为，学校的士风建设，关键在于师道精神的回归，在于"择士之有道德可为人师者以为学官，而久其任，使之讲明道义，以教训其学者"。又认为，德行"不唯可以修身，而推之可以治人，又可以及夫天下国家。故古之教者，莫不以是为先"。除了《白鹿书院学规》所强调的五伦教育之外，文中还提出了"德行道艺"的教学培养目标。因而他建议应设德行科，罢词赋科，另设"诸经、子史、时务"等科的分科教学，提出了道与艺、德行与诸科的关系，即"立德行之科以厚其本"。在强调德行的重要性的同时，也不能忽视其他诸科，故须"分诸经、子史、时务之年以齐其业"。这是在朱熹以往的教育文论包括《白鹿书院学规》中均未曾提及的内容，对其教育理论有所补益。

《朱子读书法》一文，现存于南宋张洪、齐熙编纂的《朱子读书法》与元程端礼编的《程氏家塾读书分年日程》中。此二书所载内容大体相同而略有差异，其差异表现在六法的前后顺序略有不同。前者顺序为"循序渐进、熟读精思、虚心涵泳、切己体察、着紧用力、居敬持志"，而后者据辅广所编，将原居其六的"居敬持志"提前为第一，其余顺延。顺序略有不同，反映的是对朱子读书方法的不同理解。

在朱熹的《朱子语类》《朱文公文集》《四书章句集注》等书中，还有许多关于为学的格言，言简意赅，内涵深刻。本篇从这些著作中择取十条，题为《朱子语录选读》，略作注解，附之于后。

同安县谕学者

学如不及，犹恐失之，此君子所以孜孜焉爱日不倦而竞尺寸之阴也。今或闻诸生晨起入学，未及日中而各已散去，此岂爱日之意也哉！夫学者所以为己，而士者或患贫贱，势不得学，与无所于学而已。势得学，又不为无所于学，而犹不勉，是亦未尝有志于学而已矣。然此非士之罪也，教不素明而学不素讲也。今之世，父所以诏其子，兄所以勉其弟，师所以教其弟子，弟子之所以学，舍科举之业则无为也。使古人之学止于如此，则凡可以得志于科举斯已尔，所以孜孜焉爱日不倦，以至乎死而后已者，果何为而然哉？今之士唯不知此，以为苟足以应有司之求矣，则无事乎汲汲为也，是以至于惰游而不知反，终身不能有志于学，而君子以为非士之罪也。使教素明于上，而学素讲于下，则士者固将有以用其力，而岂有不勉之患哉！熹是以于诸君之事，不欲举以有司之法，而姑以文告焉。诸君苟能致思于科举之外，而知古人之所以为学，则将有欲罢而不能者，熹所企而望也。

（选自《晦庵先生朱文公文集》卷七十四，《朱子全书》第 24 册，上海古籍出版社，安徽教育出版社，2002 年，第 3566 页）

谕诸生

古之学者，八岁而入小学，学六甲五方书计之事①。十五而入大学，学先圣之礼乐焉，非独教之，固将有以养之也。盖理义以养其心，声音以养其耳，采色以养其目，舞蹈降登疾徐俯仰以养其血脉，以至于左右起居，盘盂几杖，有铭有戒，其所以养之之具，可谓备至尔矣。夫如是，故学者有成材，而庠序有实用，此先王之教所以为盛也。自学绝而道丧，至今千有余年，学校之官，有教养之名而无教之养之之实，学者挟策而相与嬉其间，其杰然者乃知以干禄蹈利为事。至于语圣贤之余旨，究学问之本原，则罔乎莫知所以用其心者。其规为动息，举无以异于凡民而有甚者焉。呜呼！此教者过也，而岂学者之罪哉！然君子以为是亦有罪焉尔，何则？今所以异于古者，特声音采色之盛，舞蹈降登疾徐俯仰之容，左右起居、盘盂几杖之戒有所不及为，至推其本，则理义之所以养其心者固在也。诸君日相与诵而传之，顾不察耳，然则此之不为，而彼之久为，又岂非学者之罪哉！仆以吏事得与诸君游，今期年矣。诸君之业不加进，而行谊无以自著于州里之间，仆心愧焉。今既增修讲问之法，盖古者理义养心之术。诸君不欲为君子耶？则谁能以是强诸君者。苟有志焉，是未可以舍此而他求也。幸愿留意毋忽。

（选自《晦庵先生朱文公文集》卷七十四，《朱子全书》第 24 册，第 3567 页）

---

① 六甲：指古代天干地支运命之理。五方：五行方术。书计：文字与筹算。指六艺中六书九数之学。

谕诸职事

尝谓学校之政不患法制之不立，而患理义之不足以悦其心。夫理义不足以悦其心，而区区于法制之末以防之，是犹决湍水注之千仞之壑，而徐翳萧苇以捍其冲流也①，亦必不胜矣。诸生蒙被教养之日久矣，而行谊不能有以信于人，岂专法制之不善哉，亦诸君子未尝以礼义教告之也。夫教告之而不从，则学者之罪，苟为未尝有以开导教率之，则彼亦何所趋而兴于行哉？故今增修讲问之法，诸君子其专心致思，务有以渐摩之②，无牵于章句，无滞于旧闻，要使之知所以正心诚意于饮食起居之间，而由之以入于圣贤之域，不但为举子而已，岂不美哉！然法制之不可后者，亦既议而起之矣。惟诸君子相与坚守而力持之，使义理有以博其心，规矩有以约其外，如是而学者犹有不率，风俗犹有不厚，则非有司之罪，惟诸君留意。

（选自《晦庵先生朱文公文集》卷七十四，《朱子全书》第24册，第3568页）

静江府学记③

古者圣王设为学校，以教其民，由家及国，大小有序，使其民无不入乎

---

① 翳：遮蔽、阻挡。萧苇：萧疏的芦苇。
② 摩：切磋、研究。朱熹《仪礼经传通解》卷十六自注："相观而善之谓摩。摩，相切磋也。"
③ 静江府：治所在今广西桂林。

其中而受学焉。而其所以教之之具，则皆明其天赋之秉彝而为之品节①，以开导而劝勉之，使其明诸心，修诸身，行于父子、兄弟、夫妇、朋友之间，而推之以达乎君臣、上下、人民、事物之际，必无不尽其分焉者。及其学之既成，则又兴其贤且能者，置之列位。是以当是之时，理义休明，风俗醇厚，而公卿、大夫、列士之选，无不得其人焉。此先王学校之官，所以为政事之本、道德之归，而不可以一日废焉者也。

至于后世学校之设，虽或不异乎先王之时②，然其师之所以教，弟子之所以学，则皆忘本逐末，怀利去义，而无复先王之意。以故学校之名虽在，而其实不举。其效至于风俗日敝，人材日衰，虽以汉、唐之盛隆，而无以仿佛乎三代之叔季。然犹莫有察其所以然者，顾遂以学校为虚文，而无所与于道德政理之实。于是为士者求道于老子、释氏之门，为吏者责治乎簿书期会之最。盖学校之仅存而不至于遂废者，亦无几耳。

乃者圣上慨然悯其如此，亲屈銮路，临幸学宫，发诏诸生，励之以为君子之儒，而无慕乎人爵者，德意既甚美矣。而静江守臣广汉张侯栻适以斯时一新其府之学，亦既毕事，则命其属，具图与书，使人于武夷山间，谒熹文以记之。顾非其人，欲谢不敢，而惟侯之意不可以虚辱。乃按图考书，以订其事，则皆曰静江之学，自唐观察使陇西李侯昌巙始立于牙城之西北③，其后又徙于东南。历时既久，士以卑庳堙郁为病。有宋乾道三年，知府事延平张侯维乃撤而迁于始安故郡之墟④。盖其地自郡废而为浮屠之室者三⑤，始议易置，而部使者有惑异教，持不可者。既乃仅得其一，遂因故材而亟徙焉，以

---

① 秉彝：出自《诗经·大雅·烝民》："民之秉彝，好是懿德。"朱熹《诗集传》卷十八释为："秉，执。彝，常。"意即坚守常道之意。品节：品级、节制。朱熹《中庸章句》："圣人因人物之所当行者而品节之，以为法于天下，则谓之教。"
② 先王：古代的帝王。此特指上古三代尧、舜、禹等几位圣王。
③ 李侯昌巙：字号不详。唐大历中，任广西观察使，建静江府学。
④ 延平张侯维：张维（1112—1181年），字振纲，一字仲钦，南剑州剑浦县（今福建南平）人。绍兴八年（1138年）进士。
⑤ 浮屠之室：寺庙。

故规模褊陋,复易摧圮。至于今侯,然后乃得并斥左右佛舍置它所,度材鸠匠,合其地而一新焉。殿阁崇邃,堂序广深,生师之舍,环列庑外,耽耽翼翼,不侈不陋。于其为诸侯之学,所以布宣天子之命教者,甚实宜称。熹于是喟然起而叹曰:"夫远非鬼、崇本教,以侈前人之功,侯之为是,则既可书已。抑熹闻之,侯之所以教于是者,莫非明义反本,以遵先王教学之遗意①,而欲使其学者皆知所以,不慕人爵,为君子儒,如明诏之所谓者,则其可书,又岂徒以一时兴作之盛为功哉!"故特具论其指意所出者为详,而并书其本末如此,以告来者。

侯字敬夫②,丞相魏忠献公之嗣子③。其学近推程氏,以达于孔孟,治己教人,一以居敬为主,明理为先。尝以左司副郎侍讲禁中,既而出临此邦,以幸远民,其论说政教,皆有明法。然则士之学于是者,亦可谓得师矣,其亦无疑于侯之所以教者,而相与尽其心哉!淳熙四年冬十有一月己未日南至新安朱熹记。

(选自《晦庵先生朱文公文集》卷七十八,《朱子全书》第 24 册,第 3741—3743 页)

信州铅山县学记④

铅山学故在县东南百许步,因地形为屋,东乡⑤。既诸生以夫子不南面,于礼为不称,乃徙置县东山下。然其费皆出民间,有司者无所与,以故度地

---

① 敩(xiào)学:即教学。

② 敬夫:即张栻(1133—1180 年),字敬夫,汉州绵竹(今属四川)人,宋代著名理学家,时任静江知府,与朱熹、吕祖谦并称"东南三贤"。

③ 丞相魏忠献公之嗣子:丞相魏忠献公,张浚(1097—1164 年),字德远,南宋名相、抗金名将,封魏国公,谥号忠献。嗣子,嫡长子。

④ 信州铅山县:即今江西上饶铅山县。

⑤ 东乡:东向。

褊狭，不能具庙学制度。至若师生具员，而弦诵辍响①，则亦既二十有余年矣。

淳熙己亥之春，义兴蒋侯来领县事。始至，进谒堂下，俯仰太息而有志焉②。后数月，政成事简，民裕而财足，乃买地凿山，度材致用，而属役于其属雷君霆。以岁十有二月丙申始事，越明年四月戊申而舍菜焉③。门观显严，宫庐宏敞，神位清密，祭用毕修。图史之藏，几席之设，与凡所以栖宿、炊爨、拚除之须，无一不备。既又为之名垦田，立僦舍，日给弟子员二十余人，而官无乏用，民不病役。邑之父兄相与聚观，顾叹言曰："今之所以幸教吾子弟者，其厚如此，是岂可使后之人无传焉。"于是雷君闻之，则以其意来请，且曰："学虽具而诸生未知所志，愿吾子之因是而有以发之也。"

予尝谓道无古今之殊，而学有今古之异，盖周人以乡三物教万民④，而宾兴之⑤。其德六，曰智、仁、圣、义、中、和；其行六，曰孝、友、睦、姻、任、恤；其艺六，曰礼、乐、射、御、书、数。是于学者日用起居食饮之间，既无事而非学，于其群居藏修游息之地，亦无学而非事。至于所以开发其聪明，成就其德业者，又皆交相为用而无所偏废。此先王之世所以人材众多，风俗美盛，而非后世之所能及也。国家建立学官⑥，周遍海内，其所以望于天下之士者，岂不亦若先王之志？而学者无以识其指意之所在，于其日用之间，既诞谩恣睢，而不知所以学；其群居讲习之际，又不过于割裂装缀以为能，而莫或知其终之无所用也。是以其趋日以卑陋，而惟利禄之知，幸而一二杰然有意于自立者，则又或穷高极远，而不务力行之实，或循常守旧，而不知

---

① 弦诵辍响：《全唐诗》卷十五《享懿德太子庙乐章》其二有"弦诵辍音，笙歌罢响"之句。此处引申为教学活动中止。

② 太息：太，通叹；太息，即叹息之意。

③ 舍菜：释菜，行释菜礼，即古代入学时祭祀先圣先师的一种典礼。

④ 以乡三物教万民：语出《周礼注疏》卷十。三物，即下文的六德、六行、六艺。

⑤ 宾兴：周代举贤之法，即乡大夫从乡小学中荐举贤才而宾礼之，以升入国学。

⑥ 学官：学舍、学校之意。元马端临《文献通考·学校考七》："学官，学之官舍也。"

其义理之所以然也。是以其说常倚于一偏，而不得以入于圣贤之域。于是时也，异端杂学之士，阿世徇俗之流，又或鼓其乖妄之说而乘之。呜呼！吾道之不亡，特民之秉彝有不可得而绝灭者耳。予之力固不足以救之，而窃有忧焉。是以既书蒋侯之事，又因雷君之请，而附见其说，以告夫学于此者，以为有能因是而反求之，则庶乎其知所志矣。

蒋侯名亿，字仲永，材高志远，平居抵掌论当世事，滚滚不穷，盖尝有意笞兵万里①，为国家立非常之功者，其办一邑固当有余力。惟其不以壹切治理为功，而汲汲乎化民成俗之先务如此，是则后之君子，亦将有考于斯焉。秋九月丙寅具位朱熹记。

（选自《晦庵先生朱文公文集》卷七十八，《朱子全书》第 24 册，第 3751—3752 页）

白鹿书院学规②

父子有亲，君臣有义，夫妇有别，长幼有序，朋友有信。

右五教之目，尧舜使契为司徒，敬敷五教③，即此是也。学者学此而已，而其所以学之之序，亦有五焉。其别如左：

博学之，审问之，谨思之④，明辨之，笃行之。

右为学之序。学、问、思、辨四者，所以穷理也。若夫笃行之事，则自修身以至于处事接物，亦各有要。其别如左：

---

① 笞：四库全书本作"提"，驱使、统领之意。
② 本文在《晦庵先生朱文公文集》卷七十四作《白鹿洞书院揭示》。究竟是"学规"还是"揭示"，学界于此曾有过争论。此处引用的《晦庵先生文集》，是宋淳熙、绍熙间建阳刻本，刊行于朱熹在世时，似更为可信。
③ 尧舜使契为司徒，敬敷五教：出自《孟子·滕文公上》："圣人有忧之，使契为司徒。"派遣契担任司徒一职，教以五种伦理道德。
④ 谨思之：后出的版本又作"慎思之"。

言忠信，行笃敬，惩忿窒欲，迁善改过。

右修身之要。

正其义不谋其利，明其道不计其功。

右处事之要。

己所不欲，勿施于人。行有不得，反求诸己。

右接物之要。

  某窃观古昔圣贤所以教人为学之意，莫非使之讲明义理，以修其身，然后推以及人，非徒欲其务记览、为词章，以钓声名、取利禄而已也。今人之为学者，则既反是矣。然圣贤所以教人之法，具存于经，有志之士，固当熟读深思而问辨之。苟知其理之当然，而责其身以必然，则夫规矩禁防之具，岂待他人设之而后有所持循哉！近世于学有规，其待学者为已浅矣，而其为法又未必古人之意也。故今不复以施于此堂，而特取凡圣贤所以教人为学之大端，条列如右而揭之楣间，诸君其相与讲明遵守而责之于身焉，则夫思虑云为之际，其所以戒谨而恐惧者，必有严于彼者矣。其有不然，而或出于此言之所弃，则彼所谓规者必将取之，固不得而略也。诸君其亦念之哉！

（选自《晦庵先生文集》前集卷九，宋淳熙、绍熙建阳刻本，台北故宫博物院藏，第 19b—20b 页）

琼州学记[①]

  昔者圣王作民君师，设官分职，以长以治。而其教民之目，则曰父子有亲，君臣有义，夫妇有别，长幼有序，朋友有信五者而已。盖民有是身，则必有是五者，而不能以一日离；有是心，则必有是五者之理，而不可以一日

---

① 琼州：治所在今海南海口。

离也。是以圣王之教，因其固有，还以导之，使不忘乎其初。然又虑其由而不知，无以久而不坏也，则为之择其民之秀者，群之以学校，而联之以师儒，开之以《诗》《书》，而成之以礼乐。凡所以使之明是理而守之不失，传是教而施之无穷者，盖亦莫非因其固有而发明之，而未始有所务于外也。夫如是，是以其教易明，其学易成，而其施之之博，至于无远之不暨，而无微之不化，此先王教化之泽所以为盛，而非后世所能及也。

淳熙九年，琼管帅守长乐韩侯璧既新其州之学，而使以图来请记，曰："吾州在中国西南万里炎天涨海之外，其民之能为士者既少，幸而有之，其记诵文词之习又不能有以先于北方之学者，故其功名事业遂无以自白于当世，仆窃悲之。今其公堂序室则既修矣，然尚惧其未能知所兴起也，是以愿有谒焉。吾子其有以振德之。"

熹窃惟国家教学之意不为不广，斯人蒙化之日不为不深①。然犹有如侯之所虑者，岂前日之所以教者未尝导之以其身心之所固有，而徒强之以其外，是以若彼其难与？因为之书其所闻于古者以告之，使琼之士知夫所以为学者，不外于身心之所固有，而用其一日之力焉。则其德成行修，而无所疑于天下之理，将无难者，而凡所谓功名事业云者，其本已在是矣。若彼记诵文词之末，则本非吾事之所急，而又何足为重轻乎？呜呼，琼士勉旃！"天生烝民，有物有则。民之秉彝，好是懿德。"是岂有古今之间，远近之殊哉！侯于是邦，政多可纪，已具刻于池亭之石，因不复书。而是役之面执功程，又非侯所以属笔之意也，亦略不论著云。是年岁在玄黓摄提格冬十月庚申宣教郎、直秘阁朱熹记②。

（选自《晦庵先生朱文公文集》卷七十九，《朱子全书》第 24 册，第 3761—3763 页）

---

① 蒙化：启蒙教化。
② 玄黓（yì）：天干中壬的别称，用以纪年，即壬年。摄提格：古代岁星纪年法的十二辰之一，相当于寅年。

朱 熹

童蒙须知—作《训学斋规》（节选）

夫童蒙之学，始于衣服冠履①，次及语言步趋，次及洒扫涓洁，次及读书写文字，及有杂细事宜，皆所当知。今逐目条列，名曰《童蒙须知》。若其修身治心，事亲接物，与夫穷理尽性之要，自有圣贤典训昭然可考，当次第晓达，兹不复详著云。

（选自《朱子全书》第13册，第371页）

小学原序

古者小学，教人以洒扫、应对、进退之节，爱亲、敬长、隆师、亲友之道，皆所以为修身、齐家、治国、平天下之本。而必使其讲而习之于幼稚之时，欲其习与智长、化与心成，而无扞格不胜之患也②。今其全书虽不可见，而杂出于传记者亦多。读者往往直以古今异宜而莫之行，殊不知其无古今之异者，固未始不可行也。今颇搜辑以为此书，授之童蒙，资其讲习，庶几有补于风化之万一云尔。淳熙丁未三月朔旦晦庵题。

（选自《朱子全书》第13册，第393页）

---

① 衣服冠履：穿衣、戴帽、穿鞋。为幼儿的人生"第一课"。
② 扞格不胜之患：出自《礼记·学记》："发然后禁，则扞格而不胜。"扞格，格格不入。此句是说讲而习之于幼稚之时，则无此患。

大学章句序

  大学之书,古之大学所以教人之法也。盖自天降生民,则既莫不与之以仁义礼智之性矣。然其气质之禀或不能齐,是以不能皆有以知其性之所有而全之也。一有聪明睿智能尽其性者出于其间,则天必命之以为亿兆之君师,使之治而教之,以复其性。此伏羲、神农、黄帝、尧、舜所以继天立极,而司徒之职、典乐之官所由设也。

  三代之隆,其法浸备,然后王宫、国都以及闾巷,莫不有学。人生八岁,则自王公以下,至于庶人之子弟,皆入小学,而教之以洒扫、应对、进退之节,礼乐、射御、书数之文。及其十有五年,则自天子之元子、众子,以至公、卿、大夫、元士之适(嫡)子,与凡民之俊秀,皆入大学,而教之以穷理、正心、修己、治人之道。此又学校之教、大小之节所以分也。

  夫以学校之设,其广如此,教之之术,其次第节目之详又如此,而其所以为教,则又皆本之人君躬行心得之余,不待求之民生日用彝伦之外,是以当世之人无不学。其学焉者,无不有以知其性分之所固有,职分之所当为,而各俛焉以尽其力①。此古昔盛时所以治隆于上,俗美于下,而非后世之所能及也。

  及周之衰,贤圣之君不作,学校之政不修,教化陵夷,风俗颓败,时则有若孔子之圣,而不得君师之位以行其政教,于是独取先王之法,诵而传之,以诏后世。若《曲礼》《少仪》《内则》《弟子职》诸篇,固小学之支流余裔,而此篇者,则因小学之成功,以著大学之明法,外有以极其规模之大,而内

---

① 俛:通"勉",努力。

朱 熹

有以尽其节目之详者也。三千之徒①，盖莫不闻其说，而曾氏之传独得其宗②，于是作为传义，以发其意。及孟子没而其传泯焉，则其书虽存，而知者鲜矣！

自是以来，俗儒记诵词章之习，其功倍于小学而无用；异端虚无寂灭之教，其高过于大学而无实。其他权谋术数，一切以就功名之说，与夫百家众技之流，所以惑世诬民、充塞仁义者，又纷然杂出乎其间。使其君子不幸而不得闻大道之要，其小人不幸而不得蒙至治之泽，晦盲否塞，反覆沉痼③，以及五季之衰，而坏乱极矣！

天运循环，无往不复。宋德隆盛，治教休明。于是河南程氏两夫子出④，而有以接乎孟氏之传，实始尊信此篇而表章之，既又为之次其简编，发其归趣，然后古者大学教人之法、圣经贤传之指，粲然复明于世。虽以熹之不敏，亦幸私淑而与有闻焉。顾其为书犹颇放失，是以忘其固陋，采而辑之，间亦窃附己意，补其阙略，以俟后之君子。极知僭逾⑤，无所逃罪，然于国家化民成俗之意、学者修己治人之方，则未必无小补云。

淳熙己酉二月甲子，新安朱熹序。

（选自《朱子全书》第 6 册，第 13—15 页）

福州州学经史阁记

福州之学，在东南为最盛，弟子员常数百人。比年以来，教养无法，师

---

① 三千之徒：指孔门弟子三千。
② 曾氏之传独得其宗：曾氏，孔门高弟曾子，后世尊为"宗圣"；其解读《大学》，独得孔子学说之正宗和要义。
③ 晦盲否塞，反覆沉痼：晦盲否塞，指政局混乱，朝廷与民众之间沟通不畅。沉痼，重病积久难治，此喻积弊难纠。
④ 河南程氏两夫子：指程颢、程颐兄弟俩，均为著名理学家，世称"二程"。
⑤ 僭逾：僭越，超越权限和规矩行事。

生相视，漠然如路人。以故风俗日衰，士气不作，长老忧之而不能有以救也。绍熙四年，今教授临邛常君浚孙始至，既日进诸生而告之以古昔圣贤教学之意，又为之饬厨馔、葺斋馆，以宁其居，然后谨其出入之防，严其课试之法，朝夕其间，训诱不倦。于是学者竞劝，始知常君之为吾师，而常君之视诸生亦闵闵焉，唯恐其不能自勉以进于学也。故尝虑其无书可读，而业将病于不广，则又为之益置书史，合旧为若干卷，度故御书阁之后，更为重屋以藏之。而以书来请记其事，且致其诸生之意，曰愿有以教之也。

予惟古之学者无他，明德新民，求各止于至善而已。夫其所明之德、所止之善，岂有待于外求哉！识其在我而敬以存之①，其亦可矣。其所以必曰读书云者，则以天地阴阳事物之理，修身事亲、齐家及国，以至于平治天下之道，与凡圣贤之言行、古今之得失、礼乐之名数，下而至于食货之源流，兵刑之法制，是亦莫非吾之度内，有不可得而精粗者。若非考诸载籍之文，沉潜参伍，以求其故，则亦无以明夫明德体用之全，而止其至善精微之极也。然自圣学不传，世之为士者不知学之有本，而唯书之读，则其所以求于书，不越乎记诵训诂文词之间，以钓声名、干禄利而已。是以天下之书愈多，而理愈昧；学者之事愈勤，而心愈放；词章愈丽，论议愈高，而其德业事功之实，愈无以逮乎古人。然非书之罪也，读者不知学之有本，而无以为之地也。

今观常君之为教，既开之以古人教学之意而后为之储书，以博其问辨之趣，建阁以致其奉守之严，则亦庶乎本末之有序矣。予虽有言，又何以加于此哉！然无已，而有一焉，则亦曰姑使二三子者，知夫为学之本，有无待于外求者，而因以致其操存持守之力，使吾方寸之间，清明纯一，真有以为读书之地，而后宏其规，密其度，循其先后本末之序，以大玩乎阁中之藏，则夫天下之理，其必有以尽其纤悉，而一以贯之。异时所以措诸事业者，亦将

---

① 识其在我而敬以存之：此为学者"明德新民，止于至善"的内求途径，朱熹称之为"学之有本"；与下文"必曰读书""考诸载籍"的外求途径，形成"明夫明德体用之全，而止其至善精微之极"的两条路径。

有本而无穷矣。因序其事,而并书以遗之,二三子其勉之哉!

凡阁之役,始于庆元初元五月辛丑,而成于七月之戊戌。材甓佣食之费为钱四百万有奇①,则常君既率其属输俸入以首事,而帅守詹侯体仁②、使者赵侯像之、许侯知新咸有以资之。至于旁郡之守赵侯伯瑱、十二邑之长陈君狃等,亦以其力来助。而董其役者,学之选士杨诚中、张安仁、萧孔昭也。是岁九月丁亥朝奉大夫提举南京鸿庆宫新安朱熹记。

(选自《晦庵先生朱文公文集》卷八十,《朱子全书》第 24 册,第 3812—3814 页)

学校贡举私议(节选)

古者学校选举之法,始于乡党③,而达于国都。教之以德行道艺,而兴其贤者能者。盖其所以居之者无异处,所以官之者无异术,所以取之者无异路,是以士有定志而无外慕,蚤夜孜孜,惟惧德业之不修,而不忧爵禄之未至。夫子所谓"言寡尤,行寡悔,禄在其中"④,孟子所谓"修其天爵,而人爵从

---

① 甓(pì):砖。
② 帅守詹侯体仁:詹体仁(1143—1206 年),字元善,建宁府浦城县(今福建浦城)人,朱熹弟子。时任福州知州。
③ 乡党:古代基层建制。汉郑玄《礼记注疏》卷三十六:"五百家为党,万二千五百家为遂,党属于乡。"合称乡党。
④ 言寡尤,行寡悔,禄在其中:原文载《论语·为政》"子张学干禄"条,孔子以"言寡尤,行寡悔,禄在其中"答子张之问。禄,俸禄。朱子解读为孔夫子"告之以此,使定其心而不为利禄动"(《论语集注》卷一),进而又提出了"君子谋道不谋食,学也,禄在其中矣"(《论语精义》卷一下)的为学、为人主张。

之"①，盖谓此也。

若夫三代之教，艺为最下，然皆犹有实用而不可阙。其为法制之密，又足以为治心养气之助，而进于道德之归。此古之为法，所以能成人材而厚风俗，济世务而兴太平也。今之为法不然。虽有乡举，而其取人之额不均，又设太学利诱之一涂，监试、漕试、附试诈冒之捷径，以启其奔趋流浪之意②。其所以教者，既不本于德行之实，而所谓艺者，又皆无用之空言。至于甚弊，则其所谓空言者，又皆怪妄无稽，而适足以败坏学者之心志。是以人材日衰，风俗日薄。朝廷州县每有一事之可疑，则公卿大夫官人百吏愕眙相顾而不知所出③，是亦可验其为教之得失矣。而议者不知其病源之所在，反以程试文字之不工为患，而唱为混补之说以益其弊。或者知其不可，又欲斟酌举行崇宁州县三舍之法，而使岁贡选士于太学。其说虽若贤于混补之云，然果行此，则士之求入乎州学者必众。而今州郡之学钱粮有限，将广其额则食不足，将仍其旧则其势之偏、选之艰而涂之狭，又将有甚于前日之解额少而无所容也④。正使有以处之，然使游其间者校计得失于旦暮锱铢之间，不得宁息，是又不唯无益，而损莫大焉，亦非计之得也。盖尝思之，必欲乘时改制以渐复先王之旧，而善今日之俗，则必如明道先生熙宁之议，然后可以大正其本，而尽革其末流之弊。如曰未暇，则莫若且均诸州之解额以定其志，立德行之科以厚其本，罢去词赋，而分诸经、子史、时务之年以齐其业；又使治经者必守其家法，命题者必依章句，答义者必通贯经文，条举众说而断以己意；学校则遴选实有道德之人，使专教道，以来实学之士。裁减解额、舍选谬滥

---

① 修其天爵，而人爵从之：《孟子集注》卷十一："有天爵者，有人爵者。仁义忠信，乐善不倦，此天爵也；公卿大夫，此人爵也。"故天爵，为上天赋予的美德；人爵，世人追逐的权势利禄。朱熹注："今之人修其天爵以要人爵，既得人爵而弃其天爵，则惑之甚者也，终亦必亡而已矣。"

② 奔趋流浪：奔走钻营、趋炎附势。

③ 愕眙：目瞪口呆、愕然相视的样子。愕，惊愕。眙，瞪眼。

④ 解额：宋代科举考试有解试、省试、殿试三级。解试由各州、府、军、转运司和国子监主持，分别考试。且按朝廷下拨的名额来录取举人，解送朝廷。此名额称为解额。

之恩，以塞利诱之涂；至于制科、词科、武举之属，亦皆究其利病，而颇更其制。则有定志而无奔竞之风，有实行而无空言之弊，有实学而无不可用之材矣。

此其大略也。其详则继此而遂陈之：……

所以必立德行之科者，德行之于人大矣，然其实则皆人性所固有，人道所当为。以其得之于心，故谓之德，以其行之于身，故谓之行，非固有所作为增益而欲为观听之美也。士诚知用力于此，则不唯可以修身，而推之可以治人，又可以及夫天下国家。故古之教者，莫不以是为先。若舜之命司徒以敷五教，命典乐以教胄子，皆此意也。至于成周而法始大备，故其人材之盛、风俗之美，后世莫能及之。汉室之初尚有遗法，其选举之目，必以"敬长上，顺乡里，肃政教，出入不悖所闻"为称首。魏晋以来，虽不及古，然其九品中正之法犹为近之。及至隋唐，遂专以文词取士，而尚德之举不复见矣。积至于今，流弊已极，其势不可以不变，而欲变之，又不可不以其渐。故今莫若且以逐州新定解额之半而又折其半，以为德行之科，如解额百人，则以二十五人为德行科。盖法行之初，恐考察未精，故且取其半，而又减其半。其余五十人自依常法。明立所举德行之目，如八行之类。专委逐县令佐从实搜访，于省试后保明津遣赴州，守倅审实保明申部①。于当年六月以前以礼津遣，限本年内到部。拨入太学，于近上斋舍安排，而优其廪给，仍免课试。长贰以时延请询考，至次年终，以次差充大小职事。又次年终，择其尤异者特荐补官。余令特赴明年省试。比之余人倍其取人分数，如余人二十取一，则此科十而取一。盖解额中已减其半矣。殿试各升一甲。其不中人且令住学以俟后举。其行义有亏，学术无取，举者亦当议罚。则士知实行之可贵，而不专事于空言矣。

所以必罢诗赋者，空言本非所以教人，不足以得士，而诗赋又空言之尤者，其无益于设教取士章章明矣②。然熙宁罢之而议者不以为是者，非罢诗赋

---

① 守倅：守，太守，知府、知州的省称。倅，副职。
② 章章：明显的样子。章，通"彰"。

之不善，乃专主王氏经义之不善也①。故元祐初议有改革，而司马温公、吕申公皆不欲复。其欲复之者，唯刘挚为最力，然不过以考校之难而为言耳，是其识之卑而说之陋，岂足与议先王教学、官人之本意哉！今当直罢无可疑者，如以习之者众，未欲遽罢，则限以三举而递损其取人之数，俟其为之者少，而后罢之，则亦不骇于俗，而其弊可革矣。

所以必分诸经、子史、时务之年者，古者大学之教，以格物致知为先，而其考校之法，又以九年知类通达、强立不反为大成。盖天下之事皆学者所当知，而其理之载于经者，则各有所主而不能相通也。况今《乐经》亡而《礼经》缺，二戴之记已非正经②，而又废其一焉。盖经之所以为教者已不能备，而治之者类皆舍其所难而就其所易，仅窥其一而不及其余，则于天下之事，宜有不能尽通其理者矣。若诸子之学，同出于圣人，各有所长而不能无所短，其长者固不可以不学，而其所短亦不可以不辨也。至于诸史，则该古今兴亡治乱得失之变，时务之大者，如礼乐制度、天文地理、兵谋刑法之属，亦皆当世所须而不可阙，皆不可以不之习也。然欲其一旦而尽通，则其势将有所不能，而卒至于不行。若合所当读之书而分之以年，使天下之士各以三年而共通其三四之一，则亦若无甚难者。故今欲以《易》《书》《诗》为一科，而子年午年试之；《周礼》《仪礼》及二戴之《礼》为一科，而卯年试之；《春秋》及《三传》为一科，而酉年试之。年分皆以省试为界，义各二道。诸经皆兼《大学》《论语》《中庸》《孟子》。义各一道。论则分诸子为四科，而分年以附焉。诸子则如荀、扬、王、韩、老、庄之属，及本朝诸家文字，当别讨论，分定年数，兼许于当年史传中出论二道。策则诸史，时务亦然。诸史则《左传》《国语》《史记》《两汉》为一科。《三国》《晋书》《南北史》为一科，新旧《唐书》《五代史》为一科，《通鉴》为一科，时务则律历、地理为一科，《通礼》《新仪》为一科，兵法、刑统、敕令为一科，《通典》为一科，以次分年，如经子之法，策各二道。则士无不通之经，无不习之史，

---

① 王氏经义：指北宋王安石变法，推行所谓《三经新义》。
② 二戴之记：指《大戴礼记》和《小戴礼记》。

朱熹

而皆可为当世之用矣。

....

其学校必选实有道德之人使为学官，以来实学之士，裁减解额、舍选谬滥之恩，以塞利诱之涂者。古之大学主于教，而因以取士，故士之来者为义而不为利。且以本朝之事言之，如李廌所记元祐侍讲吕希哲之言曰①："仁宗之时，太学之法宽简，国子先生必求天下贤士真可为人师者，就其中又择其尤贤者如胡翼之之徒，使专教导规矩之事，故当是时，天下之士不远万里来就师之。其游太学者端为道艺，称弟子者中心说而诚服之。盖犹有古法之遗意也。熙宁以来，此法浸坏。所谓太学者，但为声利之场，而掌其教事者，不过取其善为科举之文，而尝得隽于场屋者耳。士之有志于义理者，既无所求于学，其奔趋辐凑而来者，不过为解额之滥、舍选之私而已。师生相视，漠然如行路之人，间相与言，亦未尝开之以德行道艺之实，而月书季考者，又只以促其嗜利苟得、冒昧无耻之心，殊非国家之所以立学教人之本意也。欲革其弊，莫若一遵仁皇之制，择士之有道德可为人师者以为学官，而久其任，使之讲明道义，以教训其学者，而又痛减解额之滥以还诸州，罢去舍选之法，而使为之师者考察诸州所解德行之士与诸生之贤者，而特命以官，则大学之教不为虚设，而彼怀利干进之流，自无所为而至矣。如此，则待补之法固可罢去，而混补者又必使与诸州科举同日引试，则彼有乡举之可望者自不复来，而不患其纷冗矣。

至于取人之数，则又严为之额，而许其补中之人从上几分特赴省试，则其舍乡举而来赴补者亦不为甚失职矣。其计会监试、漕试、附试之类，亦当痛减分数，严立告赏，以绝其冒滥。其诸州教官亦以德行人充，而责以教导之实，则州县之学亦稍知义理之教，而不但为科举之学矣。

---

① 李廌：字方叔，华州（今陕西华县）人。北宋文学家，"苏门六君子"之一。著作有《济南集》《李方叔遗稿》。

至于制举,名为贤良方正①,而其实但得记诵文词之士。其所投进词业,亦皆无用之空言,而程试论策,则又仅同覆射儿戏②,初无益于治道,但为仕宦之捷径而已。词科则又习于谄谀夸大之词,而竞于骈俪刻雕之巧,尤非所以为教。至于武举,则其弊又不异于儒学之陋也。欲革其弊,则制科当诏举者不取其记诵文词,而取其行义器识,罢去词业六论,而直使待对于廷,访以时务之要,而不穷以隐僻难知之事。词科则当稍更其文字之体,使以深厚简严为主,而以能辨析利害、敷陈法度为工。武举则亦使学官放经义论策之制,参酌定议,颁下《武经总要》等书③,而更加讨论,补其遗逸,使之诵习,而立其科焉。则庶乎小大之材各得有所成就,而不为俗学之所病矣。

夫如是,是以教明于上,俗美于下,先王之道得以复明于世,而其遗风余韵又将有以及于方来,与夫规规然固守末流之弊法,而但欲小变一二于其间者,利害相绝固有间矣。草茅之虑,偶及于此,故敢私记其说,以为当路之君子其或将有取焉。

(选自《晦庵先生朱文公文集》卷六十九,《朱子全书》第 23 册,第 3355—3364 页)

---

① 贤良方正:始于汉代的一种荐官制度,强调品行和才干。《汉书》卷五十一:"使天下举贤良方正之士,天下皆诉诉焉。"下延至唐宋,逐渐演变为以诗赋取士,出现了朱子所批评的"记诵文词之士",无益于治道。

② 覆射:一种占卜游戏。

③ 《武经总要》:《武经总要》四十卷,北宋名臣曾公亮著。朱熹在此建议将此书列入学校教材,是希望朝廷也要重视武学。

朱子读书法①

居敬持志　循序渐进　熟读精思　虚心涵泳②　切己体察　着紧用力

（选自元程端礼编《读书分年日程》卷首，四库全书本，第9页）

朱子语录选读

大凡学者须先理会"敬"字，敬是立脚去处③。程子谓："涵养须用敬，进学则在致知。"此语最妙。

（选自《朱子语类》卷十二，《朱子全书》第14册，第376—377页）

所谓格物，便是要就这形而下之器④，穷得那形而上之道理而已⑤。

（选自《朱子语类》卷六十二，《朱子全书》第16册，第2024页）

读书是自家读书，为学是自家为学，不干别人一钱事，别人助自家不得。若只是要人道好，要求人知，便是为人，非为己也。

（选自《朱子语类》卷一百一十九，《朱子全书》第18册，第3758页）

盖闻古之学者为己，今之学者为人⑥，故圣贤教人为学，非是使人缀缉言语、造作文辞，但为科名爵禄之计，须是格物致知，诚意正心，修身而推之，

---

① 朱子读书法，又称《朱子读书六法》。现存于宋张洪、齐熙同编《朱子读书法》及元程端礼编《读书分年日程》二书中。
② 涵泳：沉浸于典籍之中，反复玩味和体会。
③ 立脚去处：为人处世之本，安身立命之方，朱子在此强调"敬"的重要性。
④ 形而下：具体的、可以触摸到的。
⑤ 形而上：抽象的、理论性的。
⑥ 古之学者为己，今之学者为人：语出《论语·宪问》，为朱子"为己之学"的理论来源。

以至于齐家治国，可以平治天下，方是正当学问。

（选自《晦庵先生朱文公文集》卷七十四《玉山讲义》，《朱子全书》第24册，第3588页）

盖为学之道，莫先于穷理，穷理之要必在于读书，读书之法莫贵于循序而致精，而致精之本则又在于居敬而持志①，此不易之理也。

（选自《晦庵先生朱文公文集》卷十四《行宫便殿奏札二》，《朱子全书》第20册，第668页）

盖古人之教，自其孩幼而教之以孝悌诚敬之实；及其少长，而博之以《诗》《书》《礼》《乐》之文，皆所以使之即夫一事一物之间②，各有以知其义理之所在，而致涵养践履之功也。

（选自《晦庵先生朱文公文集》卷四十二《答吴晦叔》，《朱子全书》第22册，第1914页）

圣贤教人下学上达，循循有序，故从事其间者博而有要，约而不孤③，无妄意凌躐之弊。

（选自《晦庵先生朱文公文集》卷五十三《答沈有开》，《朱子全书》第22册，第2527页）

致知力行④，论其先后，固当以致知为先；然论其轻重，则当以力行为重。

（选自《晦庵先生朱文公文集》卷五十《答程正思》，《朱子全书》第22册，第2324页）

为学之实固在践履⑤，苟徒知而不行，诚与不学无异。然欲行而未明于理，则所践履者又未知其果何事也。故《大学》之道，虽以诚意正心为本，

---

① 持志：保持远大志向。
② 即夫一事一物之间：此即朱子所言的格物。
③ 博而有要，约而不孤：博学而能抓住重点，简约而不孤陋浅拙。
④ 致知力行：致，求取；致知，获得知识。行，实践。
⑤ 践履：行动、实践。

而必以格物致知为先。所谓格物致知，亦曰穷尽物理，使吾之知识无不精切而至到耳。

（选自《晦庵先生朱文公文集》卷五十九《答曹元可》，《朱子全书》第 23 册，第 2811 页）

盖人心之灵莫不有知，而天下之物莫不有理，惟于理有未穷，故其知有不尽也。是以《大学》始教，必使学者即凡天下之物，莫不因其已知之理而益穷之①，以求至乎其极②。至于用力之久，而一旦豁然贯通焉③，则众物之表里精粗无不到，而吾心之全体大用无不明矣④。此谓物格，此谓知之至也。

（选自《四书章句集注·大学章句》，《朱子全书》第 6 册，第 20 页）

（方彦寿编撰）

---

① 因：通过、经由。
② 极：最高境界。
③ 豁然贯通：豁然，一瞬间；贯，由此即彼；通，通畅，无阻滞。朱子以此描述致知穷理过程中经长期积累后认识产生飞跃的状态。
④ 全体大用：据真德秀的解读，全体，言性之本体浑然全备，具体表现为仁义礼智信；大用，言性之发用，表现为恻隐、羞恶、辞让、是非四端。

黄　榦

【题解】

黄榦（1152—1221年），字直卿，号勉斋，福州闽县（今福州）人，南宋著名理学家、教育家。淳熙二年（1175年），刘清之以书荐朱子，适朱子外出，黄榦寄宿客栈，"卧起一榻，不解衣者二月"，一直等到朱子归家。朱子称赞黄榦"志坚思苦，与之处甚有益"，以仲女嫁他。黄榦伴随朱子北上南康、潭州，南下漳州，代朱子"看文字"，参考异同，折衷诸说，担负起朱子学术助手之责，理学造诣深得其真传。朱子去世后，黄榦先后在江西临川、新淦，安徽安庆，湖北汉阳，浙江嘉兴等地任职，以经世济民为职志，致力于改善民生。他不辜负朱子的厚望，边做官边著述、讲学，所授门人遍及闽、浙、赣、蜀、两湖等地，奠定了朱子理学在传统社会后期的正统思想地位。黄榦著述甚丰，著有《朱文公行状》一卷、《圣贤道统传授总叙说》一卷、《周易系辞传解》一卷、《续仪礼经传通解》二十九卷、《孝经本旨》一卷、《论语通释》十卷、《勉斋先生讲义》一卷、《勉斋诗钞》一卷、《黄勉斋先生文集》八卷、《晦庵先生语续录》四十六卷、《勉斋集》四十卷等。黄榦去世后，宋理宗皇帝追赠黄榦为朝奉郎，诏谥"文肃"。元裕宗皇帝敕赠御书"麟凤龟龙"。元至正十九年（1359年），福州建勉斋书院纪念他。清康熙皇帝亲笔御书"道统斯托"。清雍正三年（1725年），雍正皇帝下旨敕建"宋儒黄文肃公从祀圣庙",成为朱子门人中从祀孔庙三人之一。中华人民共和国成立后,福建省政府将黄榦墓地列为省级文物保护单位。

《朱文公行状》是黄榦受朱熹之子朱在委托,花费十多年时间写成的。对于行状,黄榦的写作态度十分严谨。他在《告家庙文》里说:"一言之善则必从,一字之非则必改。"他综述朱子一生,全面论述朱子的学问、道德,"自筮仕以至属纩,五十年间,历事四朝,仕于外者,仅九考,立于朝者,四十日,道之难行也如此。然绍道统、立人极,为万世宗师,则不以用舍为加损也"。强调朱子得道统之传,为"万世宗师"。他延续汇聚众说而断之以己见的学术方法,向后学展示了一个毕生致力于学术研究与讲学的"深衣、幅巾、方履""瞑目端坐"、规行矩步的儒者形象。他揭示朱子的教学活动和教学方法:"从游之士,迭诵所习,以质其疑。意有未喻,则委曲告之,而未尝倦;问有未切,则反覆戒之,而未尝隐。务学笃,则喜见于言,进道难,则忧形于色。讲论经典,商略古今,率至夜半;虽疾病支离,至诸生问辨,则脱然沉疴之去体。一日不讲学,则惕然常以为忧。"这是一个毕生致力于学术研究与讲学的朱子。

《圣贤道统传授总叙说》的篇幅虽然不长,但结构内容及主旨十分丰富,对后世道统观产生了深远的影响。在此文中,黄榦讲明"道"出于天的道理,讲明圣人得道统之传,发明道统示后世,能够"参天地,赞化育,而统理人伦,使人各遂其生,各全其性"。他提出道统传承的谱系依次是:尧—舜—禹—汤—文王—武王—周公—孔子—颜回—曾参—子思—孟子—周子—程颢、程颐—朱子,确立了朱子在道统上的正统地位。他详细系统讲解了每一代道统传授的内容,具有浓厚的理学色彩。他说"居敬以立其本,穷理以致其知,克己以灭其私,存诚以致其实",这是千圣万贤传道教人的通则,类似于二程得之于周子的"涵养须用敬,进学在致知"。同样的,这也是朱子为学的宗旨、教育活动的目的。

在《黄榦家训》中,黄榦将读书与勤奋写入家训,告诫后人"学莫先于读书","况儒衣儒冠自当穷经博古,为君子之真儒"。学习首先要学习书籍。作为读书人,应该极力钻研经籍,通晓古事,成为君子中真正的读书人。要"鸡鸣而起,恐常不及,岂宜惰其四肢,无所用其身力",读书要鸡叫的时候起床,不可以让四肢懈怠,让一身的气力无所用处。黄榦身体力行,在向朱熹求学时,连睡觉的时间也舍不得花,晚上不铺床,也不解衣带,累了就稍稍坐坐,靠着椅背直到天亮。他把对后人勤奋读书的期许写入家训,希望子孙永远都记得。

朱文公行状

先生平居惓惓,无一念不在于国。闻时政之阙失,则戚然有不豫之色;语及国势之未振,则感慨以至泣下。然谨难进之礼,则一官之拜,必抗章而力辞;厉易退之节,则一理不合,必奉身而亟去。其事君也,不贬道以求售;其爱民也,不徇俗以苟安。故其与世动辄龃龉,自筮仕以至属纩,五十年间,历事四朝,仕于外者,仅九考,立于朝者,四十日,道之难行也如此。然绍道统、立人极,为万世宗师,则不以用舍为加损也。

自韦斋先生得中原文献之传,闻河洛之学,推明圣贤遗意,日诵《大学》《中庸》,以用力于致知诚意之地,先生蚤岁已知其说①,而心好之。韦斋病且亟,嘱曰:"籍溪胡原仲、白水刘致中、屏山刘彦冲三人,吾友也,学有渊源,吾所敬畏。吾即死,汝往事之,而惟其言之听,则吾死不恨矣。"先生既孤,则奉以告三君子而禀学焉。时年十有四,慨然有求道之志,博求之经传,遍交当世有识之士,虽释老之学,亦必究其归趣、订其是非。延平李先生学于豫章罗先生,罗先生学于龟山杨先生,延平于韦斋为同门友。先生归自同安,不远数百里,徒步往从之。延平称之曰:"乐善好义,鲜与伦比。"又曰:

---

① 蚤:通"早"。早些。

"颖悟绝人,力行可畏。"其所论难,体认切至。自是从游累年,精思实体,而学之所造者益深矣。其为学也,穷理以致其知,反躬以践其实,居敬者,所以成始成终也。谓致知不以敬,则昏惑纷扰,无以察义理之归,躬行不以敬,则怠惰放肆,无以致义理之实。持敬之方,莫先主一。既为之箴以自警,又笔之书,以为小学大学,皆本于此。终日俨然,端坐一室,讨论典训,未尝少辍。自吾一心一身,以至万事万物,莫不有理,存此心于齐庄静一之中,穷此理于学问思辨之际,皆有以见其所当然而不容已,与其所以然而不可易,然充其知而见于行者,未尝不反之于身也。不睹不闻之前,所以戒惧者愈严愈敬;隐微幽独之际,所以省察者愈精愈密。思虑未萌,而知觉不昧,事物既接,而品节不差。无所容乎人欲之私,而有以全乎天理之正。不安于偏见,不急于小成,而道之正统在是矣。其为道也,有太极而阴阳分,有阴阳而五行具,禀阴阳五行之气以生,则太极之理各具于其中。天所赋为命,人所受为性,感于物为情,统性情为心。根于性,则为仁义礼智之德;发于情,则为恻隐羞恶辞逊是非之端;形于身,则为手足耳目口鼻之用;见于事,则为君臣父子夫妇兄弟朋友之常;求诸人,则人之理不异于己;参诸物,则物之理不异于人。贯彻古今,充塞宇宙,无一息之间断,无一毫之空阙,莫不析之极其精而不乱,然后合之尽其大而无余。先生之于道,可谓建诸天地而不悖、质诸圣贤而无疑矣。故其得于己而为德也,以一心而穷造化之原、尽情性之妙、达圣贤之蕴,以一身而体天地之运、备事物之理、任纲常之责。明足以察其微,刚足以任其重,弘足以致其广,毅足以极其常。其存之也,虚而静;其发之也,果而确;其用之也,应事接物而不穷;其守之也,历变履险而不易。本末精粗,不见其或遗;表里初终,不见其或异。至其养深积厚,矜持者纯熟,严厉者和平,心不待操而存,义不待索而精,犹以为义理无穷,岁月有限,常慊然有不足之意。盖有日新又新不能自已者,而非后学之所可拟议也。其可见之行,则修诸身者,其色庄,其言厉,其行舒而恭,其坐端而直。其闲居也,未明而起,深衣幅巾方履,拜于家庙以及先圣。退坐书室,几案必正，书籍器用必整。其饮食也，羹食行列有定位，匕箸举措有定所。倦而休也，瞑目端坐；休而起也，整步徐行。中夜而寝，既寝而寤，则拥衾而坐，或至达旦。威仪容止之则，自少至老，祁寒盛暑，造次颠沛，未尝有须臾之离也。行于家者，奉亲极其孝，抚下极其慈，闺庭之间，内外斩斩①，恩义之笃，怡怡如也。其祭祀也，事无纤巨，必诚必敬，小不如仪，则终日不乐，已祭无违礼，则油然而喜。死丧之仪，哀戚备至，饮食衰绖，各称其情。宾客往来，无不延遇，称家有无，常尽其欢。于亲故虽疏远必致其爱，于乡间虽微贱必致其恭。吉凶庆吊，礼无所遗；赒恤问遗，恩无所阙。其自奉则衣取蔽体，食取充腹，居止取足以障风雨，人不能堪而处之裕如也。若其措诸事业，则州县之设施，立朝之言论，经纶规画，正大宏伟，亦可概见。虽达而行道，不能施之一时，然退而明道，足以传之万代。谓圣贤道统之传，散在方册，圣经之旨不明，则道统之传始晦。于是竭其精力，以研穷圣贤之经训。于《大学》《中庸》，则补其阙遗，别其次第，纲领条目，粲然复明。于《论语》《孟子》，则深原当时答问之意，使读而味之者，如亲见圣贤而面命之。于《易》与《诗》，则求其本义，攻其末失，深得古人遗意于数千载之上。凡数经者，见之传注，其关于天命之微、人心之奥、入德之门、造道之阃者，既已极深研几、探赜索隐②，发其旨趣而无所遗矣。至于一字未安、一词未备，亦必沉潜反覆，或达旦不寐，或累日不倦，必求至当而后已。故章旨字义，至微至细，莫不理明词顺、易知易行。于《书》，则疑今文之艰涩，反不若古文之平易。于《春秋》，则疑圣心之正大，决不类传注之穿凿。于《礼》，则病王安石废罢《仪礼》而传记独存。于《乐》，则悯后世律尺既亡，而清浊无据。是数经者，亦尝讨论本末，虽未能著为成书，然其大旨固已独得之矣。若历代史记，则又考论西周以来至于五代，取司马公编年之书，绳

---

① 斩斩：整齐、严肃。
② 探赜索隐：探索玄妙道理。赜，深奥，玄妙。出自《周易·系辞上》："探赜索隐。"

以《春秋》纪事之法，纲举而不繁，目张而不紊。国家之理乱、君臣之得失，如指诸掌。周、程、张、邵之书，所以继孔孟道统之传，历时未久，微言大义，郁而不彰，先生为之裒集发明，而后得以盛行于世。《太极》《先天》二图，精微广博，不可涯涘，为之解剥条画，而后天地本原、圣贤蕴奥不至于泯没。程、张门人，祖述其学，所得有深浅、所见有疏密，先生既为之区别，以悉取其所长。至或识见小偏，流于异端者，亦必研穷剖析，而不没其所短。南轩张公、东莱吕公同出其时，先生以其志同道合，乐与之友。至或识见少异，亦必讲磨辨难，以一其归。至若求道而过者，病传注诵习之烦，以为不立文字，可以识心见性，不假修为，可以造道入德，守虚灵之识而昧天理之真，借儒者之言以文老佛之说。学者利其简便，诋訾圣贤，捐弃经典，猖狂叫呶①，侧僻固陋，自以为悟。立论愈下者，则又崇奖汉、唐，比附三代，以便其计功谋利之私。二说并立，高者陷于空无，下者溺于卑陋，其害岂浅浅哉！先生力排之，俾不至乱吾道以惑天下，于是学者靡然向之。先生教人以《大学》《语》《孟》《中庸》为入道之序，而后及诸经。以为不先乎《大学》，则无以提纲挈领，而尽《语》《孟》之精微。不参之以《论》《孟》，则无以融会贯通而极《中庸》之旨趣。然不会其极于《中庸》，则又何以建立大本、经论大经，而读天下之书、论天下之事哉？其于读书也，又必使之辨其音释，正其章句，玩其辞，求其义，研精覃思以究其所难知，平心易气以听其所自得。然为己务实，辨别义利，毋自欺、谨其独之戒，未尝不三致意焉，盖亦欲学者穷理反身而持之以敬也。从游之士，迭诵所习，以质其疑。意有未谕，则委曲告之而未尝倦，问有未切，则反复戒之而未尝隐。务学笃则喜见于言，进道难则忧形于色。讲论经典，商略古今，率至夜半。虽疾病支离，至诸生问辨，则脱然沉疴之去体。一日不讲学，则惕然常以为忧。抠衣而来，远自川蜀，文词之传，流及海外。至于夷貊亦知慕其道，窃问其起居。穷乡晚出，家蓄其书、私淑诸人者不可胜数。先生既没，学者传其书、信其道者益众，

---

① 呶（náo）：喧哗。《诗经·小雅·宾之初筵》："宾既醉止，载号载呶。"

亦足以见义理之感于人者深也。继往圣将微之绪，启前贤未发之机，辨诸儒之得失，辟异端之讹谬，明天理、正人心，事业之大，又孰有加于此者？至若天文、地志、律历、兵机，亦皆洞究渊微。文词字画，骚人才士，疲精竭神，常病其难，至先生未尝用意而亦皆动中规绳，可为世法。是非资禀之异、学行之笃，安能事事物物各当其理、各造其极哉！学修而道立，德成而行尊，见之事业者又如此。秦汉以来，迂儒曲学，既皆不足以望其藩墙，而近代诸儒有志乎孔孟周程之学者，亦岂能以造其阃域哉①？呜呼！是殆天所以相斯文，笃生哲人，以大斯道之传也。

(选自《朱子全书》第27册，第559—564页)

圣贤道统传授总叙说

　　有太极而阴阳分，有阴阳而五行具，太极、二、五妙合而人物生。赋于人者秀而灵，精气凝而为形，魂魄交而为神，五常具而为性，感于物而为情，措诸用而为事。物之生也，虽偏且塞，而亦莫非太极、二、五之所为。此道之原之出于天者然也。圣人者，又得其秀之秀而最灵者焉，于是继天立极，而得道统之传，故能参天地，赞化育，而统理人伦，使人各遂其生，各全其性者，其所以发明道统以示天下后世者，皆可考也。尧之命舜则曰："允执厥中②。"中者，无所偏倚，无过不及之名也，存诸心而无偏倚，措之事而无过不及，则合乎太极矣，此尧之得于天者，舜之得统于尧也。舜之命禹则曰："人心惟危，道心惟微，惟精惟一，允执厥中。"舜因尧之命，而推其所以执中之由，以为人心形气之私也，道心性命之正也，精以察之，一以守之，则道心为主，而人心听命焉，则存之心，措之事，信能执其中。曰精曰一，此

---

① 阃：门槛。《史记·冯唐列传》："阃以内者，寡人制之。"
② 允执厥中：符合不偏不倚的中。厥，那。

又舜之得统于尧，禹之得统于舜者也。其在成汤则曰："以义制事，以礼制心。"此又因尧之中、舜之精一，而推其制之之法。制心以礼，制事以义，则道心常存，而中可执矣。曰礼曰义，此又汤之得统于禹者也。其在文王，则曰："不显亦临，无射亦保。"此汤之以礼制心也。"不闻亦式，不谏亦入。"此汤之以义制事也。此文王之得统于汤者也。其在武王，受丹书之戒，则曰："敬胜怠者吉，义胜欲者从。"周公系《易》爻之辞曰："敬以直内，义以方外。"著敬者，文王之所以制心也，曰义者，文王之所以制事也，此武王、周公之得统于文王者也。至于夫子则曰："博学于文，约之以礼。"又曰："文行忠信。"又曰："克己复礼。"其著之《大学》，曰格物致知，诚意正心，修身齐家，治国平天下，亦无非数圣人制心制事之意焉，此又孔子得统于周公者也。颜子得于博文约礼、克己复礼之言，曾子得之《大学》之义，故其亲受道统之传者如此。至于子思，则先之以戒惧谨独，次之以知仁勇，而终之以诚。至于孟子，则先之以求放心，而次之以集义，终之以扩充，此又孟子得统于子思者然也。及至周子，则以诚为本，以欲为戒，此又周子继孔、孟不传之绪者也。至二程子则曰："涵养须用敬，进学则在致知。"又曰："非明则动无所之，非动则明无所用。"而为《四箴》，以著克己之义焉，此二程得统于周子者也。先师文公之学，见之四书，而其要则尤以《大学》为入道之序。盖持敬也，诚意正心修身而见于齐家治国平天下，外有以极其规模之大，而内有以尽其节目之详，此又先师之得其统于二程者也。圣贤相传，垂世立教，灿然明白，若天之垂象昭昭然；而隐也，虽其详略之不同，愈讲而愈明也。学者之所当遵承而固守也，违乎是则差也，故尝撮其要旨而明之。居敬以立其本，穷理以致其知，克己以灭其私，存诚以致其实，以是四者而存诸心，则千圣万贤所以传道而教人者，不越乎此矣。

（选自黄宗羲原著、全祖望补修《宋元学案·勉斋学案》，中华书局，1986年，第2022—2023页）

黄榦家训

人莫先于孝友。父母罔极之恩，兄弟天显之亲，为人伦之至重。故惟能善事亲，知敬兄者，方可为人子、为人弟。学莫先于读书。人性本善，知识不明，故流而为恶。圣贤经训所以使其人以趋善。况儒衣儒冠自当穷经博古，为君子之真儒。人身至贵，少有纵欲则流而为贱。戒谨恐惧，庶几寡过。事以勤而得，怠而失。人有一身，则仰事俯育自有当为之事。鸡鸣而起，恐常不及，岂宜惰其四肢，无所用其身力。俭而足以，奢而匮。人之一身，不过恶衣恶食，以免饥寒。不见可欲，此心不乱。岂宜纵耳目之好，以事无益。今百余年，更历三世，守此五事，常如一日。继今子孙所宜永监，书之家庙以示不忘。

（选自中共福建省委文明办等编译《福建家训》，海峡文艺出版社，2015年，第80页）

（黄丽云编撰）

陈 淳

【题解】

陈淳（1159—1223年），字安卿，号北溪，学者称北溪先生，福建龙溪（今漳州市）人。陈淳是朱熹的高弟门人。在对理学的传承和发明上，学界公认陈淳乃是朱子闽学南传第一人，也是捍卫师门最有力者。在朱熹的门人中，陈淳为最晚出者之一。陈淳两次师事朱熹。一是在光宗绍熙元年至二年（1190—1191年）朱熹任漳州知府期间。"（陈淳）少习举子业，林宗臣见而奇之，且曰'此非圣贤事业也'。因授以《近思录》（朱熹编）。淳退而读之，遂尽弃其业焉。及朱熹来守其乡，淳请受教。熹曰：'凡阅义理，必穷其原，如为人父何故止于慈，为人子何故止于孝。其他可类推也。'淳闻而为学益力，日求其所未至。熹数语人以'南来，吾道喜得陈淳'。门人有疑问不合者，则称淳善问。"（《陈淳传》，《宋史》卷四三）尤其可贵的是，他第一个将朱子理学所涉及的概念、范畴，做了全面细致的厘清和辨析，这既是哲学发展的一种理论自觉，也是对朱子理学的重大推进。陈淳著有《北溪字义》和《北溪大全集》50卷。陈淳的教育思想强调求道和坚持天理，以心为教育对象，以道心为教育目标，以儒家"仁义礼智信"五常为教育内容，注重个人品德的修养、学习与求道实践相统一。他主张以四书为学习基础，强调读书次序，而后再读天下之书、论天下之事，便皆能冰融冻释，轻重长短截然一定。

《北溪字义·命》主要讨论了"命"的概念，指出"命"有两种含义：一是以理而言，二是以气而言。理是气的主宰，因此大化流行，生生不息。天命是宇宙运行赋予万物的，而人的命运则是由禀气决定的。人的命运受禀气的厚薄影响，而人的品质则取决于禀气的清浊。陈淳认为，人的命运是由禀气决定的，而禀气的清浊、厚薄则是由宇宙的运行决定的。从教育的角度而言，陈淳认为人受到命、受到道影响，接受教育就是要接受天道，这可以视为陈淳教育观的重要来源之一。

《北溪字义·心》主要讨论了心的重要性和作用。心是人的主宰，人的行为和思想都受到心的支配。心是理和气的结合，理与气合，方成个心。心具有虚灵知觉，是身之主宰。知觉从理上发来，便是仁义礼智信之心，便是道心；知觉从形气上发来，便是人心，便易与理相违。心是活物，不是帖静死定在这里，常爱动。心之动，是乘气动。心之活处，是因气成便会活，其灵处，是因理与气合便会灵。心之量极大，万理无所不包，万事无所不统。古人每言学，必欲其博。孔子所谓学不厌者，皆所以极尽乎此心无穷之量也。孟子所谓尽心者，须是尽得个极大无穷之量，无一理一物之或遗，方是真能尽得心。从教育的角度而言，陈淳将教育的重点放在了道心的养成上，具体而言，养成道心就是培养仁义礼智信之心。

《北溪字义·诚》主要探讨了"诚"字的含义及其在不同语境下的应用和理解。首先，作者指出"诚"与"忠信"虽相近但有区别，其中"诚"是基于自然之理的描述，而"忠信"则侧重于人的努力和实践。接着，作者提到"诚"字在后世的解释有所偏差，伊川和晦翁对"诚"的定义进行了补充，强调了"诚"的"真实无妄"特征，并指出"至诚"是圣人的德性，非一般人轻易可达。文章进一步阐述了"诚"字在天道和人道中的应用，认为天道的运行和自然界的规律都是"诚"的体现，而人道中的"诚"则是指人的内心和行为的诚实无欺。作者还提到，即使在极恶之人中，也有良心的自然流露，显示了"诚"的普遍性。最后，文章区分了"诚"与"信"的不同，指出"诚"是自然的、理性的、天道的，而"信"则是努力的、心理的、人道的。

从教育角度而言，陈淳认为天道的运行和自然界的规律都是"诚"的体现，而教育是要接受天道，那么"诚"是一种重要的教育方法论。

《北溪字义·仁义礼智信》主要是对儒家思想中"仁义礼智信"五常的深入解析和讨论。五常被视为人的五种基本德行，它们不仅代表了人的内在品质，也反映了人与自然、人与社会之间的和谐关系。文中首先指出五常对应五行之德，分别解释了仁、义、礼、智在五行中的象征意义，并强调了信作为五常之一的重要性。虽然它在人性中没有确定的位置，但它是其余四者得以落实的基石。接着，文章详细阐述了五常在人性中的体现和作用，强调仁作为心之全德，能够兼统四者，而其他四者亦与仁紧密相连，共同构成人的完整德行。文中还通过类比自然现象（如春夏秋冬四季）来解读五常，进一步说明了它们之间的内在联系和循环往复的特性。作者指出，五常不仅是个人修养的核心，也是社会治理的基石，强调通过培养和实践五常，可以实现个人与社会的和谐与繁荣。最后，文章通过对历史上儒家学者关于五常的不同理解和阐述的批判性讨论，指出了正确理解和实践五常的重要性。作者认为，正确理解五常的内涵，并在日常生活中实践它们，是实现个人成长和社会进步的关键。整体而言，这篇内容是对儒家五常思想的一次全面而深入的解读和探讨。从教育角度而言，"仁义礼智信"是教育的主要内容。陈淳对仁义礼智信的探讨，也是其教育思想的一个方面。

《严陵讲义·读书次第》认为读书应遵循一定的次第。首先应读《大学》，它是古之大人所为学之法，分为格物、致知、诚意、正心、修身、齐家、治国、平天下八条，是群经之纲领。其次应读《论语》，学习圣师言行之要。再次应读《孟子》，体验王道仁义之谈。最后读《中庸》，学习圣门传授心法。四书应融会贯通，理义昭明，胸襟洒落，然后进诸经，再而读天下之书，论天下之事。从教育角度而言，《严陵讲义·读书次第》论述了治学的路径，这也是教育的路径。

《答留粹中承奉求教之韵》这首诗传达了学习、修身与求道的重要性。诗人以玉质须精磨为喻，强调学问与品德须不断打磨、切磋才能日臻完善。他提出，只要坚持天理，不被私情所扰，就能克服种种困难。诗中"明善诚身"与"博文约礼"是修身的关键，前者强调内心的善良与真诚，后者则要求广泛学习并恪守礼节。最后，陈淳强调，要始终敬守道义，不断夯实基础，这是达到更高境界的必要条件。从教育角度而言，《答留粹中承奉求教之韵》论述了教育中的修身、学习与求道的重要性——明善诚身为要诀，博文约礼是深功，敬道尤须彻始终。

北溪字义·命

命，犹令也，如尊命、台命之类①。天无言做，如何命？只是大化流行②，气到这物便生这物，气到那物又生那物，便是分付命令他一般。命一字有二义：有以理言者，有以气言者，其实理不外乎气。盖二气流行，万古生生不息，不成只是空个气？必有主宰之者，曰理是也。理在其中为之枢纽，故大化流行，生生未尝止息。所谓以理言者，非有离乎气，只是就气上指出个理，不杂乎气而为言耳。如"天命之谓性""五十知天命""穷理尽性至于命"，此等命字，皆是专指理而言。天命，即天道之流行而赋予于物者。就元亨利贞之理而言，则谓之天道；即此道之流行而赋予于物者而言，则谓之天命。如就气说，却亦有两般：一般说贫富贵贱、夭寿祸福，如所谓"死生有命"与"莫非命也"之命，是乃就受气之短长厚薄不齐上论，是命分之命。又一般如孟子所谓"仁之于父子，义之于君臣，命也"之命，是又就禀气之

---

① 台命：对对方嘱托的敬称。
② 大化流行：一个哲学概念，源自中国哲学，特别是天人合一的思想。这个概念强调人与自然的和谐统一，认为人是大自然发展的产物，自然界是人类存在的根本。在中国哲学中，大化流行指的是宇宙生命的大化流行，它囊括一切，穷无尽，没有超越自然之上的东西。

陈　淳

清浊不齐上论,是说人之智愚贤否。

人物之生,不出乎阴阳之气。本只是一气,分来有阴阳,阴阳又分来为五行。二与五只管分合运行,便有参差不齐,有清有浊,有厚有薄。且以人物合论,同是一气,但人得气之正,物得气之偏,人得气之通,物得气之塞。且如人形骸,却与天地相应,头圆居上,象天,足方居下,象地。北极为天中央,却在北,故人百合穴在顶心,却向后。日月来往只在天之南,故人之两眼皆在前。海,咸水所归,在南之下,故人之小便亦在前下,此所以为得气之正。如物,则禽兽头横,植物头向下,枝叶却在上,此皆得气之偏处。人气通明,物气壅塞。人得五行之秀,故为万物之灵。物气塞而不通,如火烟郁在里许,所以理义皆不通。

若就人品类论,则上天所赋皆一般,而人随其所值,又各有清浊、厚薄之不齐。如圣人得气至清,所以合下便能生知,赋质至粹,所以合下便能安行。如尧、舜,既得其至清至粹,为聪明神圣,又得气之清高而禀厚,所以贵为天子,富有四海。至于享国皆百余岁①,是又得气之最长者。如夫子,亦得至清至粹,合下便生知安行,然天地大气到那时已衰微了,所以夫子禀得不高不厚,止栖栖为一旅人,而所得之气又不甚长,止仅得中寿七十余岁,不如尧、舜之高。自圣人而下,各有分数。颜子亦清明纯粹,亚于圣人,只缘得气不长,所以夭死。大抵得气之清者不隔蔽,那理义便呈露昭著。如银盏中满贮清水,自透见盏底银花子甚分明,若未尝有水然。贤人得清气多而浊气少,清中微有些查滓在,未便能昏蔽得他,所以聪明也易开发。自大贤而下,或清浊相半,或清底少浊底多,昏蔽得厚了。如盏底银花子看不见,欲见得须十分加澄治之功。若能力学,也解变化气质,转昏为明。有一般人,禀气清明,于义理上尽看得出,而行之不笃,不能承载得道理,多杂诡谲去,是又赋质不粹。此如井泉甚清,贮在银盏里面,亦透底清彻。但泉脉从淤土恶木根中穿过来,味不纯甘,以之煮白米则成赤饭,煎白水则成赤汤,烹茶

---

① 享国:享有其国,指帝王在位年数。

则酸涩，是有恶味夹杂了。又有一般人，生下来于世味一切简淡，所为甚纯正，但与说到道理处，全发不来，是又赋质纯粹而禀气不清。比如井泉脉味纯甘绝佳，而有泥土浑浊了，终不透莹。如温公恭俭力行，笃信好古，是甚次第正大资质，只缘少那至清之气，识见不高明。二程屡将理义发他，一向偏执固滞，更发不上，甚为二程所不满。又有一般人，甚好说道理，只是执拗，自立一家意见，是禀气清中被一条戾气冲拗了。如泉脉出来甚清，却被一条别水横冲破了，及或遭巉岩石头横截冲激，不帖顺去，反成险恶之流。看来人生气禀是有多少般样，或相倍蓰，或相什百，或相千万，不可以一律齐。毕竟清明纯粹恰好底极为难得，所以圣贤少而愚不肖者多。

问：天之所命则一，而人受去何故如彼之不齐？曰：譬之天油然作云，沛然下雨，其雨则一，而江河受去，其流滔滔，不增不减；溪涧受去，则洪澜暴涨；沟浍受去，则朝盈暮涸。至放沼沚坎窞、盆瓮罂缶、螺杯蚬壳之属受去，或有斗斛之水，或只涓滴之水，或清甘，或污浊，或臭秽。随他所受，多少般样不齐，岂行雨者固为是区别哉？又譬之治一片地而播之菜子，其为播种一也，而有满园中森森成行伍出者，有掷之蹊旁而践踏不出者，有未出为鸟雀啄者，有方芽为鸡鹅啮者，有稍长而芟去者，有既秀而连根拔者，有长留在园而旋取叶者，有日供常人而羹食者，有为菹于礼豆而荐神明者，有为齑于金盘而献上宾者，有丐子烹诸瓦盆而食者；有脆嫩而摘者，有壮茂而割者，有结实成子而研为齑汁用者，有藏为种子，到明年复生生不穷者。其参差如彼之不齐，岂播种者所能容心哉？故天之所命则一，而人受去自是不齐。亦自然之理，何疑焉！

（选自陈淳撰，熊国祯、高流水点校《北溪字义》，中华书局，2009年，第1—6页）

北溪字义·心

心者，一身之主宰也。人之四肢运动，手持足履，与夫饥思食，渴思饮，夏思葛，冬思裘，皆是此心为之主宰。如今心恙底人，只是此心为邪气所乘，内无主宰，所以日用间饮食动作皆失其常度，与平人异，理义都丧了，只空有个气，仅往来于脉息之间未绝耳。大抵人得天地之理为性，得天地之气为体，理与气合方成个心，有个虚灵知觉，便是身之所以为主宰处。然这虚灵知觉，有从理而发者，有从心而发者，又各不同也。

心只似个器一般，里面贮底物便是性。康节谓"性者心之郛郭"①，说虽粗而意极切。盖郛郭者，心也。郛郭中许多人烟，便是心中所具之理相似，所具之理便是性。即这所具底便是心之本体。理具于心，便有许多妙用。知觉从理上发来，便是仁义礼智之心，便是道心。若知觉从形气上发来，便是人心，便易与理相违。人只有一个心，非有两个知觉，只是所以为知觉者不同。且如饥而思食，渴而思饮，此是人心。至于食所当食，饮所当饮，便是道心。如有人饥饿濒死，而蹴尔、嗟来等食皆不肯受，这心从何处发来？然其嗟也可去，其谢也可食。此等处理义又隐微难晓，须是识见十分明彻，方辨别得。

心有体有用。具众理者其体，应万事者其用。寂然不动者其体，感而遂通者其用。体即所谓性，以其静者言也；用即所谓情，以其动者言也。圣贤存养工夫至到，方其静而未发也，全体卓然，如鉴之空、如衡之平，常定在这里。及其动而应物也，大用流行，妍媸高下②，各因物之自尔，而未尝有丝毫铢两之差，而所谓鉴空衡平之体亦常自若，而未尝与之俱往也。

---

① 郛郭：外城，比喻屏障。
② 妍媸：表示美和丑。

性只是理，全是善而无恶。心含理与气，理固全是善，气便含两头在，未便全是善底物，才动便易从不善上去。心是个活物，不是帖静死定在这里，常爱动。心之动，是乘气动。故文公《感兴诗》曰："人心妙不测，出入乘气机。"正谓此也。心之活处，是因气成便会活。其灵处，是因理与气合便会灵。所谓妙者，非是言至好，是言其不可测。忽然出，忽然入，无有定时；忽在此，忽在彼，亦无定处，操之便存在此，舍之便亡失了。故孔子曰："操则存，舍则亡，出入无时，莫知其乡者，惟心之谓与？"存便是入，亡便是出。然出非是本体走出外去，只是邪念感物逐他去，而本然之正体遂不见了。入非是自外面已放底牵入来，只一念提撕警觉便在此。人须是有操存涵养之功，然后本体常卓然在中为之主宰，而无亡失之患。所贵于问学者，为此也。故孟子曰："学问之道无他，求其放心而已矣。"此意极为人亲切。

心虽不过方寸大，然万化皆从此出，正是源头处。故子思以未发之中为天下之大本，已发之和为天下之达道。

仁者，心之生道也。敬者，心之所以生也。

此心之量极大，万理无所不包，万事无所不统。古人每言学，必欲其博。孔子所以学不厌者，皆所以极尽乎此心无穷之量也。孟子所谓尽心者，须是尽得个极大无穷之量，无一理一物之或遗，方是真能尽得心。然孟子于诸侯之礼未之学，周室班爵禄之制未尝闻，毕竟是于此心无穷之量终有所欠缺未尽处。

心至灵至妙，可以为尧舜，参天地，格鬼神。虽万里之远，一念便到。虽千古人情事变之秘，一照便知。虽金石至坚，可贯。虽物类至微至幽，可通。

佛家论性，只似儒家论心。他只把这人心那个虚灵知觉底唤作性了。

伊川曰："心一也，有指体而言者，寂然不动是也；有指用而言者，感而遂通是也。"此语亦说得圆。横渠曰："心统性情。"尤为语约而意备，自孟子后未有如此说亲切者。文公曰："性者，心之理。情者，心之用。心者，情性之主。"说得又条畅明白。

横渠曰："合虚与气，有性之名。合性与知觉，有心之名。"虚是以理言，理与气合，遂生人物。人物受得去成这性，于是乎方有性之名。性从理来，不离气。知觉从气来，不离理。合性与知觉，遂成这心，于是乎方有心之名。

程子曰："上天之载，无声无臭，其体则谓之易，其理则谓之道，其用则谓之神。"此处是言天之心性情，所谓易便是心，道便是性，神便是情。所谓体者，非体用之体，乃其形状模样恁地，易是阴阳变化，合理与气说。

（选自《北溪字义》，第11—14页）

北溪字义·诚

诚字与忠信字极相近，须有分别。诚是就自然之理上形容出一字，忠信是就人用工夫上说。

诚字后世都说差了，到伊川方云"无妄之谓诚"，字义始明。至晦翁又增两字，曰"真实无妄之谓诚"，道理尤见分晓。后世说"至诚"两字，动不动加诸人，只成个谦恭谨愿底意思。不知诚者真实无妄之谓，至诚乃是真实极至而无一毫之不尽，惟圣人乃可当之，如何可容易以加诸人？

诚字本就天道论，"维天之命，於穆不已"，只是一个诚。天道流行，自古及今，无一毫之妄。暑往则寒来，日往则月来，春生了便夏长，秋杀了便冬藏，元亨利贞，终始循环，万古常如此，皆是真实道理为之主宰。如天行一日一夜，一周而又过一度，与日月星辰之运行躔度，万古不差，皆是真实道理如此。又就果木观之，甜者万古甜，苦者万古苦，青者万古常青，白者万古常白，红者万古常红，紫者万古常紫，圆者万古常圆，缺者万古常缺，一花一叶，文缕相等对，万古常然，无一毫差错，便待人力十分安排撰造来，终不相似，都是真实道理，自然而然。此《中庸》所以谓"其为物不贰，则其生物不测",而五峰亦曰"诚者,命之道乎",皆形容得亲切。

就人论,则只是这实理流行付予于人,自然发见出来底,未说到做工夫处。且诚之一字,不成受生之初便具这理,到赋形之后未死之前,这道理便无了？在吾身日用常常流行发见,但人不之察耳。如孩提之童,无不知爱亲敬兄,都是这实理发见出来,乃良知良能,不待安排。又如乍见孺子将入井,便有怵惕之心。至行道乞人饥饿濒死,而蹴尔嗟来等食乃不屑就,此皆是降衷秉彝真实道理,自然发见出来。虽极恶之人,物欲昏蔽之甚,及其稍息,则良心之实自然发见,终有不可殄灭者。此皆天理自然流行真实处。虽曰见于在人,而亦天之道也。及就人做工夫处论,则只是愨实不欺伪之谓。是乃人事之当然,便是人之道也。故存心全体愨实,固诚也；若一言之实,亦诚也；一行之实,亦诚也。

如"君子诚之为贵","诚之者,人之道",此等就做工夫上论,盖未能真实无妄,便须做工夫,要得真实无妄。孟子又谓"思诚者,人之道",正是得子思此理传授处。古人立意,有就天命言者,有就人做工夫言者。至于"至诚"二字,乃圣人德性地位,万理皆极其真实,绝无一毫虚伪,乃可以当之。

诚在人言,则圣人之诚,天之道也；贤人之诚,人之道也。

诚有以理言者,若"诚者,物之终始"是也。有以心言者,若"不诚无物"是也。

如君臣、父子、夫妇、兄弟、朋友等类,若不是实理如此,则便有时废了。惟是实理如此,所以万古常然。虽更乱离变故,终有不可得而殄灭者。

诚与信相对论,则诚是自然,信是用力；诚是理,信是心；诚是天道,信是人道；诚是以命言,信是以性言；诚是以道言,信是以德言。

（选自《北溪字义》,第 32—34 页）

陈　淳

北溪字义·仁义礼智信

五者谓之五常，亦谓之五性。就造化上推原来，只是五行之德。仁在五行为木之神，在人性为仁；义在五行为金之神，在人性为义；礼在五行为火之神，在人性为礼；智在五行为水之神，在人性为智。人性中只有仁义礼智四位，却无信位。如五行木位东，金位西，火位南，水位北，而土无定位，只寄旺于四位之中。木属春，火属夏，金属秋，水属冬，而土无专气，只分旺于四季之间。四行无土便都无所该载，犹仁义礼智无信，便都不实了。只仁义礼智之实理便是信。信却易晓。仁义礼智须逐件看得分明，又要合聚看得脉络都不乱。

且分别看，仁是爱之理，义是宜之理，礼是敬之理，智是知之理。爱发见于外乃仁之用，而爱之理则在内。事物各得其宜乃义之用，而宜之理则在内。恭敬可见处乃礼之用，而敬之理则在内。知个是、知个非是智之用，而知之理则在内。就四者平看，则是四个相对底道理。专就仁看，则仁又较大，能兼统四者，故仁者乃心之德。如礼义智亦是心之德，而不可以心之德言者，如人一家有兄弟四个，长兄当门户，称其家者只举长兄位号为言，则下三弟皆其家子弟，已包在内矣。若自曰三弟者之家，则拈掇不起，道理只如此。然仁所以长众善，而专一心之全德者，何故？盖人心所具之天理全体都是仁，这道理常恁地活，常生生不息。举其全体而言则谓之仁，而义礼智皆包在其中。自为仁而言，才有一毫人欲之私插其间，这天理便隔绝死了，便不得谓之仁。须是工夫至到，此心纯是天理之公，而绝无一毫人欲之私以间之，则全体便周流不息，无间断，无欠阙，方始是仁。所以仁无些少底仁。

仁义起发是恻隐羞恶，及到那人物上，方见得爱与宜，故曰"爱之理，宜之理"。仁道甚广大精微，何以用处只为爱物，而发见之端为恻隐？曰：仁是此心生理全体，常生生不息。故其端绪方从心中萌动发出来，自是恻然有隐，由恻隐而充及到那物上，遂成爱。故仁乃是爱之根，而恻隐则根之萌芽，而爱又萌芽之长茂已成者也。观此，则仁者爱之理，爱者仁之用，自可见得脉络相关处矣。

义就心上论，则是心裁制决断处，宜字乃裁断后字。裁断当理，然后得宜。凡事到面前，便须有剖判，是可是否。文公谓："义之在心，如利刃然，物来触之，便成两片。"若可否都不能剖判，便是此心顽钝无义了。且如有一人来邀我同出去，便须能剖判当出不当出。若要出又要不出，于中迟疑不能决断，更何义之有？此等处，须是自看得破。如韩文公以行而宜之之谓义，则是就外面说，成"义外"去了。

礼者，心之敬，而天理之节文也。心中有个敬，油然自生便是礼，见于应接便自然有个节文。节则无太过，文则无不及。如做事太质，无文彩，是失之不及；末节繁文太盛，是流于太过。天理之节文乃其恰好处，恰好处便是理。合当如此，更无太过，更无不及，当然而然，便即是中。故濂溪《太极图说》"仁义中正"，以中字代礼字，尤见亲切。

文公曰①："礼者，天理之节文，而人事之仪则。"以两句对言之，何也？盖天理只是人事中之理，而具于心者也。天理在中而著见于事，人事在外而根于中，天理其体而人事其用也。"仪"谓容仪而形见于外者，有粲然可象底意，与"文"字相应。"则"谓法则、准则，是个骨子，所以存于中者，乃确然不易之意，与"节"字相应。文而后仪，节而后则，必有天理之节文，而后有人事之仪则。言须尽此二者，意乃圆备。

智是心中一个知觉处，知得是是非非恁地确定是智。孟子谓"知斯二者弗去"是也。知是知识，弗去便是确定不易之意。

问：智是知得确定，在五行何以属水？曰：水清明可鉴似智，又是造化之根本。凡天地间万物，得水方生。只看地下泉脉滋润，何物不资之以生？

---

① 文公：朱熹。

陈　淳

亦犹万事非智不可便知，知得确定方能成。此水于万物所以成终而成始，而智亦万事之所以成终而成始者也。

信在性只是四者都实底道理，及发出来便为忠信之信。由内面有此信，故发出来方有忠信之信。忠信只是一物而判作二者，便是信之端绪，是统外面应接事物发原处说。

四者端绪，日用间常常发见，只是人看理不明，故茫然不知得。且如一事到面前，便自有个是，有个非，须是知得此便是智。若是也不知，非也不知，便是心中顽愚无知觉了。既知得是非已明，便须判断，只当如此做，不当如彼做，有可否从违，便是义。若要做此，又不能割舍得彼，只管半间半界，便是心中顽钝而无义。既断定了只如此做，便看此事如何是太过，如何是不及，做得正中恰好，有个节文，无过无不及，此便是礼。做事既得中，更无些子私意夹杂其间，便都纯是天理流行，此便是仁。事做成了，从头至尾皆此心真实所为，便是信。此是从下说上去。若从上说下来，且如与个宾客相接，初才闻之，便自有个恳恻之心，怛然动于中，是仁。此心既怛然动于中，便肃然起敬去接他，是礼。既接见毕，便须商量合作如何待，或吃茶，或饮酒，轻重厚薄，处之得宜，是义。或轻或重，或厚或薄，明白一定，是智。从首至末皆真实，是信。此道理循环无端，若见得熟，则大用小用皆宜，横说竖说皆通。

仁者，心之全德，兼统四者。义、礼、智，无仁不得。盖仁是心中个生理，常流行生生不息，彻始终无间断。苟无这生理，则心便死了，其待人接宾，恭敬何自而发？必无所谓礼。处事之际，必不解裁断，而无所谓义。其于是非，亦必顽然无所知觉，而无所谓智。既无是四者，又乌有所谓实理哉？

人性之有仁义礼智，只是天地元亨利贞之理。仁在天为元，于时为春。乃生物之始，万物于此方萌芽发露，如仁之生生，所以为众善之长也。礼在天为亨，于时为夏，万物到此时一齐盛长，众美所会聚，如经礼三百，曲礼三千，粲然文物之盛，亦众美所会聚也。义在天为利，于时为秋，盖万物到此时皆成遂，各得其所，如义断制万事，亦各得其宜。秋有肃杀气，义亦有严肃底意。智在天为贞，于时为冬。万物到此皆归根复命，收敛都定了，如智见得万事是非都一定，确然不可易，便是贞固道理。贞后又生元，元又生亨，亨又生利，利又生贞，只管如此去，循环无端。总而言之，又只是一个元。盖元是个生意，亨只是此生意之通，利只是此生意之遂，贞也只是此生意之藏。此元所以兼统四德。故曰："大哉乾元，万物资始，乃统天。"谓统乎天，则终始周流都是一个元。知仁兼统四者，义礼智都是仁。至其为四端，则所谓恻隐一端，亦贯通乎辞逊、羞恶、是非之端，而为之统焉。今只就四端不觉发动之初，真情恳切时，便自见得恻隐贯通处。故《程传》曰："四德之元，犹五常之仁，偏言则一事，专言则包四者。"可谓示人亲切，万古不易之论矣。

孔门教人，求仁为大。只专言仁，以仁含万善，能仁则万善在其中矣。至孟子乃兼仁义对言之，犹四时之阴阳也。

自孔门后，人都不识仁。汉人只把做恩惠说，是又太泥了爱。又就上起楼起阁，将仁看得全粗了，故韩子遂以博爱为仁。至程子始分别得明白，谓"仁是性，爱是情"。然自程子此言一出，门人又将爱全掉了，一向求高远去。不知仁是爱之性，爱是仁之情，爱虽不可以正名仁，而仁亦岂能离得爱？上蔡遂专以知觉言仁，又流入佛氏"作用是性"之说去。夫仁者固能知觉，谓知觉为仁则不可。若能转一步看，只知觉纯是理，便是仁也。龟山又以"万物与我为一"为仁体①。夫仁者固能与物为一，谓与物为一为仁则不可。此乃是仁之量。若能转一步看，只于与物为一之前，彻表里纯是天理，流行无间，

---

① 龟山：即杨时（1053—1135年），字中立，号龟山先生，是南宋时期著名的思想家、政治家、教育家，儒学大师程颢、程颐的真传弟子，被称为"闽学鼻祖"。

陈　淳

便是仁也。吕氏《克己铭》又欲克去有己①，须与物合为一体方为仁，认得仁都旷荡在外了，于我都无统摄。必己与物对时，方下得克己工夫。若平居独处，不与物对时，工夫便无可下手处。可谓疏阔之甚！据其实，己如何得与物合一？洞然八荒，如何得皆在我闶之内？此不过只是想像个仁中大抵气象如此耳，仁实何在焉！殊失向来孔门传授心法本旨。其他门人又浅，皆无有说得亲切者。

（选自《北溪字义》，第18—25页）

严陵讲义·读书次第

书所以载道，固不可以不读，而圣贤所以垂训者不一，又自有先后缓急之序，而不容以躐进。程子曰："《大学》，孔氏之遗书，而初学入德之门也。于今可见古人为学次第者，独赖此篇之存，而《论》《孟》次之。学者必由是而学焉，则庶乎其不差矣。"盖大学者，古之大人所以为学之法也，其大要惟曰"明明德"，曰"新民"，曰"止于至善"三者而已。于三者之中，又分而为格物、致知、诚意、正心、修身以至于齐家、治国、平天下者，凡八条。大抵规模广大而本末不遗，节目详明而始终不紊，实群经之纲领，而学者所当最先讲明者也。其次，则《论语》二十篇，皆圣师言行之要所萃，于是而学焉，则有以识操存涵养之实。又其次，则《孟子》七篇，皆谆谆乎王道仁义之谈，于是而学焉，则有以为体验充广之端。至于《中庸》一书，则圣门传授心法，程子以为其味无穷，善读者味此而有得焉，则终身用之有不能尽者矣。

---

① 吕氏：即吕大临（1040—1092年），宋京兆蓝田（今陕西蓝田）人，字与叔。吕大钧弟。初学于张载，后学于程颐，与谢良佐、游酢、杨时并称"程门四先生"。通六经，尤精于《礼》。以门荫入仕，后登进士第。哲宗元祐中为太学博士，迁秘书省正字。范祖禹荐为讲官，未及用而卒。有《玉溪集》《考古图》等。

然其为言，大概上达之意多，而下学之意少，非初学者所可骤语。又必《大学》《论》《孟》之既通，然后可以及乎此，而始有以的知其皆为实学，无所疑也。盖不先诸《大学》，则无以提挈纲领，而尽《论》《孟》之精微；不参诸《论》《孟》，则无以发挥蕴奥，而极《中庸》之归趣；若不会其极于《中庸》，则又何以建立天下之大本，而经纶天下之大经哉？是则欲求道者，诚不可不急于读四书。而读四书之法，毋过求，毋巧凿，毋旁搜，毋曲引，亦惟平心以玩其旨归，而切己以察其实用而已尔。果能于是四者融会贯通，而理义昭明，胸襟洒落，则在我有权衡尺度。由是而进诸经，与凡读天下之书，论天下之事，皆莫不冰融冻释，而轻重长短截然一定，自不复有锱铢分寸之或紊矣。呜呼！至是而后可与言内圣外王之道，而致开物成务之功用也欤！

（选自《北溪字义》，第78—79页）

答留粹中承奉求教之韵

玉质虽精更用砻①，切磋磨琢趣无穷。
但于天理昭如视，何患私情众互攻。
明善诚身为要诀，博文约礼是深功。
从今日用培基处，敬道尤须彻始终。

（选自陈淳《北溪大全集》卷三，四库全书本，第11b页）

（周志平编撰）

---

① 砻：去谷壳的工具，形似石磨，以竹木制成。这里指磨。

陈 淳

陈 宓

【题解】

陈宓（1171—1230年），南宋理学家、诗人、书法家，字师复，学者称复斋先生，莆田（今福建莆田）人。南宋名相陈俊卿第四子。少年时拜朱熹为师，后又跟随朱熹弟子黄榦学习。早先任泉州南安盐税，后主管南外、西外睦宗院，知安溪县。嘉定七年（1214年）入监进奏院，当时无人敢于慷慨直言，陈宓上封事批评朝政，言辞剀切。迁军器监簿，又进奏宋宁宗，提出"人主之德贵乎明，大臣之心贵乎公，台谏之言贵乎直"。出知南康军，增修白鹿洞书院，后转知南剑州，创建延平书院。知漳州，未行，闻宁宗崩，呜咽累日，不久即请致仕。宝庆二年（1226年），提点广东刑狱，三上章辞不就，主管崇禧观。宋理宗绍定三年（1230年）卒，年六十。追赠直龙图阁。陈宓天性刚毅，崇信儒道，自言居官必如颜真卿，居家必如陶潜，并深慕诸葛亮身死家无余财、库无余帛的高风亮节。著有《论语注义问答》《春秋三传钞》《读通鉴纲目》《唐史赘疣》之稿数十卷，后人纂辑其诗文为《复斋先生龙图陈公文集》二十三卷，《拾遗》一卷。陈宓尊信朱熹，晚年把朱熹当年至其家时寓居的馆舍命名为"仰止堂"，以表敬慕，并在此讲学，是朱子理学重要的传承人，黄宗羲、全祖望《宋元学案》将其列入"沧州诸儒"，李清馥《闽中理学渊源考》卷二十九有"龙图陈复斋先生宓学派"。陈宓重视教育的教化作用，认为教育是"有关于斯文之统纪、风化之本原者"（《申请延平书院敕额札》），教育能振兴孝悌的美德，让风俗变得美好："为善徼福未有若致力于庠序之为速者，庠序修则孝弟兴而风俗美，善与福孰大于是乎？"（《泉州南安县新学记》）因此，陈宓赞同朱熹关于学习内容的看法："圣贤之学者非有难知难能之事，孝弟忠信、礼义廉耻以修其身，而求师取友、诵诗读书以穷事物之理而已。"（《泉州南安县新学记》引朱熹语，见朱熹《漳州龙岩县学记》）陈宓特别重视个人少年时期的学习，认为这奠定了个人终身发展的基础："学基于少，而成于壮。自壮至老，皆行所得于少时者也。"（《仰止堂规约序》）陈宓推崇"学不厌、诲不倦"的精神："孔子所以为万世师者，学不厌、诲不倦而已。此二者其事若易而实难，其功若小而甚大，非至圣大贤不足与比。……若文公朱先生者，可谓之学不厌、诲不倦，非耶？"（《莆学朱文公祠记》）

《申请延平书院敕额札》。宋宁宗嘉定十五年（1222年），陈宓在知南剑州任上创办延平书院，此文为向朝廷申请赐予延平书院匾额而作。文中称宋宁宗时不称庙号而称"圣明"，可见此文当作于宁宗生前。宁宗去世于嘉定十七年（1224年）闰八月，因此此文当作于嘉定十五到十七年之间。文中将兴办书院视为"有关于斯文之统纪、风化之本原者"，即书院关系着文化传统、风俗教化两个方面。从文化传统的角度说，延平书院传承杨时、罗从彦、李侗、朱熹的理学传统；从风俗教化的角度说，延平书院发扬理学，以此培养人才、改善社会风气。因此，兴办延平书院具有尊道统、补风化两个方面的重要作用。文章着眼于历时性的道统传承和共时性的社会风化两个方面，全面论述了书院的重大社会意义。

《仰止堂规约序》。据文末自署，本文作于宋理宗宝庆三年（1227年）。陈宓思慕其师朱熹，在朱熹当年到自己家时所住的地方建立仰止堂，聚众讲学，根据朱熹的学说讲解、讨论四书。为规范仰止堂众人的行为，潘柄制定了《仰止堂规约》和《仰止书堂乡约》。陈宓为此写了《仰止堂规约序》，在文中提出重视少年时代的学习的教育思想："学基于少，而成于壮。自壮至老，皆行所得于少时者也。"认为个人是在少年时代奠定学问的基础,到壮年时完成,从壮年到老年,个人都在践行少年时代形成的思想。在此基础上,陈宓提出对学习内容的看法,即要以颜回为榜样,主要在博文约礼、克己复礼两方面下功夫。博文约礼侧重于知,即通过文化知识和礼仪规范的教育,了解身心应遵守的准则;克己复礼侧重于行,即通过克服私欲使言行符合礼仪,践行身心应遵守的准则。

《泉州南安县新学记》。此文为泉州南安县(今福建南安)重建县学而作。据文中所记,宝庆丁亥秋(1227年)泉州知州游九功捐资,并让南安县令毛淮拆除重建县学,九个月后竣工,则此文当作于宋理宗绍定元年(1228年)。文中首先从历史入手,揭示夏、商、周三代在兴盛时期对学校的高度重视,学校也因此发挥重要的教化功能,使得孝弟忠信、礼义廉耻等品德广泛传播,然后叙述南安县学重建的过程,最后引用朱熹语"孝弟忠信、礼义廉耻以修其身,而求师取友、诵诗读书以穷事物之理",勉励学生以此为学习的根本,并强调学校具有改变社会风气的重要教化功能,"庠序修则孝弟兴而风俗美"。

申请延平书院敕额札

窃谓事有关于斯文之统纪、风化之本原者,守臣之所当上闻也。惟道统之传,远自羲黄,迄于孔孟,秦汉以来不绝如浅。① 至皇朝之盛,治有濂溪周享颐、明道程颢、伊川程颐相继挺出②,而孔孟之统以续。二程传之杨时,杨时传之罗从彦,罗从彦传之李侗,李侗传之朱文公熹,而其学益盛。杨时自

---

① 羲黄:伏羲、黄帝。浅:当据《莆阳文献》卷十三作"线",形近而误。
② 治:当据《莆阳文献》卷十三作"始"。濂溪周享颐:享当作"敦",周敦颐(1017—1073年),字茂叔,宋道州营道(今湖南道县)人,著有《太极图说》《通书》等,宋代理学开创者,世称濂溪先生,赐谥元公。

崇观以来历事三朝①，居法从②，入谏省③，侍经筵④，嘉言善行，学者师之。朱熹蚤蒙孝宗简知，光宗屡加擢用，遭遇圣明初政⑤，尝以《大学》入侍，亲蒙顾问，俞音琅然⑥，至于发明正学，辨柝群议⑦，著为成书，其有功于斯文也尤备。曰从彦、曰侗则固穷守道，肥遁山林⑧，虽显晦殊迹，而道统赖以有传，其揆一也⑨。爰诹谱谍⑩，杨时、罗从彦实本郡将乐人，李侗剑浦人，⑪朱熹虽居邻郡⑫，亦生于本郡尤溪之寓舍。伏自汉唐以来几二千年而未有与道统之传者，今以斗大之州，不数十年之内，出而宗主斯文者有四。岂惟一邦之创见，实皇朝之盛美也。至今文献典刑犹有存者，士大夫过其境慨叹兴慕。而伺像弗立⑬，诚为阙典。况其山川秀杰，人物英毅，自陈忠肃公瓘而下名人辈出⑭。使有以风厉而作新之，必有相继而兴起者矣。某忝窃郡符，职在宣化，惟是到任以来，窘于荒政，今稍宁息，始得地于州城之南，创延平书院

---

① 崇观：宋徽宗年号崇宁（1102—1106年）、大观（1107—1110年）的合称。
② 法从：追随皇帝左右。
③ 入谏省：杨时曾担任右谏议大夫。
④ 侍经筵：杨时曾担任迩英殿说书、侍讲等经筵官。
⑤ 圣明：指宋宁宗。宋光宗绍熙五年（1194年）七月，太子赵扩在赵汝愚、韩侂胄等拥戴下继位，八月朱熹受诏入朝讲学，十月十四日，朱熹奉诏进讲《大学》。
⑥ 俞音：皇帝的诏令。
⑦ 柝：当据《莆阳文献》卷十三作"析"，形近而误。
⑧ 肥遁：退隐。
⑨ 揆：道理、原则。
⑩ 诹（zōu）：查询。
⑪ 将乐、剑浦：均属宋代南剑州。将乐，今福建将乐。按，有很多记载认为罗从彦是福建南平或沙县人。剑浦，今福建南平。
⑫ 邻郡：指建州，朱熹长期居住在建州崇安、建阳等地。
⑬ 伺：当据《莆阳文献》卷十三作"祠"。
⑭ 陈瓘（1057—1124年）：字莹中，号了翁，又号了斋，南剑州沙县（今福建沙县）人，北宋大臣，曾多次被贬，宋高宗绍兴中赐谥忠肃。

陈 宓

一所。授白鹿洞比①，建立礼殿，旁祀杨时师生遗像，以慰往来士君子之恩②。分立四斋以聚生员，薄储廪给以待读书修身、不屑课试之士③。某先以俸钱两月为之经始，继节浮费以落成之，少见尊崇道统之意，于圣朝风化或有小补。载惟白鹿、嵩阳、睢阳、岳麓所谓四书院者④，皆蒙祖宗崇尚褒表，分之官书，赐之扁榜。矧此师儒之乡，道统所系，又非四书院之比，而隐默不闻，某则有罪。谨昧死条陈，除已具录奏闻外，欲望朝廷特赐敷奏，乞敕赐延平书院四字为额，如或可行，乞下礼部谏议施行⑤。

（选自陈宓《复斋先生龙图陈公文集》卷六，续修四库全书第1319册，第327—328页）

仰止堂规约序

宓家有堂，乃文公朱先生淳熙间来访先公正献所寓之馆也⑥。揭"仰止"之名，以寓高山景行之敬，与友人潘谦之讲颂其间⑦。潘久游朱先生之门而有

---

① 白鹿洞：指白鹿洞书院，在今江西九江庐山。陈宓知南康军时曾增修白鹿洞书院。比：比照、参考。
② 恩：当据《莆阳文献》卷十三作"思"。
③ 廪（lǐn）给（jǐ）：科举时代公家给予在学生员的膳食津贴。
④ 白鹿、嵩阳、睢阳、岳麓：宋代四大书院。白鹿洞书院见前注。嵩阳书院：在今河南郑州登封。睢阳书院：又称应天书院、南京书院，在今河南商丘。岳麓书院：在今湖南长沙。
⑤ 谏议施行：谏，当据《莆阳文献》卷十三作"如"。如议施行，按照提议执行。
⑥ 淳熙：南宋孝宗赵昚的年号。先公正献：陈宓的父亲陈俊卿，南宋大臣，官至宰相，淳熙十三年（1186年）去世，谥号正献。淳熙十年（1183年），陈俊卿告老还乡，朱熹前往莆田拜访，陈俊卿请朱熹住在其旧第的东边，后来陈宓将此地命名"仰止堂"，取"高山景行"之义。朱熹在此讲学月余，陈俊卿之子陈寔、陈守、陈定、陈宓及孙陈厚、陈址等拜朱熹为师。
⑦ 潘谦之：即潘柄，字谦之，宋福州怀安（今属福州）人，学者称瓜山先生，潘植弟。兄弟二人皆朱熹弟子。

得者也。间有好修之士，旬一集，共讲四书，本公之说，而绅绎发明之①，如是者十余人。潘谓："人之为学，固不可以不博，尤不可以不约。颜子曰：'夫子博我以文，约我以礼。'博而不约可乎？"遂取圣贤格言为训②，又以《吕氏乡约》櫽括继其后③。凡存心养性之道，律己治人之方，条目具列，终身所行不出于此。某告之曰："学基于少，而成于壮。自壮至老，皆行所得于少时者也。孔门之徒所以独称颜氏子为好学者，盖颜子自其少时固已从事于博文约礼之间，致力于克己复礼之际。博文约礼所以求其约也，克己复礼所以践其约也，夫然后一旦深造于卓尔之域。诸友后生志锐，正当可畏之年④，苟泛泛然溺心于文字言语之末，而徒以博文猎涉为务，不知择其所谓明白简要者遵守而力行之，则将有童而习之，白首莫得其原之弊矣，况敢望颜氏子之卓哉？某过时而学者也，故深加惩创，共述此以谂诸同志云⑤。"宝庆丁亥季秋六日书⑥。

（选自《复斋先生龙图陈公文集》卷十，第356页）

泉州南安县新学记

三代盛时，自家至国莫不有学，自天子之元子与诸侯、大夫、士、庶人

---

① 绅（chōu）绎（yì）：即"抽绎"，理出头绪。
② 取圣贤格言为训：指采择先贤格言制定《仰止堂规约》，见《复斋先生龙图陈公文集》书末《拾遗》。
③ 以《吕氏乡约》櫽括继其后：指根据《吕氏乡约》制定《仰止书堂乡约》，见《复斋先生龙图陈公文集》书末《拾遗》。《吕氏乡约》，北宋陕西蓝田吕大钧与其兄吕大忠、吕大防制定，是我国第一部成文的乡约，朱熹据此作《增损吕氏乡约》。櫽括，根据原有文章、著作进行剪裁、改写。
④ 可畏之年：指年轻。《论语·子罕》："子曰：'后生可畏，焉知来者之不如今也？'"
⑤ 谂（shěn）：规谏、劝告。
⑥ 宝庆丁亥：宋理宗宝庆三年（1227年）。

陈宓

之子莫不入学①。当时弦诵之声相属于都鄙乡党②，孝弟忠信礼义廉耻家传而人习也。今国家崇尚儒术，俾郡县皆得立学，县顾可自菲薄而不加之意乎？泉负郭之邑二，曰晋江、南安。南安距城十五里，地大士众，学官往往自昔简陋。绍兴丙寅，宰刘孔修由邑东徙于黄龙溪之左③。乾道戊子，令朱端章加葺焉。规模狭隘，庭下不容旋折。宝庆丁亥秋，太守建安游侯九功割俸金四十万④，俾邑令三衢毛淮撤而新之⑤，令以诿主簿三山谢观国⑥。于是同僚、学职、生员至于乡党好修之士挥金献木，逊地买邻⑦，僦役于旁郡而民不知⑧。以昔之夫子殿褊迫库下，邑为讲堂，筑讲堂旧址崇四尽尺。殿之前戟其门以应法式⑨，西辟四斋以处生徒，东建重屋以庋经籍⑩，垣以坚石，外密内宽，视昔增倍，而雄固精致、高明爽垲⑪，有非官舍所可仿佛。郡邑壮之，以为百年所未有而成于一日。某因事过其下，惊所创见。盖二纪前尝为吏执经周旋其间⑫，病其太陋者也，今乌得不喜？而主簿与学之秀士群至，俾某记其事，辞谢不获，则告之曰："某闻之朱先生曰：'夫所谓圣贤之学者非有难知难能之事，孝弟忠信、礼义廉耻以修其身，而求师取友、诵诗读书以穷事物之理而已。'⑬诸君汲汲于学，凡以是为本，推其用有不可胜穷而禄在其中矣。

---

① 元子：嫡长子。天子之元子即太子。
② 都鄙：京师与边城。
③ 黄龙溪：又称黄龙江，泉州晋江的一部分，与金溪、笋江相连。
④ 建安：地名，在今福建建瓯一带。游侯九功：游九功（1163—1243 年），字勉之，又字禹成，号受斋，理宗宝庆元年（1225 年）知泉州。
⑤ 撤而新之：拆除然后新建。
⑥ 三山：福州的别称。
⑦ 逊地买邻：让出土地，在别的地方择邻而居。
⑧ 僦（jiù）役于旁郡：从别的州郡雇人劳动。僦，雇用。
⑨ 戟其门：在门前设戟。古代学宫有戟门，以示尊贵。
⑩ 庋（guǐ）：置放、收藏。
⑪ 高明爽垲（kǎi）：高大明亮，清爽干燥。
⑫ 二纪：二十四年，此处为约数。纪，十二年。周旋：行礼时进退揖让等动作。陈宓以父荫任监泉州南安盐税。
⑬ 引文见朱熹《漳州龙岩县学记》。

若夫耻文艺之不工、记诵之不博而芒芒焉以欺世盗名、趋利苟得为习①，舍灵龟而观颐朵②，视金夫而不有躬③，岂国家崇儒之本意，圣贤设教之本心哉？诸君其以朱子之言是师，不唯不负贤守令作成，抑又有以副父兄国人之所愿欲，顾不伟欤？"为费揔六千缗④，阅九月而竣事，器服称是。游侯盖游先生之族子⑤，有惠政，邦人德焉。分董是役者凡十人，惟志同而业专，故事速而功倍。曩时泉人不惮金帛，往往靡于释老神怪之祠，惟庠序之修必待于官，未闻有捐私帑者⑥，岂惑于为善徼福而然欤⑦？以今观之，为善徼福未有若致力于庠序之为速者，庠序修则孝弟兴而风俗美，善与福孰大于是乎？以见泉人好善之习日异而岁不同也。予既喜学官之成，又喜士俗之变，于是奋笔而书。於戏！三代之盛安之不由今而见于他日乎？

（选自《复斋先生龙图陈公文集》卷九，第342—343页）

（刘曙初编撰）

---

① 芒芒焉：忙忙碌碌的样子。
② 舍灵龟而观颐朵：舍弃自身的美质而羡慕别人的物质享受。颐朵，即朵颐。出自《周易·颐卦》："初九，舍尔灵龟，观我朵颐，凶。"
③ 视金夫而不有躬：看到羡慕的对象就忘记了自己。穷，当作"躬"，繁体形近而误。出自《周易·蒙卦》："六三，勿用取女，见金夫，不有躬，无攸利。"
④ 揔：同"总"，总计，共计。缗：一千文铜钱。
⑤ 游先生：即游酢。
⑥ 私帑（tǎng）：私有财物。帑：财物。
⑦ 徼（jiǎo）福：祈福、求福。

陈宓

真德秀

【题解】

真德秀（1178—1235年），字实夫，改字景元、希元，号西山，南宋建宁府浦城县（今福建浦城）人。庆元五年（1199年）进士，官至参知政事。师事其同乡、朱门弟子詹体仁，为朱熹再传弟子。学术上，被誉为"西山之望，直继晦翁"。庆元党禁后，为朱子学的复兴不遗余力。著有《四书集编》《大学衍义》《西山真文忠公文集》《文章正宗》等。

真德秀既是政治家、理学家，同时，也是一位著名的教育家。他有关教育方面的文论，在其所著《西山先生真文忠公文集》《四书集编》《大学衍义》等书中，篇章十分丰富，内容也极其广泛。其中，有其亲临各级官学讲学，并亲为解疑答难的篇章。如《代刘季文浦城县庠四德四端讲义》，是他于宝庆二年（1226年）在浦城县学讲学的讲稿。四德为仁、义、礼、智，四端为恻隐、羞恶、辞让、是非之端。四德为性之本体，四端为性之发用。其中有云，"人能体天地之心以为心，因其善端之发保养扶持，去其所以害之者"，如此，"则一念之恻隐可以泽百世，一念之羞恶可以正万民"。[①] 寥寥数句，内容已涉及朱子理学的本体论、道德论和善恶观，同时，也是真德秀教育理论的指导思想。在《西山先生真文忠公文集》中，还有两卷（卷三十、三十一）针对

---

① 〔宋〕真德秀：《西山先生真文忠公文集》卷三十二《代刘季文浦城县庠四德四端讲义》，明正德十五年张文麟、黄巩刻本，第1a—3a页。

朱熹《大学章句》《论语集注》《四书或问》《朱子语类》中疑难问题的解答。论题涵括"明德""全体大用""止于至善""格物致知""夫子所谓性与天道""子思所谓天命之性""孟子所谓仁义之心""程子所谓天然自有之中""张子所谓万物之一原""邵子所谓道之形体""太极中庸之义"等，共77个问题。均采用一问一答的形式，以朱子的理学思想，具体而微地回答了真氏弟子们提出的疑难问题。内容广泛，涉及朱子理学的本体论、认识论、理气论和教育理念。在《西山先生真文忠公文集》中还有许多记、文，其中有不少篇章体现了真德秀的理学思想和教书育人的理念。如，记有《铅山县修学记》《政和县修学记》《建宁府重修府学记》《湖州贡院记》《潭州重修大成殿记》《明道先生书堂记》《杨文庄公书堂记》《弘毅堂记》《共极堂记》《居思堂记》《孝友堂记》《敬思斋记》《潜斋记》《存斋记》《龙山书院记》《宜兴县先贤祠堂记》《永春大夫御史黄公祠记》《忠孝祠记》《萧正肃公祠堂记》《彭忠肃公祠忠记》《昌黎濂溪二先生祠记》《东莱大愚二先生生祠记》《建阳县学四君子祠记》《南雄州学四先生祠堂记》《重建王忠文公祠堂记》《建安县学田记》等；文有《泉州科举谕士文》《劝学文》《潭州谕俗文》《再守泉州劝谕文》《泉州劝孝文》《福州谕俗文》《福州劝农文》《泉州劝农文》《隆兴劝农文》《再守泉州劝农文》等。以上这些教育文论，内容十分丰富，广泛涉及少儿童蒙教育、学校教育、社会民众教化，以及对州县官员的官德、民本情怀的培育和教导，对帝王为人、为学、为政、为治的全方位教育等等。

童蒙教育类有《教子斋规》《志道字说》。《教子斋规》曾被清雍正间名宦、教育家陈宏谋全文收入《五种遗规》加以推广，并加按语曰："养正之方，最小时为尤要。……西山先生《教子斋规》，乃是于最少小时，撮其大纲，分为八则。简而要，切而该，尤父兄所宜敬书座右，时加训饬者。"①《志道字说》则对其子志道的成长提出希望。其子原名正则，字诚之。真德秀将其改名为志道，字仁夫。他认为，志者，为心之用。自古以来，若圣若贤，

---

① 〔清〕陈宏谋辑：《五种遗规》，线装书局，2015年，第16页。

无不以立志为进德之基。他希望其子能从小立下成圣成贤的大志，此为人生目标。而实现这一目标的基本路径就是"道"与"仁"，即"修身以道""修道以仁"。在回答"何谓志道"的问题时，他告诫说："道者众理之总名，而仁者一心之全德。志乎道而弗它，可谓知所向矣。"① 将志道置于为学的首要地位。在下文中，他进一步强调了"求仁莫先乎克己"，即在"修道以仁"的进程中，首要的道德行为，是抑制和克除不正当、不健康的欲望在自我心中滋生。本文体现了真德秀的理学思想，与其教育理念和少儿启蒙教育的密切关系。

学校教育类有《代刘季文浦城县庠四德四端讲义》《潭州示学者说》《明道先生书堂记》《南雄州学四先生祠堂记》《劝学文》等。《代刘季文浦城县庠四德四端讲义》，是真德秀在浦城县学讲学的讲稿。文章开篇即提出了天道元亨利贞与人道仁义礼智"其实一而已矣"，即天道与人道的同一性问题。他认为，西汉思想家、文学家扬雄在所著《太玄经》中，以四德配五常，其后从之者甚多，其中以南宋理学家朱熹的论述最为精切。在此，真德秀引用了理学家朱熹《周易本义》中的一段话："元者，生物之始，天地之德，莫先于此。故于时为春，于人则为仁，而众善之长也。亨者，生物之通，物至于此，莫不嘉美。故于时为夏，于人则为礼，而众美之会也。利者，生物之遂，物各得宜，不相妨害。故于时为秋，于人则为义，而得其分之和也。贞者，生物之成，实理具备，随在随足。故于时为冬，于人则为智，而众事之干也。"真德秀引用这段话，把天道的元亨利贞与人道的仁义礼智，通过春夏秋冬四季"生物之始""生物之通""生物之遂""生物之成"联系起来，在理论上，完成了天道与人道的统一与贯通。在此基础上，真德秀通过解读《孟子》仁义礼智"四德"，来进一步揭示恻隐之心、羞恶之心、恭敬（辞让）之心、是非之心"四端"的关系。他认为人之生也，四端皆具，"惟其有形体之累，则

---

① 〔宋〕真德秀：《西山先生真文忠公文集》卷三十三《志道字说》，明正德十五年张文麟、黄巩刻本，第5b页。

不能无物欲之私"，恻隐、羞恶、恭敬、是非四端之发难免受到物欲的干扰，故孟子在此基础上，提出了在四端初萌之时"扩而充之"。真德秀在此则特别强调"如其发于天理，则充而长之；发于人欲，则窒而绝之"。

《潭州示学者说》，是嘉定十五年（1222年），真德秀任湖南安抚使知潭州时所撰，本书节选其中与教育有关的部分。该文强调儒者的为己之学须从穷理尽性入手，以至乎圣贤之域为目标。文中引用了唐代阳城、北宋石介、尹焞的三句名言来教导诸生，具体来说，就是要落实在学忠孝、学仁义、学为人三个方面。

《南雄州学四先生祠堂记》，是真德秀于宝庆三年（1227年）应南雄州学教授三山陈应龙的请求而撰，本书节选其中与教育有关的部分。文中通过引用《中庸》首三句"天命之谓性，率性之谓道，修道之谓教"，对从尧、舜至于孔子等古圣先贤在"明道阐教"、开天常、立人纪方面的历史贡献作了一个简要的回顾。同时，对两宋以来，周敦颐、二程和朱子四先生对儒家学说的传承，使孔孟之道"至周子而复明，周子之道至二程子而益明，二程之道至朱子而大明"的历史做了一个阐述，并对最终经朱熹所总结得出的"百圣相传"的"敬"之心法给予充分肯定。文中提出，"盖天下之理，惟中为至正，惟诚为至极。然敬所以中，不敬则无中也。敬而后能诚，非敬则无以为诚也。气之决骤轶于奔驷，敬则其衔辔也；情之横放甚于溃川，敬则其隄防也"。真德秀认为，此敬之心法，同时也是"为学之要"[①]。

《劝学文》，亦撰于真德秀知潭州之时。文中首先对湖湘文化深厚的底蕴进行了一番回顾。指出前有濂溪先生周敦颐，上承孔孟之统，下启河洛之传，中有胡安国设教衡山之下，撰《春秋传》，在北宋熙宁间起到了明正学、正人心的作用。其后其子胡寅、胡宏兄弟，以及其后学张栻、朱熹在岳麓讲学，从而使湖湘人才辈出。故此《劝学文》，并非一般意义上的以应试而取得功名

---

① 〔宋〕真德秀：《西山先生真文忠公文集》卷三十一《问敬字》，明正德十五年张文麟、黄巩刻本，第11b页。

为目的的劝学,而是劝诫湖湘学子,努力学习,以弘扬传统儒学。文中劝导急于场屋科举之业的士子,不可将儒家先贤的著作"视为迂缓,置不复观"。张栻、朱熹"二先生之书旁贯群言,博综世务,犹高山巨海,瑰材秘宝,随取随足。得其大者,固可以穷天地万物之理,知治己治人之方"。文中指出:"二先生虽远,所著之书具存,皆学者所当加意。"对二先生的著作,如南轩先生张栻的《论孟说》,朱熹的《大学中庸章句》《或问》《论孟集注》等,对"学者为尤切,譬之菽粟布帛,不容以一日去者也"。

社会民众教化方面,则有《潭州谕俗文》《再守泉州劝谕文》《泉州劝孝文》《福州谕俗文》等。真德秀认为,"布宣德化,导迪人心,实守臣之事",故其在各地教化民众,往往从劝行孝悌、和协亲族、赒济里闾、抚民以仁等方面入手,希望能以此达到"人人循理,家家畏法,田里无追呼之迹,公庭无鞭扑之声"的社会治理目标。①

《潭州谕俗文》就是这样一篇"导迪人心"的劝谕文。全文以儒学"天性人伦"为立论依据,以"迁善改过"正俗之方,提出了"谕俗三事"。其一为"教民必以孝悌为本"。父母之恩、兄弟天伦是其以义理训民的理论基础。此外,例举历史上的孝悌故事,作为人物典型,以劝导民众学习,也是本文的特点之一。其二为"崇宗族之爱,厚邻里之欢"。倡导将"血脉相通"的宗族之恩,扩展到邻里乡党,做到"缓急相倚,患难相救,疾病相扶,情义所关","和协亲族,赒济里闾"。其三为增进"官之与民,谊同一家"的关系。做到"休戚利害,合相体恤"。为达此目标,他提出了以四事自勉,以及为民除十害的施政主张。四事,即史上著名的"律己以廉、抚民以仁、存心以公、莅事以勤",十害为"断狱不公、听讼不审、淹延囚系、惨酷用刑、泛滥追呼、招引告讦、重叠催税、科罚取财、纵吏下乡、低价买物"。

对州县官员的训导方面,则有《潭州谕同官咨目》《谕州县官僚》,其主

---

① 〔宋〕真德秀:《西山先生真文忠公文集》卷四十《潭州谕俗文》,明正德十五年张文麟、黄巩刻本,第11b页。

旨均强调为官者，必须廉仁公勤。对社会教化来说，倡导"为政之本，风化是先"，而因势利导，"因其本俗，迪之于善"是推行社会教化的有效的方法。

《潭州谕同官咨目》的内容，与上文《潭州谕俗文》似有较多的重复，如"四事""十害"等。其实，二者的受教对象不同，所强调的重点和所要达到的目的有所不同。《潭州谕俗文》的教诲对象是广大民众，告之以"四事""十害"，是将施政方针公之以天下，以此监督各级官吏。民众在此只是知情者或监督者。《潭州谕同官咨目》是将此教诲潭州各级官吏，他们则是此规的学习者和执行者，且必须照此实行而不得违反。故在行文中，《潭州谕同官咨目》的相关内容，就更加详细而具体，以方便推行和操作。

《谕州县官僚》，是真德秀于绍定五年（1232年），再任泉州知州时所撰。泉州为南宋时经济发达之地，市舶司设司于此，对外交流频繁。正如文中所言，"蛮舶萃焉，犀珠宝货，见者兴羡"。正因为经济发达，官员的贪腐现象也更为严重，欺压百姓的不仁不公现象时有发生，为此，真德秀撰写此文，以廉、仁、公、勤四字教诲官吏。首先，他强调一个"廉"字。他说："廉者士之美节，污者士之丑行。"他希望下属官吏，能遵守"圣贤之教谨独是先"，努力做一个让"士民是敬"的"廉吏"。此外，真德秀逐段将廉、仁、公、勤，即如何做一个廉吏、如何行仁政、行公理、倡导勤政作了一番详细的解读。将孔子的仁学思想落实到政务上，就是真德秀的仁政思想。孔子的"己所不欲，勿施于人"的恕道，推行到政事中，就可以达到"至仁"的境界。其具体表现就是"己欲安居，则不当扰民之居"，己欲丰财，则不应搜刮民众之财。他希望同僚们，各以仁民爱物、怜悯恻隐之心，善待民众，而不可滥用手中的权力搜刮民财。以公理、公法处理公事，而不可以己私而拂逆公理，更不可贪赃枉法以徇私情。然而在现实中，往往与此相反。在文中，真德秀列举了几种"不能公"的现象："徇货贿则不能公，任喜怒则不能公，党亲昵、畏豪强、顾祸福、计利害则皆不能公。"他告诫同僚，要遵从是非公理，不可违反国法；以公心持公道，而不汨于私情。"业精于勤，荒于嬉"，是唐代大儒韩愈的名言。真德秀以此教导同僚，为士者不可不勤。作为官吏，受朝廷之爵位，享下民之脂膏，"不可上孤朝寄而下负民望"，而应"朝夕孜孜，惟民事是力"，努力勤政为民。

帝王之学方面，则有著名的《大学衍义》以及《进读大学卷子》等，内容涉及"帝王为治之序""帝王为学之本""格物致知之要""诚意正心之要""修身之要""齐家之要"等方面，本书只节选与教育有关的章节。该文的指导思想为："人君心正则治，心不正则乱，故曰治之在心。"① 究其理论渊源，可以追溯至朱熹的"正君心"的思想。通常认为，"正君心"是一种视君心为治国之本的政治思维；其实，从教育学的角度来说，以"天理"来端正帝王之心，实际上也是一种将政治与教育融为一体的教育理念。

志道字说

吾子志道旧名正则，字诚之。岁甲申易今名，因以"仁夫"更其字，而告之曰："汝知吾所以命尔之指乎？夫志者，心之用也。心无不正，而其用则有正邪之分，不可不察也。昔者夫子以天纵之圣，犹必十五而志于学，盖志者进德之基，若圣若贤，莫不发轫乎此。志之所乡，亡远不达，穷山巨海不能限也；志之所乡，亡坚不入，锐兵精甲不能御也。然则汝之志将焉从而可耶？盖吾闻之，善恶二涂维道与利而已。志乎道则理义为之主而物欲不能移，志乎利则物欲为之主而理义不能入，此尧、桀、舜、跖之所繇以异也，可不谨乎？兹吾所以名汝之意也。"

夫道之与仁，非有二致，然圣人之教既曰"志于道"矣，又必曰"依于仁"也；曰"修身以道"矣，又必曰"修道以仁"也。盖道者众理之总名，

---

① 〔宋〕真德秀撰、朱人求校点：《大学衍义》卷一，华东师范大学出版社，2010年，第10页。

而仁者一心之全德。志乎道而弗它，可谓知所向矣。仁则其归宿之地，而用功之亲切处也。思昔圣贤言仁，何莫非要？至于"仁者人也"，"仁，人心也"，则直举其全体以示人，学者尤当深味也。夫人之所以为人者，以其有是仁也。有是仁而后命之曰人，不然则非人矣。此孔氏言仁之要也。仁者心之生理，人而不仁，则丧其所以为心。犹果壳焉，生意不存，枵然死物尔①。此孟氏言仁之至要也。盍亦反诸身而求之，方其人欲未萌，天理完具，方寸之间，蔼然如春，此即汝本心之全体也。推是心以往，其事亲必敬，其事长必顺，以处闺门则睦，以交朋交则信。当是时也，岂有不仁者哉！

惟夫私意横生，理蔽于欲，然后流而不仁尔。然则求仁之方，其孰有先于克己者乎？盖己者，有我之私而害仁之蟊贼也。蟊贼除则嘉谷茂，私欲净尽则本心之德全，亦在乎克之而已矣。克者何？战胜攻取之谓也。私意方萌，本心未泯，则理与欲对，正两军交绥劙垒之时。直者胜则曲者负矣，理为主则欲为客矣。兵凶战危，夫人而知之。私欲之害，惨于镆邪而烈于燎原之火②，非知道者不能察也。

是则志道必贵于求仁，而求仁莫先乎克己。兹吾之所以字汝之意也，汝其有志于是否欤？嗟夫！汝之有是形也，天实赋之；汝之有是性也，天实予之。必尽性而后形可践也。不然，则形虽人斯，实则物只，岂不甚可耻乎？昔颍滨苏公有言③："凡人之所不以告它人者，必以告其子。"此天理人情之极致，非私之也。既以语志道，又为之说，使与同志者切磋焉。

（选自真德秀《西山先生真文忠公文集》卷三十三，明正德十五年张文麟、黄巩刻本，第4b—6b页）

---

① 枵然：枵，本义为空虚，此引申为了无生气。朱熹有《临流石》诗："偃蹇西涧滨，枵然似枯木。"（《朱文公文集》卷一）
② 镆邪（mò yé）：古宝剑名，或作莫邪。
③ 颍滨苏公：苏辙（1039—1112年），字子由，号颍滨遗老。苏轼弟。北宋散文家。

代刘季文浦城县庠四德四端讲义

人之为人，所以与天地并立而为三者，盖形有小大之殊，而理无小大之间故也。理者何？仁义礼智是也。人之有是理者，天与之也。自天道而言，则曰元亨利贞；自人道而言，则曰仁义礼智，其实一而已矣。自杨（扬）子云作《太玄》以四德配五常①，后儒因之，论述众矣。然其发明精切，未有如文公先生者也。文公之说曰："元者，生物之始，天地之德，莫先于此。故于时为春，于人则为仁，而众善之长也。亨者，生物之通，物至于此，莫不嘉美。故于时为夏，于人则为礼，而众美之会也。利者，生物之遂，物各得宜，不相妨害。故于时为秋，于人则为义，而得其分之和也。贞者，生物之成，实理具备，随在随足。故于时为冬，于人则为智，而众事之干也。"② 深味斯言，人与天地本一无二，而其所以异者，天地无心而人有欲。天地惟无心也，是以於穆之命③，终古常新。元而亨，亨而利，利而贞，贞而又元，一通一复，循环而无间。人之生也，初皆全具，惟其有形体之累，则不能无物欲之私。故当其恻隐之发而有以挠之，则仁不能充矣；当其羞恶之发而有以夺之，则义不能充矣。恭敬、是非之发亦然。此孟子所以惓惓于"充"之一言也。盖善端之发，其始甚微。亦犹阴阳之气，兆于二至，初皆眇然而未著也。迨阳浸而长，至于正月，则天地之气和而物皆发达矣。阴浸而长，至于七月，则天地之气肃，而物皆收敛矣。天地无心，其生成万物之理皆自微至著，盖

---

① 杨子云作《太玄》以四德配五常：杨子云，即西汉思想家、文学家扬雄。姓氏"扬"，又作"杨"，字子云。《太玄》，即扬雄所著《太玄经》。四德，此指元亨利贞。宋程颐《程氏易传》："元亨利贞，谓之四德。"五常，仁义礼智信。

② 此段引文出自朱熹《周易本义》，其大意为，元亨利贞，于时而言，表现为春夏秋冬；于人而言，则为仁义礼智，以此阐发天道与人道的同一性。

③ 於穆之命：於穆，赞美之辞。命，天命、天道。语出《诗经·周颂·维天之命》："维天之命，於穆不已。"

无一岁不然者。人能体天地之心以为心,因其善端之发保养扶持,去其所以害之者,若火之然因而嘘之,若泉之达因而导之,则一念之恻隐可以泽百世,一念之羞恶可以正万民。尧舜之仁、汤武之义,所以与天地同其大者,以其能充之也。桀纣岂无仁义之心哉?其所以与禽兽不异者,以其遏绝之也。故曰:"苟能充之,足以保四海;苟不能充之,不足以事父母。"呜呼,孟子之言痛切至此,其可不深思所警哉!

今者王春朔旦,四德之元实肇于此,故窃《孟子》《大易》之义,与朋友共讲焉,欲吾侪于此深自警者,知吾心之德即天地之德,必当战兢朝夕,不敢失坠。至于一念之萌,则察其所发果天理邪?抑人欲也?如其发于天理,则充而长之;发于人欲,则窒而绝之。功用之久,义理自明,人欲自将退听。天地之所以与我者,庶乎其可保矣。夫如是,然后不失其所以为人之理。若夫颠倒于利害之途,昏迷于嗜欲之境,善端泯绝,正理消亡,则孟子之所谓非人也,可不惧哉!某不敏,方将以此自警。吾党之士傥有志焉,则所谓求仁之方,继此当相与切磋讲究之,而不敢有隐也。

(选自《西山先生真文忠公文集》卷三十二,第1a—3a页)

潭州示学者说(节选)①

如果为己而学②,则理不可以不穷,性不可以不尽,不至乎圣贤之域弗止也。若其有所利而学,则苟能操觚吮墨③,媒爵秩而贸轩裳④,斯足矣,驵贾

---

① 潭州:古长沙名。
② 为己而学:语出《论语·宪问》:"古之学者为己,今之学者为人。"其意为,以自我的德性充实完美为目标,而不是以此炫耀于人。
③ 操觚吮墨:在木简上写文章。成语,亦作操觚染翰。觚,木简。
④ 媒爵秩而贸轩裳:媒,谋求。爵秩,爵禄。贸,交易。轩裳,车辆、服饰。此处引申为高官厚禄。

其心弗顾也①，夷虏其行弗耻也②，此学者邪正之岐途也③。请以是淑吾士，可乎？

端甫曰④：敬闻命矣。抑后世之言学者，其有得于孔氏之指欤？曰：后世之言学者，其不缪于圣人鲜矣，独尝于唐之阳子，近世之石子、尹子有取焉。⑤阳子曰："学者，学为忠孝也。"石子曰："学者，学为仁义也。"尹子曰："学者，学为人也。"是三言者，庶几圣门之遗意乎！方唐之世，士习之陋甚矣。阳子一旦倡斯言于太学，如天球之音、威凤之鸣⑥，学者悚然洗心而易听，归觐其亲者踵相蹑焉，理义之感人如此。然则石子之言其有异于阳子欤？曰：亡以异也。仁者孝之源，义者忠之干，曰仁义则忠孝在其中矣。然则尹子之言其有异于二子欤？曰：亡以异也。夫人与天地并而为三才者也，必也兼五常备万善，然后人之道立焉。其警世之深、为人之切，又进乎二子矣。敢问所以学为人者奈何？曰：耳目肤体，人之形也；仁义礼智信，人之性也；君臣、父子、昆弟、夫妇、朋友，人之职也。必循其性而不悖，必尽其职而无愧，然后其形可践也。孟子曰："人之异乎禽兽者几希，庶民去之，君子存之。"又曰："无恻隐之心，非人也；无羞恶之心，非人也；无辞逊之心，非人也；无是非之心，非人也。"夫天之生斯人也，与物亦甚异矣，而孟子以为"几希"，何哉？盖所贵乎人者，以其有是心也。是心不存，则人之形虽具而人之理已亡矣。人之理亡，则其与物何别哉？故均是人也，尽其道之

---

① 驵贾其心：出卖良心。驵贾，牲畜交易经纪人。
② 夷虏其行：粗俗、野蛮的行为。夷虏，对未开化民族的蔑称。
③ 岐：通"歧"。
④ 端甫：端甫，姓陈，时为潭州教授。
⑤ 唐之阳子，近世之石子、尹子：阳子，指唐代的阳城（736—805年），字亢宗。新、旧《唐书》皆有传。历官国子司业时，"告诸生曰：学者，所以学为忠孝也"。见载于《钦定古今图书集成·经济汇编选举典》第一百〇四卷。石子，北宋石介（1005—1045年），字守道，著名教育家。尹子，尹焞（1071—1142年），师从程颐。
⑥ 天球之音、威凤之鸣：天球，古琴名。杨万里《三山陈先生乐书序》："先王金钟天球之音锵如于左右也。"威凤，祥瑞之鸟。唐颜师古《前汉书注》卷八："服虔曰：'威凤，鸟名也。'晋灼曰：'凤之有威仪者也。'"

极者，圣人所以参天地也；违其理之常者，凡民之所以为禽犊也。……

（选自《西山先生真文忠公文集》卷三十三，第 1b—3a 页）

南雄州学四先生祠堂记（节选）

宝庆三年某月，南雄州始立周子、二程子、朱子之祠于学①。教授三山陈应龙以书属建人真某为之记。

某曰：四先生之道高矣美矣，抑某之愚，未能窥其藩也，将何词以记之？虽然，昔尝闻其略矣。道之大原出于天，其用在天下，其传在圣贤，此子思子之《中庸》所以有性、道、教之别也②。盖性者智愚所同得，道者今古之共由，而明道阐教以觉斯人，则非圣贤莫能与。故自尧、舜至于孔子，率五百岁而圣人出。孔子既没，曾子、子思与邹孟氏复先后而推明之。百有余岁之间，一圣三贤，更相授受，然后尧、舜、禹、汤、文、武、周公之所以开天常、立人纪者，粲焉昭陈，垂示罔极。然则天之生圣贤也，夫岂苟然哉！不幸战国嬴秦以后，学术泮散，无所统盟。虽以董相、韩文公之贤③，相望于汉、唐，而于渊源之正、体用之全，犹有未究其极者，故仅能著卫道之功于一时，而无以任传道之责于万世。天启圣朝，文治休洽，于是天禧、明道以来，迄于中兴之世，大儒继出，以主张斯文为己任。盖孔孟之道至周子而复明，周子之道至二程子而益明，二程之道至朱子而大明。其视曾子、子思、邹孟氏之传若合符节，岂人所能为也哉？天也！然四先生之学，岂若世之立奇见、尚新说，求出乎前人所未及耶？凡亦因乎天而已。盖自荀、杨氏以恶

---

① 南雄州：治所在今广东韶关南雄市。
② 此子思子之《中庸》所以有性、道、教之别也：指的是《中庸》首三句"天命之谓性，率性之谓道，修道之谓教"。
③ 董相、韩文公：董相，西汉政治家、教育家董仲舒，曾任西汉诸侯国国相。韩文公，唐代思想家、教育家韩愈，卒谥文。

与混为性，而不知天命之本然；老、庄氏以虚无为道，而不知天理之至实；佛氏以划灭彝伦为教，而不知天叙之不可易。周子生乎绝学之后，乃独深探本原，阐发幽秘，二程子见而知之，朱子又闻而知之，述作相承，本末具备。自是人知性不外乎仁义礼智而恶与混非性也，道不离乎日用事物而虚无非道也，教必本于君臣、父子、夫妇、昆弟，而划灭彝伦非教也。阐圣学之户庭，祛世人之蒙聩，千载相传之正统，其不在兹乎？呜呼！天之幸斯文也，其亦至矣！

南雄为郡，邈在峤南，士习视中州，号称近厚。夫以近厚之资，迪之以至正之学，必将有俛焉自力者。然陈君之所望于学者，果焉属耶？天之命我，万善具全，一毫有亏，是旷天职，昔之君子凛然渊冰，没世弗懈者，凡以全吾所受焉耳。嗟后之世，何其与古戾也。利欲之风深入肺腑，理义之习目为阔迂。己之良贵弃置如弁髦①，而轩裳外物，则决性命以求之弗舍也。吁，是可不谓之大惑乎？志于道者，其将奚所用力乎？

缅观往昔，百圣相传，敬之一言，实其心法。盖天下之理，惟中为至正，惟诚为至极。然敬所以中，不敬则无中也。敬而后能诚，非敬则无以为诚也。气之决骤轶于奔驷，敬则其衔辔也②；情之横放甚于溃川，敬则其堤防也。故周子主静之言，程子主一之训，皆其为人最切者，而子朱子又丁宁反复之。学者俛于是而知勉焉，思虑未萌，必戒必惧，事物既接，必恭必钦，动静相因，无少间断，则天德全而人欲泯。大本之所以立，达道之所以行，其不由此欤！陈君幸以为然，则愿以此刻于祠之壁，为学者观省之助。若夫诵其言而不反诸躬，惟其名之趋而匪实之践，是岂四先生立教之意哉？又岂陈君所望于南邦之士者哉？

（选自《西山先生真文忠公文集》卷二十六，第7a—9b页）

---

① 弁髦：弁，冠名。髦，幼儿下垂至眉的短发。男子行冠礼后，弁髦均为弃置无用之物。

② 衔辔：控制奔马的器具，引申为法律、法令等。《后汉书·鲍永传》："时南土尚多寇暴，永以吏人痍伤之后，乃缓其衔辔。"其后注："衔辔，喻法律，以控御人也。"真氏在此进一步引申为抑制人俗泛滥的道德防线。

劝学文

　　窃惟方今学术源流之盛，未有出湖湘之右者。盖前则有濂溪先生周元公生于舂陵，以其心悟独得之学，著为《通书》《太极图》昭示来世，上承孔孟之统，下启河洛之传。中则有胡文定公以所闻于程氏者设教衡岳之下①，其所为《春秋传》专以息邪说、距诐行、扶皇极、正人心为本。自熙宁后，此学废绝，公书一出，大义复明。其子致堂、五峰二先生又以得于家庭者②，进则施诸用，退则淑其徒，所著《论语详说》《读史》《知言》等书皆有益于后学。近则有南轩先生张宣公寓于兹土，晦庵先生朱文公又尝临镇焉，二先生之学源流实出于一，而其所以发明究极者又皆集诸老之大成，理义之秘至是无复余蕴。此邦之士登门墙、承謦欬者甚众③，故人材辈出，有非它郡国所可及。今二先生虽远，所著之书具存，皆学者所当加意。而南轩之《论孟说》，晦庵之《大学中庸章句》《或问》《论孟集注》则于学者为尤切，譬之菽粟布帛，不容以一日去者也。

　　颇闻迩来士子急于场屋科举之业，往往视为迂缓，置不复观。殊不知二先生之书旁贯群言，博综世务，犹高山巨海，瑰材秘宝，随取随足。得其大者，固可以穷天地万物之理，知治己治人之方。至于文章之妙，浑然天成，亦非近世作者所能仿佛。盖其本深末茂，有不期然而然者。学者诚能诵而习之，则于义理之精微既有所得，发之于文亦必意趣深长、议论精确。以之应

---

① 胡文定公：即著名理学家胡安国，原籍福建崇安（今武夷山），湖湘学派创始人，著作有《春秋传》，卒谥文定。

② 致堂、五峰：胡寅，号致堂。胡宏，号五峰。兄弟俩均为著名理学家，胡安国之子。

③ 登门墙、承謦欬：登门墙，上门求学之意。謦欬，咳嗽，引申为谈吐、教导；承謦欬，接受师尊的教诲。陈淳诗："如侍圣贤侧，亲承謦欬音。"（《隆兴书堂自警》其二十九，《北溪大全集》卷一）

真德秀

举，直余事尔。若徒讽咏肤浅之文，掇拾陈腐之语，见闻既陋，器识可知，虽使幸而获选，其不能大有所立必矣。

今秋试之期尚远，群居暇日，正当培养义理之源，务求有用之实。自今以始，学校庠塾之士宜先刻意于二先生之书，俟其浃洽贯通，然后博求周、程以来诸所论著，次第熟复，而温公之《通鉴》与文公之《纲目》又当参考而并观焉。职教导者以时叩击，验其进否。上、中二旬当课之日，则于所习之书摘为问目，俾之援引诸儒之说而以己意推明之，末旬则仍以时文为课。如此则本末兼举，器业日充。上足以追续先贤之正脉，次足以为当世之实用，异时英髦接武，追迹于前闻人，岂不盛哉？

顾念迂疏，滥尘师帅之任，新美士习盖其责也①，辄不自揆，敢述其所闻，惟同志相与勉之。

(选自《西山先生真文忠公文集》卷四十，第2b—4b页)

潭州谕俗文

太守叨蒙上恩，擢守湘土。深惟朝廷委寄之重，非特责以有司常务而已，布宣德化，导迪人心，实守臣之事。顾此邦风俗初未详知，今以天性人伦之大者，与夫迁善改过之方，首为尔民告，名之曰"谕俗三事"，今具于后。

一，古者教民必以孝悌为本，其制刑亦以不孝不悌为先，盖人之为人异乎禽兽者，以其有父子之恩、长幼之义也。《诗》云："父兮生我，母兮鞠我②。"继之曰："欲报之德，昊天罔极。"此言父母之恩与天同大，为人子者虽竭其力未足以报也。今乃有亲在而别籍异财③，亲老而供养多阙，亲疾而救

---

① 新美士习：通过教化，促使学风士习得到扭转，变新变美。
② 鞠：养育。
③ 别籍异财：另立户籍，分割财产。

疗弗力，亲没而安厝弗时，不思此身从何而有，罔极之报，当如是乎？至于兄弟天伦，古人谓之手足，言其同本一体也。今乃有以唇舌细故而致争，锥刀小利而兴讼，长不恤幼，卑或陵尊，同气之亲，何忍为此？潭湘旧俗素称淳厚，如前数者，未必有之。太守此来，欲以义理训民，未免预陈劝戒。已行下州城及十二县，自今民间有孝行纯至、友爱著闻者，采访得实，具申本州，当与优加旌赏，以为风俗之劝。或其间有昧于礼法之人，为不孝不悌之行，乡里父老其以太守之言曲加诲谕，令其悛改。昔后汉陈元为母所讼，亭长仇香亲到其家教以人伦大义①，遂为孝子。《北史》清河之民有兄弟争财者，郡守苏琼告以难得者兄弟②，易得者田宅，遂感悟息讼，同居如初。况此邦之人本来易化，以理开晓，必无不从。若上违太守之训言，下拒父老之忠告，则是败常乱俗之民，王法所加，将有不容已者。一陷刑戮，终身不齿，虽悔何及！尔民其思之毋忽。

一，古人于宗族之恩百世不绝，盖服属虽远，本同祖宗，血脉相通，岂容间隔？至于邻里乡党，虽比宗族为疏，然其有无相资，缓急相倚，患难相救，疾病相扶，情义所关，亦为甚重。今人于此二者往往视以为轻，小有忿争，辄相陵犯；词诉一起，便为敌仇。有一于斯，皆非美事。昔江州陈氏累世同居③，聚族至七百余口，前代常加旌表，至今称为义门。近者吉州孙进士以惠施一乡，诸司列奏，蒙恩特免文解，士夫以为美谈。江湖之闲，境土相接，岂有江西之人能为义举而此独不能？今请逐处老成贤德之士交相劝率，崇宗族之爱，厚邻里之欢。时节往来，恩义浃洽，小小乖忤，务相涵容，不必轻启讼端，以致结成怨隙。若能和协亲族，赒济里间，为众论所推，亦当特加褒

---

① 仇香：字季智，陈留考城（今属河南兰考）人。以科选为蒲亭长。事载晋袁宏《后汉纪》卷二十三。

② 苏琼：字珍之，长乐武强（今属河北衡水武强县）人。历官南清河太守。事载《北史》卷八十六《苏琼传》。

③ 江州陈氏：事载宋欧阳修《新五代史》卷六十二："江州陈氏宗族七百口，每食设广席，长幼以次坐而共食。"又载马令《南唐书》卷一。

异。如其不体教训，妄起讼争，惩一戒百，所不容已。尔民其勉之毋忽。

一，官之与民，谊同一家。休戚利害，合相体恤。为有司者不当以非法扰民，为百姓者亦不当非理扰官。太守平时以爱人利物为心，不啻饥渴。视事之始，切切讲求，已转牒州县官，各以四事自勉而为民除其十害。何谓四事？律己以廉、抚民以仁、存心以公、莅事以勤是也。何谓十害？断狱不公、听讼不审、淹延囚系、惨酷用刑、泛滥追呼、招引告讦①、重叠催税、科罚取财、纵吏下乡、低价买物是也。十者有无，所未详知。万一有之，当如拯溺救焚，不俟终日，务令田野安帖，愁叹不生。或民间有公共利病，太守所未及知，许明白具状，前来陈述，但不许匿名实封，讦人私过。言而有理，即当详酌，以次施行。尔民亦宜体太守此心，更相劝戒。非法之事勿妄作，如豪强凶横、吞谋贫弱、奸狡诈伪、欺骗良善、教唆词讼、托属公事、聚众斗殴、开坊赌博、居停盗贼、屠宰耕牛、沽卖私酒、兴贩禁物，如此之类皆系非法。无理之讼勿妄为。如事不干己辄讼行告讦，撰装词类夹带虚实，如此者皆是无理。

或曰前所为未免害义，若能幡然悔悟，去恶从善，如汤沃雪，旧迹都消。人谁无过，改之为贵，周处三害，终为名贤②。父老其以此意为乡闾子弟反复解说，必若教之不悛，则国家有法，官司有刑，太守虽欲从宽有不可得。尔民其幸听之毋忽。

右谕俗三事开具在前，太守之于尔民犹父兄之于子弟。为父兄者只欲子弟之无过，为太守者亦只欲尔民之无犯。故于到任之初以诚心实意谆谆告谕。其不识文义者，乡曲善士当以俗说为众开陈，使之通晓，庶几人人循理，家家畏法，田里无追呼之迹，公庭无鞭扑之声。民情熙然，化为乐国，岂不美哉？故今榜示，各宜知悉。

（选自《西山先生真文忠公文集》卷四十，第8a—12a页）

---

① 告讦：告发、告密。

② 周处三害，终为名贤：周处字子隐，吴郡阳羡（今江苏宜兴）人。少时横行乡里，与恶虎、苍蛟并称"三害"。后改过自新，杀虎斩蛟，终成忠臣孝子。事载《世说新语》卷下和《晋书·周处传》。

潭州谕同官咨目

盖闻为政之本,风化是先。潭之为俗,素以淳古称。比者经其田里,见其民朴且愿,犹有近古气象,则知昔人所称,良不为过。今欲因其本俗,迪之于善,已为文谕告,俾兴孝悌之行,而厚宗族邻里之恩,不幸有过,许之自新,而毋狃于故习。若夫推此意而达之民,则令佐之责也。继今邑民以事至官者,愿不惮其烦而谆晓之,感之以至诚,持之以悠久,必有油然而兴起者。若民间有孝行纯至、友爱著闻与夫协和亲族、赒济乡闾为众所推者,请采访其实,以上于州,当与优加褒劝。其详见于荀文。至于听讼之际,尤当以正名分、厚风俗为主。昔密学陈公襄为仙居宰①,教民以父义母慈、兄友弟恭,而人化服焉。古今之民同一天性,岂有可行于昔而不可行于今?惟毋以薄待其民,民将不忍以薄自待矣。此某之所望于同僚者也。

然而正己之道未至,爱人之意不孚,则虽有教告而民未必从,故某愿与同僚各以四事自勉,而为民去其十害。

何谓四事?曰律己以廉、凡名士夫者,万分廉洁止是小善,一点贪污便为大恶。不廉之吏如蒙不洁,虽有他美,莫能自赎。故此以为四事之首。抚民以仁、为政者当体天地生万物之心,有一毫之惨刻非仁也,有一毫之忿疾亦非仁也。存心以公、《传》曰②:"公生明。"私意一萌则是非易位,欲事之当理不可得也。莅事以勤是也。当官者一日不勤,下必有受其弊者。古之圣贤犹且日昃不食、坐以待旦,况其余乎?今之世有勤于吏事者,反以鄙俗目之,而诗酒游宴则谓之风流娴雅。此政之所以多疵,民之所以受害也,不可不戒。

何谓十害?曰断狱不公、狱者,民之大命,岂可小有私曲?听讼不审、讼有实

---

① 密学陈公襄:陈襄,详前。曾任枢密直学士,故称其学为"密学"。
② 《传》:解说经义的文字。

真德秀

有虚，听之不审，则实者反虚，虚者反实矣，其可苟哉！**淹延囚系**、一夫在囚，举室废业，囹圄之苦，度日如岁，其可淹久乎？**惨酷用刑**、刑者，不获已而用。人之体肤即己之体肤也，何忍以惨酷加之乎？今为吏者好以喜怒用刑，甚者或以关节用刑，殊不思刑者国之典，所以代天纠罪，岂官吏逞忿行私者乎？不可不戒。**泛滥追呼**、一夫被追，举室皇扰，有持引之需，有出官之费，贫者不免举债，甚者至于破家，其可泛滥乎？**招引告讦**、告讦乃败俗乱化之原，有犯者自当痛惩，何可勾引？今官司有受人实封状与出榜召人告首阴私罪犯，皆系非法，不可为也。**重叠催税**、税出于田，一岁一收，可使一岁至再税乎？有税而不输，此民户之罪也。输已而复责以输，是谁之罪也？今之州县，盖有已纳而钞不给，或钞虽给而籍不销，再追至官呈钞乃免，不胜其扰矣。甚者有钞不理，必重纳而后已，破家荡产，鬻妻卖子，往往由之。有仁心者，岂忍为此？**科罚取财**、民间自二税合输之外，一毫不当妄取。今县道有行科罚之政与夫非法科敛者，皆民之深害也，不可不革。**纵吏下乡**、乡村小民，畏吏如虎。纵吏下乡，犹纵虎出柙也。弓手士兵，尤当禁戢。自非捕盗，皆不可差出。**低价买物是也**。物同则价同，岂有公私之异？今州县有所谓市令者，又有所谓行户者，每官司敷买视市直率减十之二三，或不即还，甚至白着，民户何以堪此？

某之区区，其于四事敢不加勉。同僚之贤，固有不俟丁宁而素知自勉者矣。然亦岂无当勉而未能者乎？《传》曰："过而不改，是谓过矣。"又曰："谁谓德难，厉其庶而。"贤不肖之分，在乎勉与不勉而已。异时举刺之行，当以是为准。至若十害有无，所未详知，万一有之，当如拯溺救焚，不俟终日，毋狃于因循之习，毋牵于利害之私。或事关州郡，当见告而商榷焉，必期于去民之瘼而后已。此又某之所望于同僚者也。

（选自《西山先生真文忠公文集》卷四十，第5a—7a页）

谕州县官僚

某昨者叨帅长沙，尝以四事谕勉同僚，曰律己以廉、抚民以仁、存心以公、莅事以勤,而某区区实身率之。以是二年之间,为潭人兴利除患者粗有可纪。今者蒙恩起废,再抚是邦,窃伏惟念所以答上恩而慰民望者,亦无出前之四事而已,故愿与同僚勉之。

盖泉之为州,蛮舶萃焉①,犀珠宝货,见者兴羡。而豪民巨室,有所讼诉,志在求胜,不吝挥金。苟非好修自爱之士,未有不为所污染者。不思廉者士之美节,污者士之丑行;士而不廉,犹女之不洁。不洁之女,虽功容绝人,不足自赎;不廉之士,纵有他美,何足道哉?昔人有怀四知之畏而却暮夜之金者②,盖隐微之际最为显著,圣贤之教谨独是先。故愿同僚力循冰蘖之规③,各励玉雪之操,使士民是敬,称为廉吏,可珍可贵,孰有逾此?其所当勉者一也。

先儒有云:"一命之士,苟存心于爱物,于人必有所济。"且以簿、尉言之,簿勤于勾稽,使人无重叠追催之害;尉勤于警捕,使人无穿窬攻劫之扰④,则其所济亦岂少哉?等而上之,其位愈高,系民之休戚者愈大。发一残忍心,斯民立遭荼毒之祸;发一掊刻心,斯民立被诛剥之殃。盍亦反己而思之,针芒刺手,茨棘伤足,举体憯然,为之痛楚。刑威之惨,百倍于此,其可以喜怒施之乎?虎豹在前,坑阱在后,号呼求救,唯恐不免,狱犴之苦,何异于此,其可使无辜者坐之乎?己欲安居,则不当扰民之居;己欲丰财,则不当朘民之财⑤。故曰"己所不欲,勿施于人",其在圣门,名之曰"恕"。

---

① 蛮舶:指从事海上贸易的船舶以及外国商船。《汉书》卷二十八《地理志》:"蛮夷贾船转送致之,亦利交易。"

② 昔人有怀四知之畏而却暮夜之金者:却,拒绝。四知之畏,《后汉书》卷八十四《杨震传》载,杨震升任荆州刺史,途经昌邑,早先所举荐荆州茂才王密为昌邑令,某夜怀金十斤欲赠送杨震,杨震拒收。密曰:"暮夜无知者。"震曰:"天知,神知,我知,子知。何谓无知!"

③ 冰蘖:喻寒苦而有节操,此处主要指廉洁。宋范仲淹《范文正集》卷十三《尚书度支郎中充天章阁待制知陕州军府事王公墓志铭》:"故终身不贪,所至有冰蘖声,此公之秉德不亦清乎!"

④ 穿窬:爬墙穿洞的盗窃行为。

⑤ 朘(juān):剥削、搜刮。

真德秀

强勉而行，可以至仁。矧当斯民憔悴之时，抚摩爱育，尤不可缓，故愿同僚各以哀矜恻怛为心，而以残忍掊克为戒，则此邦之人，其有瘳乎①！此所当勉者二也。

公事在官，是非有理，轻重有法，不可以己私而咈公理②，亦不可骫公法以徇人情③。诸葛公有言："吾心如秤，不能为人作轻重。"④ 此有位之士所当视以为法也。然人之情每以私胜公者，盖殉货贿则不能公，任喜怒则不能公，党亲昵、畏豪强、顾祸福、计利害则皆不能公。殊不思是非之不可易者，天理也；轻重之不可逾者，国法也。以是为非，以非为是，则逆乎天理矣；以轻为重，以重为轻，则违乎国法矣。居官临民而逆天理、违国法，于心安乎？雷霆鬼神之诛，金科玉条之禁，其可忽乎？故愿同僚以公心持公道，而不汩于私情，不挠于私请，庶几枉直适宜而无冤抑不平之叹。此所当勉者三也。

民生在勤，勤则不匮，则为民者不可以不勤。业精于勤，荒于嬉，则为士者不可以不勤。况为命吏，所受者朝廷之爵位，所享者下民之脂膏，一或不勤，则职业隳弛，岂不上孤朝寄而下负民望乎？今之居官者，或以酣咏遨放为高，以勤强敏恪为俗，此前世衰弊之风也。盛明之时，岂宜有此？陶威公有言⑤："大禹圣者，犹惜寸阴；至于众人，当惜分阴。"故宾佐有以蒱博废事者，则取而投之于江。今愿同僚共体此意，职思其忧，非休浣毋聚饮，非节序毋出游，朝夕孜孜，惟民事是力，庶几政平讼理，田里得安其生。此所当勉者四也。

某虽不敏，请以身先，毫发少渝，望加规警。前此官僚之间或于四者未能无愧，愿自今始洗心自新。在昔圣贤许人改过，故曰"改而止"。倪犹玩视

---

① 瘳（chōu）：病愈，恢复健康。
② 咈：同"拂"，违背。
③ 骫（wěi）：古委字，本义为骨弯曲。唐颜师古《汉书注》卷五十一："骫，古委字也。骳音被。骫骳，犹言屈曲也。"后世引申为骫法、枉法。
④ 吾心如秤，不能为人作轻重：语出《汉丞相诸葛忠武侯集》卷四。
⑤ 陶威公：东晋陶侃。朱熹有《乞加封陶威公状》。

而不改焉，诚恐物议沸腾，在某亦不容以苟止也。莅事之初，敢以诚告，幸垂察焉。

（选自《西山先生真文忠公文集》卷四十，第22a—25a页）

大学衍义（节选）

臣按：仲舒之论，自孟子之后未有及之者。盖朝廷者天下之本，人君者朝廷之本，而心者又人君之本也。人君能正其心，湛然清明，物莫能惑，则发号施令罔有不臧而朝廷正矣。朝廷正则贤不肖有别，君子小人不相易位而百官正矣，自此而下特举而措之耳。夫天之与人，本同一气，人事正则正气应之，此善祥之所由集也。人事不正则邪气应之，此灾异之所由臻也。其本在人君之一心而已。呜呼！可不谨欤！

臣按：道即理也。天下虽大，同此一理。人君所为，循理则治，悖理则乱，故曰治之在道。四海虽远，同此一心。人君心正则治，心不正则乱，故曰治之在心。一理可以贯万事，治大不在小乎？一心可以宰万物，治远不在迩乎？

（选自真德秀撰、朱人求校点：《大学衍义》卷一，华东师范大学出版社，2010年，第22—23页）

（方彦寿编撰）

陈　普

【题解】

陈普（1244—1315年），字尚德，号惧斋，福建宁德人，宋元之际的理学家、教育家和天文学家，因曾住宁德石堂山，学者称石堂先生。早年随朱熹的再传弟子韩翼甫问学，深受韩翼甫赏识。宋朝灭亡后，绝意仕进，元朝三次聘请为本省教授，均予以拒绝，以著书、讲学而终。陈普是宋元之际传承理学的重要学者，对朱熹理学多有阐发，还精通律吕、天文、地志、算数之学，曾铸刻漏壶，计时准确，影响极大。所著《字义》《四书句解钤键》《学庸旨要》《孟子纂图》《周易解注》《易说》《书传补微》《四书五经讲义》《浑天仪论》《天象赋》《咏史诗断》，凡数百卷，后人编为《石堂先生遗稿》二十二卷，今有李志阳点校本，福建人民出版社2020年版。陈普长期从事教育，宋亡后在家乡仁峰寺设帐授徒，后应刘纯父之邀主讲建州云庄书院，应熊禾之邀讲学建州鳌峰书院，又赴饶州（今江西上饶）、广信（今属江西上饶）等地讲学，在德兴（今属江西上饶）初庵书院讲学较久，先后培养了很多人才，如韩信同、杨琬、余载、黄裳等。陈普善于从哲理的高度来看待教育问题，认为人是天地的中心，要通过学习完善自己的本性，成为一个真正的人，从而成就天地："以学成性，以性成人，以人成天地。"要通过学校和老师的教化来掌握伦理，从而让天地变得更加美好。基于这样的认识，陈普在为学的内容与次序方面都接受朱熹的看法，认为知与行都是为学的主要内容，不可偏废，但知先行后，先获得正确的认识，然后付诸践行。

《讲义·大学》。本文是陈普关于《大学》篇名的讲说，从人在天地间的中心地位出发，论述"学"的重要性。人是天地的中心，对天地产生决定性的作用，而人具有天然美好的本性，因此人需要通过学习完善此种天然美好的本性，成为真正的人，从而让天地太平。文中提出"盖天地之中，莫大于人。所以为人，莫大于性。所以成性，莫急于学。性非学不成，学非性不正"，"以学成性，以性成人，以人成天地"，体现了"学—性—人—天地"的逻辑思路。这种对学习重要性的论述具有鲜明的本体论意味。不仅如此，本文还提出"性非学不成，学非性不正"，性与学彼此促进，人的天然美好的本性需要学习，才能完善，而学习也需要人的天然美好本性来进行导向。这种观点辩证灵活。在学习的程序上，陈普提出"教人服行践履，岂能先于讲明体认者哉"，认为知（认识）在行（实践）先，因此他特别指出"明明德"在《大学》"三纲八目"体系中的基础地位，并将其与《中庸》的明诚之学贯通起来。人性的完善是每一个人都要面临的问题，所以陈普提出"不以贵贱老少皆常在学"，不论地位、年龄，都应该坚持学习。

《讲义·论语》。本文是陈普关于《论语》"学而时习之，不亦说乎？有朋自远方来，不亦乐乎？人不知而不愠，不亦君子乎"的讲说。文中提出学习的重要功能，认为学习既是个人自我成就的必然途径，从君子到庶人均"须学以成"，也是个人帮助他人觉醒从而推动社会前进的重要方法："以先觉觉后觉者，盖既能尽己之性，必推而尽人之性，此学之不可以已也。"基于对学习功能的此种认识，陈普认为学习的性质是"就性分上用功，于身心上有得"，也就是追求道德的提升，而不是"世俗记诵词章之学"。在此基础上，陈普认为学习应该关注自身的进步，而不是别人的态度："盖君子之学，不过求尽吾己分之所当然，全吾性分之所固有，他人之知与不知，于我何加损焉？盖得于己者厚，则求于人者薄矣。"为此，陈普在朱熹的基础上特别强调"学之正"，兼顾学习态度和学习内容两个方面，既要学习正确的思想学说，也要有正确的学习态度。在学习方法的方面,陈普提出"习之既熟,一旦豁然贯通,有以见夫道体流行无所不在",即在熟习的基础上,获得豁然贯通的领悟。这种从熟习到贯通的学习方法,显然受到朱熹的影响。朱熹《大学章句》说:"至于用力之久,而一旦豁然贯通焉,则众物之表里精粗无不到,而吾心之全体大用无不明矣。"在此我们可以看到陈普的学术传承。

《讲义·论语·学而》。《论语·学而》第六章:"子曰:'弟子入则孝,出则弟,谨而信,泛爱众,而亲仁,行有余力则以学文。'"第七章:"子夏曰:'贤贤易色,事父母能竭其力,事君能致其身,与朋友交言而有信。虽曰未学,吾必谓之学矣。'"本文是陈普关于以上两章的讲说,重点在阐述为学的关键,具体包括为学的内容和为学的次序两个方面。在为学的内容方面,陈普知行并重,认为"知"与"行"是"为学之要领","进修为学之要,莫不本乎知行之两端"。知与行互相依赖,都不可或缺,应当"知行并进,如车两轮,二者不可偏废"。在为学的次序方面,陈普主张知先行后:"力行固为务本之要,而致知又是力行之本。"这些观点受到了朱熹的影响,体现了朱门学术的传统。朱熹云:"致知力行,用功不可偏废,但只要分先后轻重,论先后当以致知为先,论轻重当以力行为重。"(《朱子语类》卷九)通过对朱熹注解的研究,陈普更进而提出"学莫先于致知,而致知莫先于学文",即对文化典籍的学习是致知最重要的途径,这样就突出了学习文化典籍的重要性。这种观点也受到了朱熹的影响。《大学》把格物当作致知的途径,朱熹把读书看作格物的一项内容,"读书是格物一事"(《朱子语类》卷十)。于是读书就成为致知的途径。不仅如此,朱熹还说:"为学之道,莫先于穷理;穷理之要,必在于读书。"(《性理精义·行官便殿奏札二》),把读书视为穷理的必然途径。

《讲义·孟子》。本文是陈普对《孟子·滕文公上》中"设为庠序以教之"一句的讲说,文中从人在天地间的中心位置出发论述学校的重要意义。人是天地的中心,之所以如此,是因为人有伦理:"人之所以为天地之心者,伦也。"伦理对人具有根本性的意义,是人之为人的内在依据,也是影响天地的重要因素，因此对伦理的教育成为古代圣王的优先事务。为了进行伦理教育，学校就应运而生。学校的位置和制度随着时代而变化，但学校的职责是从事伦理教育，这是始终不变的，即文中所说"而其所以教伦一也"。文章展现了"学—教—伦—人—天地"的逻辑思路，从哲理的高度大力肯定学校的重要意义，提出"以人道维天地，以学校庠序立国"。认为后世衰乱就是因为偏重政治的力量，而忽视了学校和教师的教化作用，把人混同于草木禽兽："有君而不立师，有刑政而无教化，有人而无义理，淆人于草木禽兽而托于天。"这些观点在今天依然值得我们深思。

讲义·大学

　　人位三才之中，为天地之心。人道得则天道成、地道平，亦犹心正而身修也；人道失则天地无以位、万物无以育，亦犹心不正而身不修也。先王知人之为大，故其所以为人谋者无不尽爱之、教之、涵之、濡之，开明导迪，作兴鼓舞。本之以性命道德，习之以学校序庠①，使具人之性者，皆有以尽其仁、义、礼、智之心；受人之形者，皆有以践其耳、目、四肢之理。然后天地有以位，万物有以育，而为人上者始无愧于财成参赞之位。此四代圣人之同心。而今之《大学》一篇，三纲八条则其前后相继②，不谋而同，通用常行，百世可知之定序也。盖天地之中，莫大于人。所以为人，莫大于性。所以成性，莫急于学。性非学不成，学非性不正。故《大学》一篇，三纲八条，

---

① 学校序庠：均指学校。《孟子·滕文公上》中有："设为庠序学校以教之，……夏曰校，殷曰序，周曰庠，学则三代共之。"
② 三纲八条：三纲指明德、亲民、止于至善。八条又称八目，即格物、致知、诚意、正心、修身、齐家、治国、平天下。

一经十传①，惟"明明德"三字②。明德，性也。仁、义、礼、智，人人同得于天，而常虚灵不昧者也。明明德，学也。格物、致知、诚意、正心，释其气禀之拘，撤其物欲之蔽，而流行其所得于天之全体，为孝、为弟、为忠、为信、为爱民爱物，而无所壅阏间断者也。身、家、国、天下，皆人也。修身、齐家、治国、平天下，不过欲其明德皆明，而成其所以为人者也。天下平者，新民之极功，而经文乃以"明明德"代"平"字③。八条，格、致、诚、正、修、齐、治七字皆前后相叫应④，独"平"字，以"明明德"为倡，而以"平"字应之于末，见得所谓天下平者，谓人人明德无不明，非若寻常言语所谓治安无事者也。天下之明德皆明，则身、家、国皆在其中矣。此夫子、曾子以性成人、以学成性之深意，读者所当思也。身修而后家可齐、国可治、天下可平。故必格物、致知以开其明，诚意、正心以实其善。盖以《中庸》明诚之学为修身之要。此其纲条次序虽出于孔门，然以《尧典》《康诰》观之，则四代之学教人之法可以必其同条而共贯。虽前后相去千载，而《尧典》以"克明俊德"为本领，以"黎民于变"为极功；《康诰》先言文王之"克明德"为子孙之所当守，而后言"作新民"，则四代之教岂有不同者哉？格物、致知，明也。诚意、正心，诚也。四代之学，其教人服行践履，岂能先于讲明体认者哉？大学者，大人之学也。大人者，十五岁以上之人也。

---

① 一经十传：朱熹认为以前相传的《大学》颇有错简，因此重新整理，分为经一章，传十章，经是孔子之言，曾子所记；传是曾子的解释，曾子的弟子所记。

② 明明德：彰显光明美好的品德。第一个"明"字是使动用法，指"使……彰显出来"。明德，光明美好的品德。

③ 经文乃以"明明德"代"平"字：《大学》："古之欲明明德于天下者，先治其国；欲治其国者，先齐其家；欲齐其家者，先修其身；欲修其身者，先正其心；欲正其心者，先诚其意；欲诚其意者，先致其知；致知在格物。物格而后知至，知至而后意诚，意诚而后心正，心正而后身修，身修而后家齐，家齐而后国治，国治而后天下平。"这段话开头说"明明德于天下"而不是"平天下"，结尾才说"天下平"。

④ 格、致、诚、正、修、齐、治七字皆前后相叫应：指上面的引文先按照治国、齐家、修身、正心、诚意、致知、格物的顺序论述，然后又按照相反的顺序论述，形成前后呼应。

古注浅陋，读"大"为"泰"，至程朱始读为"大"。先王之制："人生八岁，则自王公以下至于庶人之子弟皆入小学，而教之以洒扫、应对、进退之节，礼乐、射御、书数之文；及其十有五年，则自天子之元子、众子以至公、卿、大夫、元士之适子①，与凡民之俊秀，皆入大学，而教之以穷理、正心、修己、治人之道。"穷理即格物、致知，治人则齐家、治国、平天下，理与心即性也。文公之序②，揆之于先王，则四代之同可知矣。人生十五，则发肤日盛，聪明日开，桑弧蓬矢之志渐可行③，壮行强仕之志自此始④，故于此时随以《大学》之教。教之自此而上，二十、三十、四十、五十，出处仕止皆不离于学，至六十、七十、八十，耆老谢事，始不亲学。而岁时乡饮、乡射、养老、宾贤、序齿、正位之事犹多与焉⑤。盖此数事皆于庠序行之，老者但居宾僎之位而已⑥，无有不与者也。可见古人不以贵贱老少皆常在学，所以风行俗美，人人成人，而无忝于三才之一也。究其所极，不过以学成性，以性成人，以人成天地而已。

普三山晚学，误蒙县侯同寅访之山林，置之庠序，与一邑儒生、六曹俊秀⑦，相与为丽泽之讲习⑧。学肤识凡，何敢在此列？第惟五常之性，同得于乾父坤母，多会聚则理出，互答问则义明。人道莫急于学，而先王古圣所以

---

① 适子：同"嫡子"，正室所生之子。
② 文公之序：指朱熹《大学章句序》，朱熹逝世后谥号为"文"，故称文公。
③ 桑弧蓬矢：古代男子出生，用桑木做的弓、蓬草做的箭射天地四方，表示有远大志向的意思。见《礼记·内则》。
④ 壮行强仕：壮行，壮年时施展抱负。见《孟子·梁惠王下》："夫人幼而学之，壮而欲行之。"强仕，已经强大，可以出仕。见《礼记·曲礼上》："四十曰强，而仕。"
⑤ 乡饮：指乡饮酒礼，古代的一种礼仪活动，常带敬老之意。乡射：指乡射礼，古代的一种礼仪活动。养老：指养老礼，古代对年高德劭的老者按时赠以酒食而敬礼之的礼节。宾贤：招待贤才。序齿：按年龄大小排列顺序。正位：确定位次。
⑥ 宾僎：典礼时辅佐主人行礼的人。僎（zūn）：同"遵"。
⑦ 六曹：宋代县曾设六曹，分别是兵曹、刑曹、工曹、礼曹、户曹、吏曹。六曹是地方吏职的通称。
⑧ 丽泽：指朋友间互相切磋砥砺。出自《易经·兑卦·象传》："丽泽兑，君子以朋友讲习。"

陈　普

教人为学莫要于《大学》，篇题二字已为一篇之括，三纲八条之会也。相见之始，首为诸贤道之，而今而后讲明之际，是非得失毋吝切磋，庶几不负贤侯上体下教之盛心。若夫淬砺琢磨以备擢用，则人人自有光明径寸，后生可畏，不待于区区之多言也。

（选自陈普著、李志阳点校《石堂先生遗集》卷一，福建人民出版社，2020年，第1—4页）

讲义·论语

"学"之一字，首见于《商书》之《说命》①，实开千万世论学之端，洙泗师友讲明其义益著②，士君子入德之门莫不由此，下至于士庶人未有不须学以成者也。自《说命》以"学于古训"为言，而世之言学者，不过记诵为能，词章为工。抑不观《说命》中言学，非一曰"学逊志，时敏"则"道积于厥躬"，③曰"念终始典于学"则"德修罔觉"④。所谓"道积""德修"皆是就性分上用功，于身心上有得。所以《集注》首以"人性皆善"一语为本领，后觉效先觉之所为，不过欲明善复初而已。⑤此之谓学，盖异乎世俗记诵词章之学也。夫人以一身混然中处于天地之间，得天地之气以成形，得天地之理以成性，必有一点虚灵不昧者为一身之主宰。是性也，即上帝所降之衷⑥，黎

---

① 《说命》：《尚书》中的一篇。说（yuè）：傅说，商朝著名的大臣。
② 洙泗师友：孔子及其弟子。洙、泗，鲁国水名，在孔子家乡附近。
③ 抑：难道，岂。学逊志，时敏：原作"学逊志，务时敏"，意谓学习要虚心谦逊，务必时时努力。道积于厥躬：道德学问在自己身上不断积累。
④ 念终始典于学：心思始终专注于学习。德修罔觉：道德在不知不觉中臻于美好。
⑤ 以上文字基本出自朱熹《四书章句集注》中对"学而时习之，不亦说乎"的注释。
⑥ 衷：善。

民所秉之彝①，纯粹至善也；浑然在中，随事发见，则有仁、义、礼、智之名。但以其梏于气禀之偏②，陷于物欲之蔽，所以有善恶之不同。自古圣人设教，以先觉觉后觉者，盖既能尽己之性，必推而尽人之性，此学之不可以已也。

时习者，凡应事接物、起居动息，各有其持也，无一时不有其理；事事而求之，时时而察之，此之谓"时习"。如颜子于视、听、言、动之时，则习其"四勿"之戒③；曾子于为人谋、交友、传受之时，则习其"三省"之功④；仲弓于出门、使民、待人之时，则习其"敬恕"之道⑤。凡此类皆是时习。习之既熟，一旦豁然贯通，有以见夫道体流行无所不在，动容周旋自中乎礼，心与理融，怡然自得，岂不动喜悦之意乎？

《有朋自远方来》一节，又有以见天性民彝之善，无间乎人己远近。故气类之相求，精神之契合，在己之善既复其初，在人之善，亦以类而相从，欢忻交通、宣畅悦乐之情发见于外。《易》之《兑卦》以说为义，又复以朋友讲习为象；⑥是知悦乐之事莫大于朋友之相从。故此章亦以朋来为乐也。然朋来固君子之所乐，人不知己，岂不拂君子之意乎？今有拂吾意之人而置之度外，一毫忿闷之情不介于胸中，何也？盖君子之学，不过求尽吾己分之所当然，全吾性分之所固有，他人之知与不知，于我何加损焉？盖得于己者厚，则求

---

① 彝：常道。
② 气禀：对气的禀受。
③ "四勿"之戒：颜渊向孔子请教"仁"的内容，孔子说："非礼勿视，非礼勿听，非礼勿言，非礼勿动。"见《论语·颜渊》。
④ "三省"之功：《论语·学而》："曾子曰：'吾日三省吾身：为人谋而不忠乎？与朋友交而不信乎？传不习乎？'"
⑤ "敬恕"之道：《论语·颜渊》："仲弓问仁。子曰：'出门如见大宾，使民如承大祭。己所不欲，勿施于人。在邦无怨，在家无怨。'"朱熹《四书章句集注》："敬以持己，恕以及物，则私意无所容而心德全矣。"仲弓，孔子弟子冉雍，字仲弓。
⑥ "《易》之《兑卦》"一段：《周易·兑卦·象传》："兑，说也。"说，通"悦"。《周易·兑卦·象传》："丽泽，兑；君子以朋友讲习。"

陈　普

于人者薄矣。以夫子之圣，沈诸梁犹不之知而问于子路①，夫子且有乐以忘忧之言，初何恶于沈诸梁耶？故曰"不见是而无闷"②，又曰"故惟成德者能之"，文公又曰"德之所以成，亦曰学之正、习之熟、悦之深而不已焉耳"。又有以见此章首尾相贯只是一条道理，其根本只在复其性善之初，其功夫全在于为己之切，自得之深，其功效自然到乐与不愠境界。愚窃谓"学之正"一语又是习之熟、悦之深之纲领，若学之不正，则为异端邪说之流，偏狭固滞，何以有悦乐之趣？或为词章记诵之学，则矜己取名，无非为人求知之事，何以有成德之功？文公为学者开示路头，全在此一"正"字上，深玩庶几有得其本。

（选自《石堂先生遗集》卷二，第 20—22 页）

讲义·论语·学而

窃谓"知行"二字，乃为学之要领。知而不能行，如跛者欲适千里而废于跬步；行而不先知，如盲者欲索涂而莫知所向。先儒谓知行并进，如车两轮，二者不可偏废。自舜禹传心有"惟精惟一"之语③，已寓知行之意矣。傅说始指出二字："非知之艰，行之惟艰。"④ 孔门讲学皆不出此。《大学》三纲

---

① 沈诸梁：即叶公，楚国贵族，曾接待过孔子。《论语·述而》："叶公问孔子于子路，子路不对。子曰：'女奚不曰：其为人也，发愤忘食，乐以忘忧，不知老之将至云尔。'"

② 不见是而无闷：不被肯定也不会烦闷。出自《周易·文言》。"故惟成德者能之"，"德之所以成，亦曰学之正、习之熟、悦之深，而不已焉耳"，均见于朱熹《四书章句集注》中对"人不知而不愠"的注释。

③ 惟精惟一：用功精深，用心专一。《尚书·大禹谟》："人心惟危，道心惟微，惟精惟一，允执厥中。"儒家认为是历代圣贤相传的十六字心法。

④ 非知之艰，行之惟艰：出自《尚书·说命》。

则始乎知止①，八条则先乎致知②，《易》言学聚问辨③，而后继之以宽居仁行。《中庸》言学问思辨④，而后及于笃行。《论语》博文、约礼对言⑤。《孟子》知言、养气而知性、尽心互举焉⑥。盖博文、知言、知性皆知之事，约礼、养气、尽心皆行之事。历稽诸古，进修为学之要，莫不本乎知行之两端。以此而论，《学而》第六、第七章言学之旨及文公《集注》中之微意，尚有可发明者。第六章言"行有余力则以学文"，第七章言"虽曰未学，吾必谓之学矣"。合二章《集注》末段之意而参考之，始知文公之意又自以学文为重⑦，亦有以发明夫子之本意而救子夏之偏也。何以言之？盖学莫先于致知，而致知莫先于学文。六艺固为文之末者⑧，若《诗》《书》乃载道之文，备圣贤之成法，著事理之当然，岂非致知之先务乎？且如"入则孝"，固当行于事亲之时，然必知冬温夏清之节、承颜顺志之奉⑨，其所以为孝之道当如何。"出弟"固当行于从兄之时，然必须知其何者为恭、何者为友、何者为式相好、何者

---

① 《大学》三纲则始乎知止：《大学》提出"明明德、亲民、止于至善"的三纲后，接着论述"知止而后有定，定而后能静，静而后能安，安而后能虑，虑而后能得"。

② 八条则先乎致知：《大学》提出格物、致知、诚意、正心、修身、齐家、治国、平天下等八条，格物致知放在最前面。

③ 《易》言学聚问辨：《周易·文言》："君子学以聚之，问以辨之，宽以居之，仁以行之。"

④ 《中庸》言学问思辨：《中庸》："博学之，审问之，慎思之，明辨之，笃行之。"

⑤ 《论语》博文、约礼对言：《论语·雍也》："君子博学于文，约之以礼。"

⑥ 知言、养气：出自《孟子·公孙丑上》："'敢问夫子恶乎长？'曰：'我知言，我善养吾浩然之气。'"知性、尽心：出自《孟子·尽心上》："尽其心者，知其性也，知其性则知天矣。"

⑦ 文公之意：朱熹《论语·学而》第六章注释的结尾处云："愚谓力行而不学文，则无以考圣贤之成法，识事理之当然，而所行或出于私意，非但失之于野而已。"第六章注释的结尾处引吴氏曰："子夏之言其意善矣。然辞气之间抑扬太过，其流之弊，将或至于废学。必若上章夫子之言，然后为无弊也。"

⑧ 六艺：礼、乐、射、御、书、数。朱熹《大学章句序》："人生八岁，则自王公以下，至于庶人之子弟，皆入小学，而教之以洒扫、应对、进退之节，礼乐、射御、书数之文。"

⑨ 冬温夏清：冬天使父母温暖，夏天使父母凉爽。出自《礼记·曲礼上》："凡为人子之礼，冬温而夏清。"承颜顺志：顺从（父母）脸色，听从（父母）心愿。

陈　普

为无相犹①。"谨"者行之有常，当知其所以有常之道；"信"者言之有实，当知其所以有实之理。众之爱何以施？仁之亲何以择？未有不先知其所以然而能行其所当然者。下章四者皆人伦之大，然不读"二南"之诗何以知夫妇之道②？不知五典之书何以知父子之亲、君臣之义、朋友之信③？不考历山之克谐④，何以知能竭其力之法？不观三仁之自献⑤，何以知致其身之方？此四者而尽其诚，谓非自学文中来，可乎？然则力行固为务本之要，而致知又是力行之本，二者断不可偏废也。

（选自《石堂先生遗集》卷二，第26—27页）

讲义·孟子

天地之所以为天地者，人也；人之所以为天地之心者，伦也。明发思之⑥，立天立地而无人焉，则夫三光之运、四时之行，亦奚以为哉？日月之所照，雨露之所润，莫非草木禽兽，则其义理亦已卑矣。是故无人为大⑦，而人之所以为人者伦，苟无君臣之义、父子之亲、夫妇之别、长幼之序、朋友之信，则与鸟兽赋气具形者何以异？日月之照亦徒照，雨露之润亦徒润，天亦徒覆，地亦徒载，有人与无人同，则天地亦无所赖矣。然则人之于两间也固

---

① 式相好：彼此友好和睦。式，语气词。无相犹：不要互相欺诈。犹，欺诈。《诗经·小雅·斯干》："兄及弟矣，式相好矣，无相犹矣。"
② 二南：《诗经》中的《周南》《召南》。
③ 五典之书：《诗》《书》《礼》《易》《春秋》五部儒家经典。
④ 历山之克谐：舜在历山耕种，他的父亲愚昧，继母凶悍，同父异母之弟傲慢，当初他们都陷害舜，但舜努力与他们处理好关系，后来家庭和谐。事见《史记·五帝本纪》。
⑤ 三仁：殷商末年的三位仁人，微子、箕子、比干。
⑥ 明发：清晨，天亮时。
⑦ 无人为大：没有比人更重要的。《礼记·祭义》："天之所生，地之所养，无人为大。"

甚大,而伦之于人也亦已重矣。是故古之圣人,既制民之产,随以教伦为先务。伦有五,曰:君臣也,父子也,夫妇也,昆弟也,朋友之交也。君臣欲其有义,父子欲其有亲,夫妇欲其有别,长幼欲其有序,朋友欲其有信。五者天理之当然,天性之固然。以天命为本,以尧舜为法,而朋友者又所以切磋琢磨乎四者之义,五典之中尤不可无者也①。舜命九官,先百揆,②总众职也;次后稷,急民食;命稷之后,随以五典之教责之司徒,刑、工、礼、乐皆其后也。武王归马放牛之日,成王四征不庭之余,初政急务,如出一辙。③发以两间,莫大于人。人莫重于伦,理乱安危系其厚薄,存亡兴废在其有无,暗者忽之以为迂,明者"于时保之"④,惟恐有一息之废坠也。设为庠序学校以教之者,谓夫气质之禀有不齐,知能之良有不尽,非学无以觉,非教无以学,此司徒之职、典乐之官、学校庠序之制所由兴也。地自王宫、国都以及间巷,莫不有学;人自天子、诸侯之子下至庶人之子,莫不入学。地与制有不同名,因时有迁革,而其所以教伦一也。明礼义以立其根柢,定分别以明其标的,严法律以检其不齐。息之以宫宇,游之以《诗》《书》,考之以乡射⑤,磨之以师友,临之以卿大夫、乡先生,观之以乡饮酒、宾兴⑥。"二南"《雅》《颂》以动其机,《象》《勺》《武》《夏》以和其性⑦,钟鼓管磬以作其趋

---

① 五典:指君臣、父子、夫妇、兄弟、朋友等五伦。
② 舜命九官,先百揆:舜先后任命百揆、后稷、司徒、刑、工、虞、礼、乐、纳言。其中司徒负责五典之教,即五伦的教化。见于《尚书·舜典》。
③ 据《尚书·武成》,周武王灭商后返回周地,把战马放归华山的南面,把牛放回桃林的旷野,回到京城后设置官职,任命贤才,重视五伦的教化,重视诚信,讲明道义。据《尚书·周官》,周成王四方征讨不来朝见的诸侯,然后回到朝廷设官分职,其中也有司徒,负责教化。
④ 于时保之:于是保有它。见于《诗经·周颂·我将》:"畏天之威,于时保之。"
⑤ 乡射:指乡射礼,古代的一种礼仪活动,乡射礼展现参与者的品德。
⑥ 乡饮酒:指乡饮酒礼,古代的一种礼仪活动。宾兴:周代从乡小学选出贤能的人,以宾礼之,升入国学。周代宾兴时需要举行乡饮酒礼。
⑦ 《象》《勺》《武》《夏》:都是乐章名。相传《象》是周武王所作,《勺》是周公所作,《武》是歌颂周武王的乐舞,《夏》是歌颂大禹的乐舞。

陈 普

而安其习①。民之耳目闻见止于是，心术趋向一于是，手足举措范于是，肌肤筋骸束于是，声音气习移于是。当是时，人无不学，学无非伦。进有六德、六行之选②，退有八刑之纠③。无所蔽而已觉者，增其美质而进其新知；有所拘而未觉者，释其缠绕而出其真性忠孝慈爱之天。男女长幼之序、交际往来之礼，用之如菽粟水火，甘之如刍豢膏粱④，安之如宫室衽席，粲然节文如五采之不可乱，了然善恶如墨白之不可淆。义理之伤痛于肢体，伦义之爱重于金珠。始也油然而生，沛然而趋；终也怡然而自得，陶然而成俗。道路田里皆弟让之人，衰世乱朝少犯上之夫。是以人道得而天地位，日月光华，动植咸若⑤，此三代之世所以为治，而国祚之所以长。盖以人道维天地，以学校庠序立国。其深思远虑，非后世浍人于草木禽兽，而托国于天者比也。自井田废而学制亡，人之耳目无所习，心术无所止，异端乘虚入中国，使古之家塾党庠悉化而为佛老之室，诗书弦诵而乱之以楚呗蛮夷之语⑥，衣冠礼乐而眩之以怪形异服之人，孝弟忠信之民而误之以空虚断灭、弃父母、绝妻子之教。盖秦汉而下千有余年，人不绝于天地间，而其声音气习违禽兽常不远。其所以不绝之故，与夫天地之高下运行未至于坠陷熄灭者，皆以秉彝之天，时出间发，不待教训而自不能忘者为之主，与夫山林江海蹈道行义、立言垂训、潜扶三纲五典于寂寞之乡者犹有其人。若夫赤子苍生之祸，山川日月之灾，或弥四海、亘百年而不得宁者，则虞夏商周之所未尝有也。无他，人无礼义、

---

① 钟鼓管磬：都是指乐器。
② 六德、六行之选：《周礼·地官·司徒》："以乡三物教万民而宾兴之。一曰六德：知、仁、圣、义、忠、和。二曰六行：孝、友、睦、姻、任、恤。三曰六艺：礼、乐、射、御、书、数。"
③ 八刑：《周礼·地官·司徒》："以乡八刑纠万民。一曰不孝之刑，二曰不睦之刑，三曰不姻之刑，四曰不弟之刑，五曰不任之刑，六曰不恤之刑，七曰造言之刑，八曰乱民之刑。"后来总称刑政为八刑。
④ 刍（chú）豢（huàn）：牛羊猪犬等牲畜。膏粱：肥肉和细粮，泛指精美的食物。
⑤ 动植咸若：动植物都能顺应自己的本性。若，顺应。
⑥ 楚呗：疑作"梵呗"，本指佛教作法事时念诵经文的声音，此处泛指外国的语言。

薄恩爱之时多也。有君而不立师，有刑政而无教化，有人而无义理，淆人于草木禽兽而托于天。此秦汉以来有土、有人、有政者，大率未尝以为念也。然则如之何念之？曰：人者，天地之心，有五典之伦，非草木禽兽比也。伦不可无教，教不可无学，不修不举是偷也。天地万物系焉，宗庙社稷关焉。苟有坐以待旦之勇①，则一日可以唐虞三代矣。

（选自《石堂先生遗集》卷二，第38—40页）

（刘曙初编撰）

---

① 坐以待旦：早早起来坐着等待天亮，形容很勤恳。出自《尚书·太甲上》："先王昧爽丕显，坐以待旦。"

熊 禾

【题解】

熊禾（1247—1312年），建阳人，宋末元初著名理学家、教育家。熊禾生而聪敏，年少时尊崇并立志于传扬濂、洛、关、闽之学。熊禾曾随从朱熹的门人辅广求学，并在游历浙江期间受业于刘敬堂，得以领悟朱熹晚年与黄榦等人议论学问的要旨，终生捍卫并大力弘扬。宋度宗咸淳十年甲戌（1274年），熊禾科举及第，被授予宁武州司户参军一职，任职期间，为官正直，政绩卓著。南宋灭亡后，熊禾退出官场，束书入山，先后在洪源书院、云谷书院聚徒讲学，与友交游，考据经典，撰书著述，传扬儒家正统学问，堪称一代贤儒。

《孝经大义序》是熊禾为《孝经大义》做的序。胡庭芳曾携其弟子董真卿前往云谷山拜访友人熊禾并持以《孝经大义》一书，此书明白易晓却又意趣精深。熊禾言道，《孝经》乃深得孔门学问真义的曾氏所作，行当以《孝经》为先。熊禾以舜、禹、成汤等圣贤重孝之举论证了"孝"对立心治国的重要性。为发扬《孝经大义》其中所蕴含的真义，熊禾将其刊刻于鳌峰书塾。

《送胡庭芳后序》是熊禾送别友人胡庭芳时所作。胡庭芳，婺源人，自幼聪颖且有悟性，礼部不第后，退而讲学。其十分敬仰朱子之学，在易学方面造诣颇深，撰有《史纂通要》《周易本义附录》《启蒙易传》等书。熊禾与胡庭芳实乃同道中人，武夷山中讲学期间，共同考订古籍，推论象数之源，穷究义理旨归，编撰成书，二人志同道合、惺惺相惜、亲如弟兄。熊禾感慨，道统蒙尘、正学不兴，实则缘由六经无完书。书乃道之载体，书存，则千万世学有所依，受用不尽。

《四时治要方序》是熊禾为《四时治要方》作的序。熊禾体弱多病，好读医书，因居于山中，不便寻医，便按照陈希元所赠《四时治要方》自行医治。熊禾借陈希元医术超凡一事阐明"学无大小，操之必有术"，高度强调学习对于自治治人的重要性，凡学习，必有收获。

《跋谢春堂诗义后》是熊禾读《谢先生诗义》之后所作。熊禾在其中高谈于政事有益的大经济大学问，更援引湖湘学内容，印证全体大用之学之功用。教育当以六经大义为重要内容，亦不可荒废武备之学。

《考亭书院记》饱含了熊禾对于朱熹的盛誉与敬意。熊禾将朱熹比之于孔子，认为二人皆为乱世圣贤，其道统思想世代相传。熊禾阐明了朱熹的全体大用学问，体则健顺仁义中正之性，用则治教农礼兵刑之具，进一步说明了修炼体用之学所需学习的内容，并在此提及朱熹所倡扬的心法，对世人做一学习方法的提醒。

《晋江县学记》是熊禾为晋江县学所做的记。熊禾认为学校不兴，才导致人才放失、儒校阔疏，因此十分重视教育。其以易学为基，阐明了古人立教之准则，借天之四时，解释了何为"体"、何为"用"，倡扬遵循儒道，践履实事。

《商鞅徙木立信论》是熊禾对于商鞅徙木立信一事的议论。熊禾认为商鞅徙木立信在较短时间内取信于民，目的不纯，其方式虽立即见效，却是有伤风化的。熊禾举以圣人治世之道，强调教育对于治世化民的影响是循序渐进且深远的，正直为民，不含私心，大兴教化，于是政治清明，人心归向。

孝经大义序

孔门之学,惟曾氏得其宗。曾氏之书有二,曰《大学》,曰《孝经》,经传章句,大略亦相似。学以《大学》为本,行以《孝经》为先,自天子至于庶人,一也。《尧典》一篇,《大学》《孝经》之祖也。自克明峻德以至亲睦九族,极而百姓之昭明,万邦之于变,《大学》之序也,孝之为道,盖已具于亲睦九族之中矣。何也?一本故也。自是舜以克孝而徽五典,禹以致孝而叙彝伦①,伊尹述成汤之德,一则曰立爱惟亲,二则曰奉先思孝。当时人纪之修,孰大乎是?文、武、周公率是而行,上而宗庙之飨,下而子孙之保,宗支庶蕃,道化流衍,且二千余年。推其效,必至于四海之内,人皆亲其亲,长其长,一鳞毛一芽甲之微,无不得所而后为孝之极致。呜呼!二帝三王之教,可谓大矣。《孝经》一书,即其遗法也。世入春秋,皇纲纽解,孔子伤之,三复昔者明王孝治之言,思之深,望之切矣。诚使天子公卿躬行于上,凡礼乐刑政之具,壹是以孝为本,则斯道也固天性之自然,人心之固有,一转移间,王道顾不易易乎?惜也徒托之空言,而仅见于门人记录之书也。书存而道可奉,虽不能行诸一时,犹可诏诸来世。今此经之可考者,不过汉《艺文志》而已。而其篇次,则颜注古文二十二章,孔壁所藏本也,今文一十八章,汉河间王所得颜芝本,而刘向之所参校者也,要之出于汉儒傅会,皆非曾氏门人所记旧文矣。唐玄宗开元敕议,意非不美,而司马贞浅学陋识,并以闺门一章去之,卒启玄宗无礼无度之祸,而其所制序文,至以礼为外饰之所资,仁义为后来之渐有。不知所谓因心之孝者,果何所因,而又何自而萌乎?学之不讲,德之不修,一至于此。桓桓朱子,特起南夏,平生精力,用功于《易》、四书为多。至此书,则仅成刊误一编,注释大义,犹有所未及。噫!

---

① 彝伦:常道。《尚书·洪范》:"天乃锡禹洪范九畴,彝伦攸叙。"(锡,通"赐"。)

人子不可斯须忘孝，则此为天子至庶人，一日不可无之书，章句已明，而文义犹缺，顾非一大欠事乎？盖尝有志汇集诸家传注，以明一经而未果。一日余友人新安胡庭芳，挈其高弟番阳董真卿①，访余云谷（一作武夷）山中，手携父书，有《孝经大义》者，取而阅之，则其家君深山先生董君季亨父所辑也。其书为初学设，故其词皆明白易晓，熟玩之，则其间义趣精深，又有非浅见谫闻所能窥者，辄为刊之鳌峰书塾，以广其传。此岂惟学者修身齐家之要，而有国有天下者，亦岂能外是，而他有化民成俗之道哉？噫！文公一用之于滕，而四方草偃欢动；拓跋帝再用之于魏，至使邻国君臣，耸动愧悔，而不自已。生于其心，发于其政，今考二君行事，皆班班有三代之风，而况不止为滕、魏者乎？嗟夫，此经之废，盖千五百余年矣，悠悠盖壤，人极未坠，岂无以二帝三王之心为心者？仁，人心也。学所以求仁，而孝则行仁之本也。《语》曰："如有王者，必世而后仁。"愚何幸身亲见之。

(选自熊禾《勿轩集》卷一，四库全书本，第2b—5a页)

送胡庭芳后序

余与庭芳，斯文异姓昆弟也。三钱君矣，君健我衰，此会岂数得？君初来洪源三月，再自洪源游云庄又十月。今来鳌峰，已办两载留计，事有不得遂所期者，岂斯文之会，天实啬我耶？临行含凄不忍别，重念己丑与庭芳握手叹慨秦汉以下，天下所以无善治者，儒者无正学也，儒者所以无正学者，六经无完书也。六经无完书，则学不可得而讲矣，儒者无正学，则道不可得而明矣。千五百年，牵补架漏，天地生民何望焉。考亭夫子，集正学大成，平生精力在《易》、四书，《诗》仅完，《书》开端而未及竟，虽付之门人九峰蔡氏，犹未大畅厥旨。"三礼"虽有通解，缺而未备者尚多。至门人勉斋黄

---

① 挈：提携，率领。《公羊传·襄公二十七年》："公子鱄挈其妻子而去之。"

氏、信斋杨氏，粗完《丧》《祭》二书，而授受损益，精意竟无能续之者。若《春秋》则不过发其大义而已，岂无所俟于来学乎？当我世不完，则亦愧负师训多矣。顾惟兵难之余，学徒解散，文集毁亡，徒抱苦心，力实不逮。蚤岁成《春秋通解》一书，又厄于火，兼以齿发向衰，抗我滋甚，微君之来，此学孤矣。余与君相与讲切缕指，盖十有七年矣。《易》《诗》《书》，仅尔就绪，《春秋》更加重纂。则皇帝王伯之道，亦粗备矣。惟"三礼"，乃文公与门人三世未了之书，所关甚重，且周官六典，元不亡，当复其旧，而《仪礼》十七篇，且欲各附《礼记》传义，以为之兆，当犹有俟也。临别再与庭芳约，分任此责。庭芳计以来岁冬春之交四入闽。此留，当终吾生以毕兹事。古襄张侯绍先嗜学礼士，慨然以文献为念，昔以此属全金，又以属庭芳。悠悠盖壤，文献实难，邹孟子距夫子百余岁，而已有"无有乎尔"之叹者，无其人也。韩宣子因过鲁，见《易象》《春秋》，遽曰"周礼尽在是者"，以其有书也。君归江东，与我同志，其以是告之。梅花祖道，晴日暄美，山中诸友，各有赠诗。余前日寿君之章，意已至矣，族长麟斋翁，又申言之，辄叙其所深望者如此。我日斯迈，而月斯征，载歌此，为续后序。

（选自《勿轩集》卷一，第 18a—19b 页）

四时治要方序

余多病，喜阅医书，最后得陈希元家藏《治要方》，山居不能寻医，按此亦足以自治，信乎其为良方也。希元之论曰：凡病必有治，治必有要，不独医为然。盖于此怵然有感矣。余尝学自治治人之道，一日闻之师曰：药灵丸不大，棋妙子无多。令心悟躬践。今老矣，每见乡人有病剧欲死者，众医束手告去，希元以为可治，则投半匕之剂辄苏活。余每神之，必曰是盖得之师传者，非我也。未尝不窃叹，学无小大，操之必有其术，而亦必不可以无所受也。因系以所闻，而附识卷左云。

（选自《勿轩集》卷一，第 15b—16a 页）

跋谢春堂诗义后

余读春堂谢先生《诗义》，至《庚午科江汉告成》一篇，未尝不抚然废卷，而继之以流涕也。犹记龙川《上阜陵书》，谓荆襄天下根本，将必有起而乘之者，至庚午验矣。下土儒生，方且角一日长技于万人场屋之战，其不为武夫健儿所揶揄者几希。虽然，文在天地间犹日月，六经大义，何可废也，武亦儒者一事耳。鸣条伊挚①，戮力造功，岂不甚武？而《一德》等篇，对语亲切，虽后儒竭其偶俪模写，亦一语不能似"牧野尚父，时维鹰扬"。至丹书大训之授，则周旋升降，面向曲折，拘拘然若后世礼生经士之为者，此其故何也？天造草昧，雷雨满盈，划然而河汉昭回，星日粲烂，皆天下之至文也。近世东莱吕氏，以张某《书义请献先生》一篇，汇入文鉴。致堂胡氏，至以此篇与孔明《出师表》，击节并歌，慷慨激烈。今观其作，岂区区举子偶俪破碎者之比乎？复（后）有善变者，必不然（易）矣。湖学有明经治事斋，使人通一经，治一事，边防水利之类，靡所不讲。关洛大儒，为往圣继绝学，而孙、吴、韩信兵法，亦未尝不通，此有体有用之学也。道南一脉，皆在延平，春堂问学，其渊源有自来矣。今子学正君用和，克世其业，敦厚温柔中有英烈激发气，此岂寻常龌龊者，可企其意度之万一？余来三山，时相过从，一日出其父书，及当代诸名贤题跋，且征予语，辄序其所感者如此。呜呼，雅亡《春秋》作，汉郢之臣，不入于筚路蓝缕之所启辟，则沦于《车邻

---

① 鸣条伊挚：鸣条，古地名。又名高侯原。在今山西运城安邑镇北。相传商汤伐夏桀，战于鸣条之野，即此。

（邻）》驷铁（驖）之所蹂躏①，岂复念先（宣）王、召虎之经营哉？江山无恙，风景渺然，光武一用之以循河北，昭烈再用之以向中原，亦存乎其人耳。文公尝以邓禹杖策、孔明草庐二对②，作一类文章看，今世儒者所未讲也。用和家学有传，其必获我心矣。

（选自《勿轩集》卷一，第 11a—12b 页）

考亭书院记

周东迁而夫子出，宋南渡而文公生，世运升降之会，天必拟大圣大贤以当之者，三纲五常之道所寄也。道有统，羲轩邈矣，陶唐氏迄今六十二甲辰。孟氏历叙道统之传，为帝为王者，千五百余岁，则尧、舜、禹之于冀也，汤、尹之于伊亳也，文、武、周公之于岐酆也。自是以下，为霸为强者，二千余岁，而所寄仅若此，儒者几无以借口于来世。呜呼！微夫子六经，则五帝三王之道不传；微文公四书，则夫子之道不著。人心无所于主，利欲持世，庸有极乎？《七篇》之终，所以大圣人之居，而尚其出者，其独无所感乎？呜呼！由文公以来，又百有余岁矣。建考亭视鲁阙里，初名竹林精舍，后更沧州。宋理宗表章公学，以公从祀庙庭，始锡书院额，诸生世守其学不替。龙门母侯逢辰，灼见斯道之统，有关于世运，故于此重致意焉。岁戊子，侯为郡判官，始克修复。邑令古澶郭君瑛，又从而增辟之，乙巳，侯同知南剑郡事，道谒祠下，顾诸生曰，居已完矣，其盍有养乎？书院旧有田九十余亩，

---

① 驷铁：亦作"驷驖"。同驾一车的四匹赤黑色马。《诗经·秦风·驷驖》："驷驖孔阜，六辔在手。"

② 邓禹杖策：邓禹（2—58 年），东汉初将领，字仲华，南阳新野（今河南新野南）人。初从刘秀镇压河北的铜马农民起义军。后为前将军，率军入河东，镇压绿林军王匡、成丹等部。刘秀即位后，任大司徒，封酂侯。渡河入关，所部号称百万。后为赤眉军所败，改封高密侯。

春秋祀犹不给，侯捐田为倡。郭君适自北来，议以克协诸名贤之胄，与邦之大夫士翕然和之，合为田五百亩有奇。供祀之余，则以给师弟子之廪膳，名曰义学田。初省府以公三世孙朱沂，充书院山长。既殁，诸生请以四世孙朱椿，袭其职。侯白之当路，仍增弟子员，属其事于邑簿汪君蒙，其以书来曰，养可以粗给矣，而教之不可以无师也。谓禾犹逮有闻，俾与前进士魏梦牛，分教大小学，盖有甚欲然者。既又属禾记其事，其将何以为词。重惟文公之学，圣人全体大用之学也，本之身心，则为德行，措之国家天下，则为事业。其体则有健顺仁义中正之性，其用则有治教农礼兵刑之具，其文则有《小学》《大学》《语》《孟》《中庸》《易》《诗》《书》《春秋》"三礼"《孝经》《图书》《西铭》传义，及《通鉴纲目》《近思录》等书，学者学此而已。今但知诵习公之文，而体用之学，曾莫之究，其得谓之善学乎？矧曰体其全而用其大者乎？公之于考亭也，门人蔡氏渊尝言其晚年闲居，于大本大原之地，充养敦厚，人有不得窥其际者。盖其喜怒哀乐之未发，早闻师说于延平李先生侗，体验已熟，虽其语学者非其（止）一端，而敬贯动静之旨，圣人复起，不易斯言矣。呜呼！此古人授受心法也，世之溺口耳之学，何足以窥其微哉？公之修"三礼"，自家乡至邦国王朝，大纲小纪，详法略则，悉以属之门人黄氏榦，且曰：如用之，固当尽天地之变，酌古今之宜，而又通乎南北风气，损文就质，以求其中可也。使公之志克遂，有王者作，必来取法矣。呜呼！古人为治之大经大法，平居既无素习，一旦临事，惟小功近利是视，生民亦何日蒙至治之泽乎？秦人绝学之后，六经无完书，若井田，若学校，凡古人经理人道之具尽废。汉犹近古，其大机已失之矣。当今治宇一统，京师首善之地，立胄学，兴文教。文公四书，方为世大用，此又非世运方升之一几乎？邵氏观化所谓善变之，则帝王之道可兴者，以时考之，可矣。诚能以此，推原羲轩以来之统，大明夫子祖述宪章之志，上自辟雍，下逮庠序，祀典教法，一惟我文公之训是式，古人全体大用之学，复行于天下，其不自兹始乎？今公祠以文肃黄氏榦配，旧典也；从以文节蔡氏元定、文简刘氏爚、文忠真氏德秀,建安、武夷例也。我文公体用之学,黄氏其庶几焉,余皆守公之道不二,其侑公也实甚宜。公以建炎庚戌,生于剑之南溪,父吏部韦斋先生。之仕国也,公蕴经世大业,属权奸相继用事,郁郁不得展。道学为世大禁,公与门人,益务坚苦,泊如也。庆元庚申,殁于考亭。后十年庚午,疆场事起。又六十七年丙子,宋亡,公之曾孙浚以死节著。呜呼!大圣大贤之生,其有关于天地之化、盛衰之运者,岂可以浅言哉?夫子之六经,不得行于再世,而公之四书,乃得彰于当代。公之身虽诎于当时,而公之道卒信于其后者,天也。过江来,中州文献欲尽,自左丞覃怀许公衡,倡明公学,家诵其书,人尊其道,凡所以启沃君心,栽培相业,以开治平之原者,皆公余泽也。方侯创义学,东平袁君壁,适以臬事至闽①,访求公后,表浚二子林彬于省,长南溪建安二书院,奉韦斋及公祠,又以考亭乃公旧宅,恳恳为语诸生小学入门之要,尤以师道不立为忧。既而金华陈君公举斯(司)文吴会,为胄监学征藏书,考寻文献,且欲于此继成公志,以复六经古文为属,诚巨典也,而必有俟焉。天道循环,无往不复,欲观周道,舍鲁何适?正学一脉,亟起而述续之,则天地之心,生民之命,万世之太平,当于此乎在。侯之功,不亦远乎?侯世以德显,其仕闽,以化为政。道南七书院,皆其再造也。考亭西北偏,有山曰云谷,晦庵在焉,亦为之起废。汪君于山之麓,为门以识,凡公坟宅,悉从而表树焉,庶乎知为政之先务矣。精舍创于绍兴甲寅,前堂后室,制甚朴。宝庆乙酉,邑令莆阳刘克庄,始辟公祠。今燕居庙,则淳祐辛亥漕使眉山史侯李(季)温旧构也。书院之更造,惟公手创,不敢改。栋宇门庑,焕然一新,邑士刘熙宝终始之。义学之创兴,宋奕、黄枢首帅以听,华恭孙、叶善夫、赵宗叟、盱江李廷玉,与有谋焉。而厚帑庾,完堑茨,以迄于成,则虞子建、刘实也,贤劳皆可书。时提调官总管燕山张仲仪、教授

---

① 臬(niè)事:法规。《尚书·康诰》:"王曰:'汝陈时臬事,罚蔽殷彝。'"《孔传》:"陈是法事,其刑罚断狱,用殷家常法,谓典刑故事。"一说,当读为"汝陈时臬,事罚"。事罚,用刑也。见曾运乾《尚书正读》。

三山黄文仲、助田名氏，悉书石阴。后甲辰三岁，大德十一年四月朔日，后学熊禾记。

(选自《勿轩集》卷二，第1a—4b页)

晋江县学记

泉直海东南隅，实惟文明之地，且晦庵、西山二先生在仕国也，百余年间，文化斳斳，可以一变而道。晋江、泉负郭邑，旧有庙无学，淳祐甲辰林令奭，易创今庙，咸淳辛未赵令瑶，始创今学，端明洪公记之悉矣。予辛丑冬，南游抵泉，春祀，祗拜庙下，惟见墙宇倾圮，东北壁坏，粪（土壤）山积。邑博士王君景耀愀然谓予曰，咸淳之创，三十有二年矣，比来仅一修复而功弗竟，书（诸）生力不逮志。尝告之令尹边侯，侯曰："吾责也，行当图之。"暨秋再至，则庙学一新，讲堂之后，筑杏坛三级，坛之北为堂三间，东西序直舍二，翼以四斋，缭以宫墙，俨如也。先是春三月不雨，至夏五月，侯奔走名望，堂成而雨澍，以时雨名，示不忘侯教也。斋左曰仁存，曰礼立，右曰义和，曰知乐。王君状其颠末。来谂，且曰，侯之德我士甚厚，不可不记。辞不获，则绎其名之之义而言曰：天有四时，无非教也，古人立教，法天而已。天之道，元、亨、利、贞，其体也；春、夏、秋、冬，其用也。在人则仁义礼智，其体也，而其所以为用者，岂独无所事哉？闻之师曰：农象春，礼象夏，刑象秋，兵象冬，此人事之四时，而教之所寓也。未仕而学校，则学此者也；已仕而官府，则行此者也。儒道、吏治，共有二乎哉？昔安定胡公，以经术德行教人，至农事、礼乐、刑政、兵防之类，亦使之人治一事，世称为明体适用之学。况晦庵、西山二先生之教，其体全体，其用大用，又湖学所未尝有者乎！一邑天下之式。古之人居必近学，学必亲师。自国学侯頖①，以至党庠闾塾②，皆在其居之南。凡田赋饮射，论囚献馘③，必于是者，便旦夕教也。学距治所，不数十举武，侯朝视事于官，日昃不少倦，退即休坐于学，与诸生从容乎杏坛之侧，其知讲学论政之本者矣。侯廉勤明敏，始至之日，有事于社稷，业治坛祀惟谨。邑有闲田，增垦岁二千亩，流民之来归者，三百余家。未几，政成而学兴，隶邑泉山、石井二书院，亦皆易而新之，庶乎知养教之序者。至于讼简盗息，百废具兴，侯之余也。记为学作，故可略。是役也，侯首捐俸，为官吏倡，里之好义者欢趋之，材工率佣以直，一毫不以扰民。用斯道以往，又岂但一邑为然。

（选自《勿轩集》卷三，第1a—3a页）

商鞅徙木立信论

或问商鞅徙木之信，果可以为信乎？曰：此小人狙诈之术，非信也。然则温公称其信以蓄民，荆公赞其令之必行，非与？曰：温公不识王伯，故有此等议论。若荆公者，方以其术祸天下，无怪乎喜而赞之也。何以言之？曰：昔者圣人之治世也，作之君，作之师。民饥也，而教之稼穑；民寒也，而教之桑麻；穴居野处也，而教之宫室；污樽抔饮也，而教之器用；父子夫妇也，而教之有亲有别；君臣朋友也，而教之有义有信；疾病也，而教之医药；死

---

① 頖：同"泮"。頖宫，即"泮宫"。西周诸侯所设的大学。《礼记·王制》："大学在郊，天子曰辟雍，诸侯曰頖宫。"

② 党庠闾塾：党，户口编制单位。五百家为党。庠，古代的学校。特指乡学。闾，户口编制单位。二十五家为闾。塾，旧时私人设立的学堂。《礼记·学记》："古之教者，家有塾，党有庠，术有序，国有学。"

③ 论囚献馘：古代战时割取所杀敌人的左耳，用以计功。亦即指所割下的左耳。《左传·宣公二年》："俘二百五十人，馘百人。"《诗经·鲁颂·泮水》："在泮献馘。"郑玄笺："馘，所格者之左耳。"

亡也，而教之葬埋；为善也，而为之赏以劝之；为恶也，而为之刑以惩之，是皆因其自然之理、当行之路，而立教养之法尔。一政之出，坚如金石，于以定民之心志；一令之施，确如四时，于以一民之耳目。圣人之所以信于民者盖如此，岂有一毫私意于其间哉？商鞅以刻薄狙诈之资，欲售其富强吞并之术，恐民惊骇而不之信，非议而不之从，于是特假徙木之小事，而立五十金之重赏。行不测之赏，诱之于先，用不测之刑，驱之于后，移其耳目，夺其心志。于是驱之力本，则务农矣；驱之战斗，则死敌矣；驱之弑父，则子不敢违矣；驱之弑君，则臣不敢违矣。行之十年，路不拾遗，厥后扶苏闻诏赐死，不敢自白，赵高指鹿为马，廷无间言，皆徙木之所致也。呜呼！小人之术，正如毒药攻病，非无一时捷效，而其溃肠刻骨之祸，盖有不旋踵者。鞅不足道也，而温公议论如此，吾以是知功利之移人，有不可言者。

（选自熊禾《熊勿轩先生文集》，商务印书馆，1936年，第47页）

（陈思雨编撰）

蔡　清

【题解】

蔡清（1453—1508年），明代晋江人，字介夫，号虚斋，是当时享有盛名的理学家、经学家、教育学家。蔡清一生仕宦短暂，对学问的渴求远超对仕途的追逐，大部分时间都在开展讲学活动和进行学术研究。蔡清在泉州开馆讲学，形成了闽南理学流派——清源学派，使闽南理学的发展攀上一个新的高峰。他倡导学子们参与科举考试，认为科举不仅与追求圣人之道并行不悖，而且二者是相辅相成、相互作用的。在传授学问时，他始终强调知行合一的重要性，注重培养学生独立思考的能力。蔡清著作宏富，有《易经蒙引》《四书蒙引》《蔡文庄公集》《虚斋文集》《蔡虚斋粹言》《艾庵密箴》《太极图解》《河洛私见》存世。

《与严州诸友书》是蔡清与严州的学子们分别后所写的一封书信。成化十七年（1481年），蔡清进京参加进士考试，因病落第，在返程途中滞留在严州，当地的读书人纷纷前来求教，蔡清在驿馆内为二十余位有疑问的学子答疑。后来他写《与严州诸友书》，阐述了天下事无难易之分，关键在于人的作为和努力。特别是参加科举考试的人，只要专心致志，都能有所成就。蔡清认为他们的资质都不差，只需看用功的程度如何。他还建议学子们阅读《性理大全》中关于学问和科举的篇章，以获得更深的领悟，做到有章可循，更好地应对科举考试。

《送涂君体常司训汤溪序》探讨了教育的作用和师儒的价值。蔡清认为虽然成为将相是许多人的追求，但成为一位优秀的师儒同样值得尊敬。通过引用北宋著名的教育家胡瑗在苏州、湖州时期从事教育活动的经历以及自己的朋友涂君体常在汤溪任训导的例子，强调师儒在培养人才、传承文化方面的重要作用。文章还指出，现在的师儒官员往往不被重视，但师儒的工作实际上是非常重要和艰难的。作者希望借此鼓励更多的有识之士投身于教育事业，为国家培养更多的人才。古代的名将和名相数量有限，他们的学问大多都有所传承，而这传承就来自于师儒。

《送陈太和先生撤馆归莆序》是蔡清为莆田的陈太和先生所写的一篇赠言。蔡清首先强调了学习的重要性和老师的作用，认为学习是成为人的基础，而老师是引导学生学习的关键。接着对比了古今学者学习的内容，指出虽然所学内容有所不同，但核心都是追求古人的智慧和道理。蔡清介绍了陈太和先生的学问和品行，以及他在讲学中的方法和效果，表达了对陈太和先生的敬仰和赞赏。陈太和先生不仅学问广博，而且注重探求古人思想的精髓，以此来教育学生如何学习。他的教学方法使学生们受到启发，愈发勤勉学习。最后，通过对现今学问状况的感慨，呼吁人们重视真正的学问，追求古人的智慧和道理。蔡清认为，如果老师和学生都能明白如何教和如何学，那么就能培养出更多的圣贤，世风也会变得更加美好。

《送邱教谕任满启行序》是蔡清为即将离任的邱教谕（即邱某先生）所写的送行序，并对他的教育成就给予了高度评价。讨论了古代君子对于将相、守令和师儒这三种官职的看法，强调了师儒的重要性和价值。指出当今社会中，师儒往往被轻视，许多人不愿意担任，而被迫接受的人又往往不能尽心尽力。蔡清以邱教谕为例，详细介绍了他在惠安担任掌教期间的教育改革和成就。邱教谕到任后，更新了教育条例，得到了学生的尊敬和认可，与县令张侯合作，使得政教相得益彰，学校精神风貌焕然一新。在丙午年的乡试中，他成功推荐了三人，这是惠安前所未有的成绩。在文章中蔡清表达了对邱教谕离任的不舍之情，也借此机会强调了师儒的重要性和价值，呼吁人们重视师儒，尊重教育。

《书戒五条》是蔡清关于读书和藏书的教诲。蔡清表达了自己的藏书之难，希望子孙后代能珍惜并善加利用这些书籍，指出读书不仅是为了获得知识，更重要的是要能够将这些知识转化为自己的品行和能力，即"著己"。通过举例，如皋、夔、稷、契等历史上的伟大人物，来论述即使没有读过很多书，只要能够穷究事理并身体力行，也能成为伟大的人。并进一步阐明学习要讲究方法，而不仅仅是追求数量的多少。蔡清强调书籍的珍贵和对书籍的珍惜爱护，特别是借书给别人时要更加谨慎。这不仅是对书籍本身的尊重，也是对自己学问的尊重。通过深入浅出的语言，蔡清告诫子孙们要珍惜书籍、善用书籍，通过正确的方法和态度来学习和积累知识，从而提高自己的品德和能力。

与严州诸友书

自十一日与诸君江头一别，吾从舟中望诸君，诸君亦以岸上注目。当是时，吾以吾之情，知诸君之情矣，云云。虽然，离合亦常事耳，吾自有欲言者。

大抵天下事，无甚易，亦无甚难。凡圣贤所责人为者，皆人之所当为，亦人之所能为也。况举业一事，岂有专心致志于是而不得者。盖有之矣，是必其资质之甚下也。以吾观诸君，则资质又皆非人下者，顾用工何如耳。而用力节度则区区已常为诸君道之，惟诸君力行。更以《性理大全》中论学、论科举篇观之，则区区之言又陋矣。

江右袁先生悦会，希为拜意。天下读《易》者多矣，如袁先生甚少。《系辞传》所论，教我多矣。

（选自蔡清《蔡文庄公集》卷二，商务印书馆，2018年，第55页）

送涂君体常司训汤溪序

予尝窃以为丈夫生不为将相，得为师儒其可矣，何乐乎为将相也？夫为将相者，苟其道术素具，行之以时，呼吸进退之间，危可安，安可久，乱可治，治可大。治以数十年之身，而遗数千百年之休，何负乎为丈夫也？时乎有事，将数百万之众，运筹决机，坐使梗化猾夏之徒冰消风靡①，脱吾民于锋镝之下，又何快也？是故君子乐之。然古人之名将相可数也，其学大抵皆有所受，则师儒者，凡百人才之所自出，是又未可以亚于将相论也。

宋安定先生②，亦一学官耳，而当时所造士，足以供国家数十年之用。向令及门者有房、杜、英、卫其人，则将相之业虽不及身为之，固亦有所遗矣，谓师儒所就者狭，可乎哉？

今世师儒之官，自国子先生及督学宪臣之外，多有不乐就者。意者道不足以自尊，而世情冷暖之间，或不能无所择耶？至于其间有乐，又往往出于日暮途远之计，其志未必皆为人才谋也。若是者，盖视师儒为易为，而不知师儒之难为也。不知其难为而为之，则固未敢以深望矣。

吾友涂君体常，与予相知二十年。其德性最良，其在学每上官按试，率常居第一。予始望其大就也，乃竟不得与一第。今以贡来试于殿廷及铨曹③，皆高等，遂受浙之汤溪训导以行。或曰："其年尚少，盍少待？"君曰："吾自乐之也。"或曰："惜官小，不称其才。"君曰："吾固甚难之，不敢小视吾官也。"

吁！今之训导，无知童子犹小之，不敢自视以为小者，仅见吾体常一人。士别三日当刮目。吾友比来所得者其深乎？兹行其将有意于汤溪之人才哉？

---

① 梗化：顽固、不服教化。猾夏：猾，扰乱、侵犯。夏，华夏，古代指中原地区。
② 安定先生：即胡瑗（993—1059年）。北宋时期学者，理学先驱、思想家和教育家。
③ 铨曹：主管选拔官员的部门。

蔡 清

予故首以自古名贤之出于师儒者为言之，非以侈君之观也，所以壮君设教之规模也，不知君竟以为何如耳？

(选自《蔡文庄公集》卷三，第80—81页)

送陈太和先生撤馆归莆序

人非学，不得其所以为人。学非师，不得其所以为学。师也者，导之学，而造其所以为人者也。自有生人以来，不容一日无焉者也。第今之学者，其所请业于师者，不能一一与古人同。虽然，今所业者，本经、四书，及诸子史，古圣神及诸贤哲之精蕴在焉，天地人之道悉备。虽使古人复生，亦不能舍此以为学。彼识之不逮者，其穷年矻矻①，固不免仅资之以为应举之用，文具之需。中间有识之士，固将于今世法度之内探溯古人用意所在，而取其精蕴以自淑②，而亦以淑夫人，初亦不害于科举也。

莆中陈太和先生，有声莆庠旧矣。今年春，南安庠生黄天保辈礼致于九日山，而设帐焉。予以多病，故少所接遇，尚未及一挹其丰采。然闻之士友，皆言其学素博，以《诗经》名家，而识精行修。凡与诸生讲议文字间，往往必求古人精意所在，不至浅浅然徒涉其流而已。用是诸生咸有所启发勤勉，勃勃乎其有生意焉。

兹将撤馆以归，黄生辈德之，介吾徒傅浚请言为赠。予故为道今时之学，犹可以不戾于古人，而太和之教，有得于古人之意者如此。

呜呼！古学之不讲久矣。盖学之名是，而学之实则非也。使为师者皆知所以教，为弟子者皆知所以学，则何患今日之无圣贤？世之不唐虞三代也哉？甚可慨也。

(选自《蔡文庄公集》卷三，第106—107页)

---

① 矻(kū)矻：勤劳不懈的样子。
② 淑：提升。

送邱教谕任满启行序

丈夫生不为将相，其为守令乎？不为守令，为师儒可矣。古之闻人，其为将相者发谋出虑，动为天下回生起废，或折冲千万里之外，不负男儿七尺身也。是故，君子欲之。然位甚高，责甚重，才亦甚难于负荷。守令虽位望少卑，据其职守，得以子其所部之民，民亦从而父母之，如龚、黄、卓、鲁，政使位不至公卿，财不供旦夕，然死有余荣矣。守令视古邦君，其位亦未易至也。苟学问充备，操履端方，得后生俊秀，而以其所得者分之，如胡安定诸老先生，其所养育造就，可以供国家累世栋梁榱桷之用①，此其视为将相者，抑亦何歉乎哉？

今之欲为守令者，既不可必致，至于师儒之职，又往往有不愿为而出于强抑者。嗟乎！师儒，古君子之所乐为也。今使持其不愿为之心以为之，则其所以为教者概可知。而当路之人，固强抑之，亦独何哉？岂以教之所系者末乎？且其所以不愿为者，或者以有司多不之重，而与之相响应耶？则亦势使之然耳，此又有可论者也。

海阳邱某先生，成化丁酉举广东乡闱，戊戌试春官，居乙榜，授吾泉之惠安掌教。方是时，先生春秋尚富，使复少待后举，未为滞也。而先生一举既就，盖其所乐为也。故其至之日，教条一新，士类向服。又得浮梁张侯德威为之尹，动辄响应，政教相为流通。以是学校精神，视昔加数倍。丙午乡闱，一荐得三人焉。惠安前此所未有也，谓出于偶然可乎？由是言之，先生之教惠安，亦既有成绩矣。兹先生秩满，将奏绩之京，惠安人士咸不能释然于其去。张侯因合诸人士之意，使来桐城，属清言为之别。清故首为举师儒之可为者论之，于以见师儒之职，本无负于士夫，惟士夫当求所以无负于师

---

① 榱桷（cuī jué）：屋椽，常喻担负重任的人物。

蔡　清

儒如邱先生者，乃庶乎其可，然则先生自此升矣。

（选自《蔡文庄公集》卷三，第107—108页）

书戒五条

吾置书亦甚难，子孙宜念之。善读之，则忠臣孝子，硕德奇才之士，皆自此出，不负吾所以积书之意也。不善读之，或仅足谋禄利而已，行业无闻，物论不与，书于汝竟何有哉？吾墓土亦无辉矣。

读书贵乎以序而一，一则可以致精，精则有得而著己矣。学不著己，虽多何益？

前辈云皋、夔、稷、契①，何书可读？盖此数公者，虽未尝读书，而未尝不穷理也。穷理力行以致用，学之为道何以加此？吾尝见有胸富万卷，笔下如流，而实于其身不得几字受用者，则学其可不务择术哉？使皋、契辈生今日，吾知其亦不能自已于读书，但其读之得术耳。

每读书时，辄有欲取而用之之心，斯亦何必多为也？然既有是心，则又自不容不多矣。

书籍视他物，尤须爱护。《小学》书载《颜氏家训》一段，尽之矣，其借人更须慎。

（选自《蔡文庄公集》卷四，第145页）

（祁明慧编撰）

---

① 皋（gāo）、夔（kuí）、稷（jì）、契（xiè）：传说中舜时贤臣皋陶、夔、后稷和契的并称。皋，主管刑法。夔，主管礼乐。稷，主管农业。契，主管教育。

李 贽

【题解】

李贽（1527—1602年），原名载贽，后改名为贽，又有笃、卓等名，号卓吾，又号宏甫（宏父），百泉居士、思斋居士，出生在福建泉州府城南门外的一个被称为"航海世家"的家庭，是明代著名的教育家、思想家。7岁时，开始随父亲白斋公读书，23岁考取秀才，26岁乡试及第。30岁开始步入仕途，先后任河南辉县（共城）教谕、南京国子监博士、礼部司务、北京国子监博士、南京刑部员外郎、云南姚安知府等职。李贽一生坚持揭露假道学家的真实面目，为真理而献身，其学习探讨精神和坚持真理的气魄，已超越了学术争论的范畴，具有相当普遍的社会教育意义。

《四勿说》于万历二年（1574年）李贽在南京会见潘士藻时针对"友人发四勿之旨"而写。四勿，见《论语•颜渊》："非礼勿视，非礼勿听，非礼勿言，非礼勿动。"李贽此文用以我解经的手法，对之重新解说，赋予了与它本义截然不同的新意。李贽把"四绝""四无""四不"引入"四勿"的范畴，如此便知"四勿"的是非礼还是礼。认为要做到"四勿"必须有一个前提条件：即必须懂得何为"礼"、何为"非礼"，如果以非礼为礼，以礼为非礼，遵行"四勿"就是南辕北辙。李贽认为符合人性人欲的礼法规范就是礼，压抑和排斥人性人欲的东西就是非礼。因此，在李贽看来，不能真正达到"四勿""四无""四不"的境界，是因为不好学的缘故，不好学而轻谈"四勿"，则谓不自量力。李贽的"四勿"观，告诉我们无论是教育者还是学习者，教育和学习不能自以为是、固执己见、主观臆想等，要采取戒骄戒躁、好学不厌的态度。

《童心说》是在明中后期（1585 年），君主专制日益加强，传统理学与阳明心学不断交缠的背景下写出的。"童心说"是李贽思想的逻辑起点，亦是其思想的核心范畴。他认为，要做"真人"必有童心，"若失却童心，便失却真心，失却真心，便失却真人"；要写出天下最好的文章，也离不开童心，因为"天下之至文，未有不出于童心焉者也"。李贽的"童心说"强调真人、真心和至文。李贽强调的"真"，不是孩子的天真、纯朴、蒙昧的童心，而是一颗充满真知灼见、成熟的真心。这样的人，才能保持生命的张力，拥有自己独特的文化创造的同时，还能与世界和谐相处。

《答周二鲁》是于万历十六年（1588 年）写于麻城。李贽在回复周二鲁（周宏禴）的信件中提出"为己""自适"的学习价值和意义。认为如果把学习看作自己的事情，那虽在主观上是为己而学，但在客观上却是为他人而学。如果把学习看作为别人的事情，就可能夜郎自大，对别人随意指手画脚，其结果是害人害己。他强调学习的目的就是提升自己的见识和道德修养，锻炼自己的勇气和胆量。李贽认为为己与为人是有机统一的。为己是根本，是前提；为人是枝叶，是必然。不能为己、自适，珍惜个人生命自由的人，也绝不会真正地为人。

《二十分识》于万历二十年（1592 年）写于武昌。李贽在《复麻城人书》中曾说："时闻灵、夏兵变，因发愤感叹于高阳，遂有《二十分识》与《因记往事》之说。"在《二十分识》一文中，李贽从不同方面表现出对当时国事的关心，强调识、才、胆的作用及其关系，而又特别推重识的价值。以此出发，强调了"非但学道"，而且"举凡出世处世，治国治家，以至于平治天下"，都需要二十分识。李贽认为识、才、胆即是智、仁、勇，它们是一个人事业和生活成功的必要条件。它们之间是相辅相成，不可或缺的关系。三者中，识的作用最大。认为识是才与胆正常发挥作用的平台。识、才、胆是学道、出世处世、治国齐家、平治天下的必备素质。

四勿说

人所同者谓礼，我所独者谓己。学者多执一己定见，而不能大同于俗，是以入于非礼也。非礼之礼，大人勿为；真己无己①，有己即克②，此颜子之四勿也。是四勿也，即四绝也③，即四无也④，即四不也⑤。四绝者，绝意、绝必、绝固、绝我是也。四无者，无适、无莫、无可、无不可是也。四不者，《中庸》卒章所谓不见、不动、不言、不显是也。颜子得之而不迁不贰，则即勿而不；由之而勿视勿听，则即不而勿。此千古绝学，惟颜子足以当之。颜子没而其学遂亡，故曰"未闻好学者"。⑥虽曾子、孟子亦已不能得乎此矣，况濂、洛诸君子乎！未至乎此而轻谈四勿，多见其不知量也。

聊且博为注解，以质正诸君何如？盖由中而出者谓之礼，从外而入者谓之非礼；从天降者谓之礼，从人得者谓之非礼；由不学、不虑、不思、不勉、

---

① 真己无己：意为真正的人的本性是随顺自然，而不"执一己定见"。真己，这里指李贽一再强调的"率性之真"的人，即具有未经人为影响的自然本性之人。

② 有己即克：即《论语·颜渊》"克己复礼"之意，意为有了一己定见就要加以抑制，使自己的言语行动都合于礼。

③ 四绝：语出《论语·子罕》："子绝四：毋意，毋必，毋固，毋我。"意为孔子杜绝四种毛病，（他）不凭空揣测，不绝对肯定，不拘泥固执，不唯我独是。

④ 四无：指《论语·里仁》的"无适"（没有规定怎么干）、"无莫"（没有规定不要怎么干）和《论语·微子》的"无可无不可"。

⑤ 四不：指《中庸》第三十三章所说的"不见""不动""不言""不显"。原意是说"天道"超出见闻、言动之外，这里是说真正的礼是没有固定、明显的形迹的。

⑥ "颜子"句：见《论语·雍也》："哀公问：'弟子孰为好学？孔子对曰：'有颜回者好学，不迁怒，不贰过。不幸短命死矣，今也则亡，未闻好学者也。'"不迁怒，不拿别人出气。不贰过，不再犯同样的过失。

李贽

不识、不知而至者谓之礼①，由耳目闻见，心思测度，前言往行，仿佛比拟而至者谓之非礼。语言道断，心行路绝，无蹊径可寻，无涂辙可由，无藩卫可守②，无界量可限，无扃钥可启③，则于四勿也当不言而喻矣。未至乎此而轻谈四勿，是以圣人谓之曰"不好学"。

（选自李贽著、张建业译注《焚书》上，中华书局，2018年，第600页）

童心说④

龙洞山农叙《西厢》⑤，末语云："知者勿谓我尚有童心可也。"夫童心者，真心也。若以童心为不可，是以真心为不可也。夫童心者，绝假纯真，最初一念之本心也。若失却童心，便失却真心；失却真心，便失却真人。人而非真，全不复有初矣。

童子者，人之初也；童心者，心之初也。夫心之初，曷可失也？然童心胡然而遽失也？盖方其始也，有闻见从耳目而入，而以为主于其内而童心失。其长也，有道理从闻见而入，而以为主于其内而童心失。其久也，道理闻见日以益多，则所知所觉日以益广，于是焉又知美名之可好也，而务欲以扬之

---

① 不学、不虑：语出《孟子·尽心上》。不必经过学习与考虑。不思、不勉：语出《中庸》。不必经过思考与努力。不识、不知：语出《诗经·大雅·皇矣》。不是有意去探究、认识。以上都在着意说明礼并不是儒家所制定的教条。

② 藩卫：屏障之意。

③ 扃（jiōng）：关闭门户用的木闩、锁环之类。

④ 童心说：这是李贽重要的思想观点。他针对封建理学的虚伪和拟古的不良文风，提出"童心说"。他认为创作的根本问题和首要条件是"童心"、是真诚，主张诗文创作必须去假存真，表达现实生活中人的真情实感，反对把文章当作道学的传声筒。认为天下最好的文章都出自童心，评价作品，应当以童心为准绳，不应以时势先后为标准。李贽的观点是对封建理学压抑人性的一种强烈批驳，具有反封建的进步意义。这一思想的提出，在古代文学理论发展史上具有划时代的意义。

⑤ 龙洞山农：李贽的别号。

而童心失；知不美之名之可丑也，而务欲以掩之而童心失。夫道理闻见，皆自多读书识义理而来也。古之圣人，曷尝不读书哉！然纵不读书，童心固自在也；纵多读书，亦以护此童心而使之勿失焉耳，非若学者反以多读书识义理而反障之也。夫学者既以多读书识义理障其童心矣，圣人又何用多著书立言以障学人为耶？童心既障，于是发而为言语，则言语不由衷；见而为政事，则政事无根柢；著而为文辞，则文辞不能达。非内含以章美也，非笃实生辉光也，欲求一句有德之言，卒不可得。所以者何？以童心既障，而以从外入者闻见道理为之心也。

夫既以闻见道理为心矣，则所言者皆闻见道理之言，非童心自出之言也。言虽工，于我何与？岂非以假人言假言，而事假事、文假文乎①？盖其人既假，则无所不假矣。由是而以假言与假人言，则假人喜；以假事与假人道，则假人喜；以假文与假人谈，则假人喜。无所不假，则无所不喜。满场是假，矮人何辩？然则虽有天下之至文，其湮灭于假人而不尽见于后世者，又岂少哉！何也？天下之至文，未有不出于童心焉者也。苟童心常存，则道理不行，闻见不立，无时不文，无人不文，无一样创制体格文字而非文者。诗何必古选，文何必先秦。②降而为六朝，变而为近体；又变而为传奇，变而为院本，为杂剧，为《西厢曲》，为《水浒传》，为今之举子业，皆古今至文，不可得而时势先后论也。故吾因是而有感于童心者之自文也，更说什么六经，更说什么《语》《孟》乎？

夫六经《语》《孟》，非其史官过为褒崇之词，则其臣子极为赞美之语。又不然，则其迂阔门徒，懵懂弟子，记忆师说，有头无尾，得后遗前，随其所见，笔之于书。后学不察，便谓出自圣人之口也，决定目之为经矣，孰知其大半非圣人之言乎？纵出自圣人，要亦有为而发，不过因病发药，随时处

---

① 事假事、文假文：干虚伪的事，写虚假的文章。
② 诗何必古选，文何必先秦：明清时代一种普遍的文学观，即认为诗与文都以远古时代的为佳。李贽反对这种观点。古选，选古代的诗。先秦，秦朝以前。

方，以救此一等懵懂弟子、迂阔门徒云耳。药医假病，方难定执，是岂可遽以为万世之至论乎？然则"六经"《语》《孟》，乃道学之口实，假人之渊薮也①，断断乎其不可以语于童心之言明矣。呜呼！吾又安得真正大圣人童心未曾失者，而与之一言文哉！

（选自刘心爽编著《焚书卷三·杂述》，《李贽》，安徽人民出版社，2007年，第75—78页）

答周二鲁

士贵为己，务自适。如不自适而适人之适，虽伯夷、叔齐同为淫僻②；不知为己，惟务为人，虽尧、舜同为尘垢秕糠③。此儒者之用，所以竟为蒙庄所排④，青牛所诃⑤，而以为不如良贾也。盖其朝闻夕可，虽无异路，至于用世处身之术，断断乎非儒者所能企及。后世稍有知其略者，犹能致清净宁一之化，如汉文帝、曹相国、汲长孺等，自利利他，同归于至顺极治，则亲当黄帝、老子时又何如耶？仆实喜之而习气太重，不能庶几其万一，盖口说自适而终是好适人之适，口说为己而终是看得自己太轻故耳。

（选自《焚书》上，第457页）

---

① 渊薮：比喻事物会聚的地方。渊，鱼生活之处。薮，兽生活之处。
② 淫僻：邪恶不正。
③ 尘垢秕糠：语出《庄子·逍遥游》："是其尘垢秕糠，将犹陶铸尧、舜者也。"意为他（神人）的尘垢秕糠，也可以造出尧、舜这样的圣人。秕糠，空的或不满的谷粒，比喻没有价值的东西。糠，米皮。
④ 蒙庄：即庄子，宋国蒙（今河南商丘）人。做过蒙地方的漆园吏，故称"蒙庄"。排：排斥。
⑤ 青牛：即老子。传说老子骑青牛出函谷关，故用"青牛"称代他。诃：同"呵"，怒责。

二十分识

有二十分见识，便能成就得十分才，盖有此见识，则虽只有五六分才料，便成十分矣。有二十分见识，便能使发得十分胆，盖识见既大，虽只有四五分胆，亦成十分去矣。是才与胆皆因识见而后充者也。空有其才而无其胆，则有所怯而不敢；空有其胆而无其才，则不过冥行妄作之人耳。盖才胆实由识而济，故天下唯识为难。有其识，则虽四五分才与胆，皆可建立而成事也。然天下又有因才而生胆者，有因胆而发才者，又未可以一概也。然则识也、才也、胆也，非但学道为然，举凡出世处世，治国治家，以至于平治天下，总不能舍此矣，故曰"智者不惑，仁者不忧，勇者不惧"。智即识，仁即才，勇即胆。蜀之谯周①，以识胜者也。姜伯约以胆胜而无识②，故事不成而身死。费祎以才胜而识次之③，故事亦未成而身死。此可以观英杰作用之大略矣。三者俱全，学道则有三教大圣人在，经世则有吕尚、管夷吾、张子房在④。空山岑寂，长夜无声，偶论及此，亦一快也。

---

① 谯周：三国巴西西充（今四川阆中西南）人。字允南，曾在蜀为官，后劝蜀主刘禅降魏。

② 姜伯约：即三国名将姜维，三国天水冀县（今甘肃甘谷东）人，字伯约。原为魏将，后归蜀，深受诸葛亮器重。亮死，任大将军，统领蜀军屡攻魏无功。刘禅出降，始被迫降魏将钟会。钟会谋叛魏，姜维伪与联结，拟乘机恢复蜀汉，事败被杀。

③ 费祎：三国江夏鄳县（今河南信阳东北）人，字文伟。为蜀国重臣，继蒋琬执政，任大将军，后被降魏的蜀国大臣郭循刺死。

④ 吕尚：周朝初年人。姜姓，吕氏，名尚。相传在渭水之滨钓鱼时，与出猎的周文王相遇，一番交谈后即与文王同车而归。文王说："吾太公望子久矣！"因号为太公望。后辅佐文王之子武王灭殷建立周朝。管夷吾：管仲，名夷吾，春秋初期著名政治家，辅佐齐桓公成为霸主。张子房：张良，字子房。汉初名臣，辅佐刘邦建立汉朝，封留侯。与韩信、萧何共称为"汉室三杰"。

李 贽

怀林在旁①，起而问曰："和尚于此三者何缺？"余谓我有五分胆，三分才，二十分识，故处世仅仅得免于祸。若在参禅学道之辈，我有二十分胆，十分才，五分识，不敢比于释迦老子明矣。若出词为经，落笔惊人，我有二十分识，二十分才，二十分胆。呜呼！足矣，我安得不快乎！虽无可语者，而林能以是为问，亦是空谷足音也，安得而不快也！

（选自《焚书》下，第92页）

（黄份霞编撰）

---

① 怀林：一直追随李贽的年轻和尚。

叶向高

【题解】

叶向高（1559—1627年），字进卿，号台山，福建福清市人，明朝政治家、文学家，官至万历、天启时期的内阁首辅。叶向高于万历十一年（1583年）中进士、登仕途。作为馆阁词臣，他极力推崇"台阁体"，主张结合世情，强调文学的实用功能，追求雅俗共存的文学，注重自然真情的抒写。叶向高所作之文主要收在《苍霞草全集》《纶扉奏草》《玉堂鉴纲》《玉融志》等书之中。

叶向高在《王祥论》一文中，开篇点睛"天下之患莫大于无教化"。以唐虞三代重教化之治，反衬后世教化不兴、人才不出、人伦丧失之乱。叶向高通过列举魏晋以来曹氏、司马氏弑君篡国，王祥、李密侍奉多朝，王导、陶侃相互勾结，王敦、苏峻起义造反等事迹，揭示"纲常伦理果系于天下国家之所以存亡"之义。不兴教化，无以明纲常伦理，纲常伦理不明，无以维系天下安定。基此，叶向高得出教化传世，不可偏废，三德六行，不可缺失的教育理念。

《辟邪说以崇正学，惩敝习以正士风议》（阁试）是叶向高作为庶吉士时对翰林院所举行考试的答卷。文章中，叶向高认为儒者偏好异端学说，侵蚀仁义，废弃纲常为天下之大弊。基于此，叶向高从"宜禁""宜劝"两路出发，实现"辟邪说以崇正学"。宜禁三者，分别是清谈、老庄、佛老三学；宜劝三者，分别是守恬、树德、朴茂，以此劝诫世人摒弃异端、崇尚正学，维系道统。

在《三途并用议》（馆课）一文中，叶向高围绕人才选拔为题，从明朝初年，文教大兴，士各所长，不问出处，有规格标准但不限制人的发展，反衬当下取士注重资本和出身，使得人才不得以显现。之所以如此，叶向高以为原因有二：一为上层选拔人员黑白不分，人才的选拔通道阻塞，存在贿赂、勾结之象；二为下层考生品行不正，不贵自重。最后得出结论，欲选拔人才，祛除弊病，必须严格检举，依法取士。由此可知，叶向高十分注重选拔人才的公平、公正，不问出身，不限资格，择其长而取之。

《诸书字考小叙》是叶向高与友人交谈字学考据时有感而发。叶向高指出伴随着时间的逝去，六经、子、史之字学流失久矣，存在诸多讹误。一些新学者，不明字义，穿凿附会，往往曲解文章原意。他主张学习经史子集要深究字学，正字、为音、达意、分类，字斟句酌，含英咀华，训诂尽量贴合文章原意，警戒后学读书切忌囫囵吞枣。

王祥论

天下之患莫大于无教化。唐虞三代之治，莫不孜孜汲汲以教化为事。而其大者无过于君臣父子，以为是生人大伦，失此则沦于禽兽。而又告以资父事君，求忠臣于孝子，二者相须，不容畸重。此其所以陶成人才，而天经地义，赖以不泯灭于世也。自魏晋之兴，曹氏、司马氏父子，日以弑君篡国为事。既得天下，则偃然自以为得志，更不知教化为何事，三德六行为何物。而其时，士大夫复习为清谈，眇论以相夸，尚其于纲常伦理、大本大原所在皆贸贸然，莫知适从，故其一代人才绝无可观，以王祥之孝千古艳称。然考王祥历仕汉、魏，至高贵乡公之立①，以定策功封侯，拜光禄勋，转司隶校尉；其幸太学，又尊以师礼。及高贵乡公弑，祥仅以涕泪自解。晋武立，又拜太保，进爵为公，视兴亡成败如弈棋然，恬然不以为意。而与祥同时如李密者，且以故君为伪朝。其害理伤道一至于此，而二子皆以孝名世无异辞。果如是，则忠孝真有二道，而君臣父子之大伦，果可以偏废也，是岂先王之教哉？故晋世人臣，强则迫君，弱则附权，缓则买名，急则丧节。即如王导、陶侃之徒②，值王敦、苏峻遂为帝王③，宁不俯首而从之乎？使苻坚事成、江左沦没④，吾未敢必谢安、桓冲辈能与社稷共存亡也⑤。教化不明，人心丧失，温峤至于绝裾⑥，赵苞因而杀母陵夷⑦。至五代之世，以弑君篡国为寻常事。如冯道之身，历数朝事五姓十余君，不以为耻，而世主且甘以为臣，又从而尊显之，世人亦艳称之，甚且以为大人也。是皆魏晋之余风，王祥、李

---

① 高贵乡公：即曹髦，字彦士，沛国谯县人，魏文帝曹丕之孙，东海王曹霖之子，曹魏第四位皇帝。

② 王导、陶侃：王导，字茂弘，琅琊郡临沂县人，晋朝政治家、书法家、东晋开国元勋。陶侃，字士衡，原籍鄱阳郡鄱阳县，晋朝时期重要的军事将领。二者，一为东晋文臣，一为东晋武将。

③ 王敦、苏峻：王敦，出身琅琊王氏，于东晋元帝永昌元年（322 年）发起动乱，进攻京都建康，获胜并掌控朝廷。后晋明帝反击王敦，王敦战败病逝。苏峻，东晋将领、叛臣，曾参与平定王敦之乱，因战功屡屡升迁，渐生骄纵之心，于咸和二年（327 年）掀起兵变，由温峤推举征西大将军陶侃为盟主讨伐苏峻，苏峻战败身死。

④ 苻坚：苻坚，字永固、文玉，前秦第三位君王，中国古代政治家、改革家。即位后着手革除暴政、重用汉人、教化民众，一统北方。欲灭东晋，率兵亲征。兵败，出奔五将山，为后秦将领吴忠所俘，被姚苌缢死。

⑤ 谢安、桓冲：谢安，字安石，出身陈郡谢氏，东晋杰出政治家，世称"江左风流宰相"，面对与前秦的淝水一战竟弈棋解闷（桓冲以此为忧），所幸击败前秦，使东晋存续。桓冲，字幼子，谯国龙亢县（今安徽怀远）人，东晋名将，曾与谢安东西两面协力击破前秦，助力淝水之战的取胜。

⑥ 绝裾而去：出自南朝宋刘义庆《世说新语·尤悔》："温公初受刘司空使劝进、母崔氏固驻之，峤绝裾而去。"借指急赴国难的战士。

⑦ 赵苞因而杀母陵夷：出自《后汉书·卷八十一》，辽西太守赵苞母亲及妻儿被袭扰边疆的鲜卑人所劫持，赵苞集兵迎战，为国家大义舍弃亲人，奋勇杀敌，击败敌人后辞职返乡，安葬亲人，悲痛吐血而亡。

密为之作俑焉耳，人伦之坏于此为极，故其国祚皆不能延，近则于身，远则于子，理势固然，无足怪者。

吾于是而知，纲常伦理果系于天下国家之所以存亡，而先王之教传之万世而不可废者，其以此也夫。

（选自叶向高《苍霞草全集》第一辑，江苏广陵古籍刻印社，1994 年，第 131—134 页）

辟邪说以崇正学，惩敝习以正士风议（阁试）

今天下之大弊有二，而其可忧者有三弊者，何也？圣贤之道昭昭乎，揭日月而行，而世之儒者好以异端之说淆之，道何以明？弊一。士人之节斤斤乎望绳墨而趋，而世之儒者妄以脂韦之习靡之①，节何以植？弊二。此二弊者往而不返，趋而不止，将仁义为蚀，而纲常为毁，则忧在道统。且举世之人，其高者既入于空虚，而下者复一切争于功利，是尽天下而聩聩耳，则忧在人心。昔战国之衰也，士以权诈相夸诩。及晋之时，名卿达士缓颊而谈庄老，晋遂凌迟。今之士，有晋之清虚，而顽钝不下于战国，愚未知其所终也，则忧在世道。

夫此三者，其关系不细矣。故自迩年以来，上之所以讲求与下之所以论说者，必曰："崇圣学也，正士风也。"兹其意顾不厚哉？然而徒飨其名，未睹其效者，何也？其求之有未实，而应之有未至也。愚以为，实崇正学莫如严，其禁以儆之而使之不敢入于邪。实正士风莫如重，其劝以励之，而使之有所矜于善。何也？圣贤之道，经以五伦，括以五常，洞洞皎皎无他异也。第令世之人，以子则孝，以臣则忠，以朋友兄弟则信，而友斯亦可矣。不此

---

① 脂韦：出自屈原《卜居》："将突梯滑稽，如脂如韦以洁楹乎？"脂韦原指油脂和软皮，后喻为圆滑或阿谀。

之务而呶呶哼哼，诘是度非曰：何为性？何为命？何为道德？将安用乎？宜禁也。庄老怪诞之宗也，其言多荡而不检，彼直汪洋自快耳。今儒者恶仁义法度之把持，辄托言桎梏拘挛，欲决而去之，此何说也？宜禁也。古之学者无异书，故无异好。今佛老之书布满天下，吊诡之士往往窃其一脔辄沾沾自喜，此何异于指爝火以为光①，而欲以掩日月之明也？宜禁也。

夫高爵厚禄，世之所贵也。彼回遹者②，辄奔走置力其间，而修姱守恬之士，淡然养素于丘园，此束帛之所为贲也③，宜劝也。今世之士，非竞于厚利，则竞于名高，故有捷径终南、移文北山者矣④。脱令不为誉，修不为名，使树德如滋，韬光若匿此中，庸所谓暗然之君子也，宜劝也。士之捷给者，智解转圜，捷过炙毂，善伺人意，巧发为奸，何其险也？彼朴茂少文者，逡逡呐呐，若不出口，试之以事，绩乃可见。此太史公所谓"桃李不言，下自成蹊者"也，宜劝也。

其劝之也，大者爵、小者赏；而其禁之也，小者罚，大者加之罪。禁行而邪说辟，圣学明矣。何也？严轨而驱，则无敢泛也；树防而卫，则无敢决也。昔轲氏诛杨、墨，而战国邪淫之害息，此其验也。劝行而弊习惩，士风正矣。何也？立表而趋，则莫不赴也；望的而射，则莫不彀也。昔光武褒卓茂，而东汉节义之风成，此其验也。移风易俗，轨世范物之大端或在于此。乃尤有可异者，浅夫眇学，悠谬荒唐，阶窾说以先资⑤，引清言为羔雉，而欢投公卿，猎跻通显。岂惟不禁，又从而导之矣。蘧除接迹⑥，宠赂日章，訾恬

---

① 爝（jué）：火把。

② 回遹：语出《诗经·小雅·小旻》："谋犹回遹，何日斯沮。"形容邪僻、曲折，常用来指奸邪之人。

③ 束帛：即古代用为聘问、馈赠的礼物。

④ 捷径终南：出自《寿鹤溪潘先生八十》诗："空群冀北人犹羡，捷径终南世敢猜。"意指隐居之人沽名求官。移文北山：即《北山移文》，作者孔稚珪，通过将假隐士周颙隐居时与出仕后进行鲜明对比，揭露其虚伪本质和丑恶面目。

⑤ 窾（kuǎn）：孔穴，空处。

⑥ 蘧除：古代指用竹或苇编的粗席。

退为无能，拟廉静于钝拙，而殿最失序，婉娈斯饥。岂惟不劝，又从而沮之矣。然则今日士风学术之日以坏也，又何怪乎？夫惟潜孚默喻，使天下晓然，知吾意向之所归，而毋敢以虚伪苟且之行应也，则操柄之责哉，则操柄之责哉！

（选自《苍霞草全集》第一辑，第163—168页）

三途并用议（馆课）

国家取士之途盖三变，云：往在洪永间①，天造草昧，士各以所长奋，毋问所从来，时盖有其人而无其格。宣正成弘之世②，文教大兴，士品乃定，诸服大僚备肺腑者彬彬然，多制科之选矣③，而负奇蕴珍之。夫亦间缘他途以起，上之人不为厄也，时盖有其格而未尝限其人。嘉隆以来④，制科益重，缙绅大夫十九其人，其以科贡起者，即有长材异能，多束于资，不得表见，时盖格愈严而人始病。论材者睹初制之如彼⑤，而今病之若此，稍稍调停均节，破拘挛之见，恢登进之途，意至厚也。然竟未闻有殊异之材，足以越常调而称意指者，其故何也？愚以为上之所以求与下之所以应者，两任其过云。何以明其然也？我朝令甲郡国吏受雌黄于监司，而御史台督察刺举之，固庙廊所为寄耳目者也。此之是非，谬则尽谬矣。今监司御史台既已抑科贡之士，不得与制科齿，斯其人已发愤无聊矣。间有所论荐，又皆权有力者，不则夸毗而善为容者也，不则有心计而能得上欢者也，甚者且以苞苴结矣。其忠诚

---

① 洪永：明朝时期洪武和永乐时期的盛世。
② 宣正成弘：明代年号，宣为宣宗皇帝朱瞻基宣德年间，正为英宗皇帝朱祁镇正统年间，成为宪宗皇帝朱见深成化年间，弘为孝宗皇帝朱祐樘弘治年间。
③ 制科：即中国封建社会为选拔"非常之才"而举行的不定期常规考试。
④ 嘉隆：明代穆宗皇帝朱载垕在位时期。
⑤ 论材：选拔人才。论通"抡"。

朴鲁之士，一心营职，固宜亲媚于上，而事复有大谬不然者。夫黑白不分，则趋向不定，今奈何以黑为白也，白者安所劝乎？愚故曰：上过也。若夫下之人既厄于制科，往往应以不肖之心，态肆而无检，且曰："上固已限我矣，我即伛偻而修绳墨，而行无复之矣。"故通籍未几①，辄挂吏议。夫国家之于科贡非薄也，初除而得郡邑吏及弟子师，渐而六馆诸曹②，渐而藩臬③。假令与乘田委吏程显较荣④，斯有间矣，奈何薄之耶？语云：士必自重而后人重，今彼且不自重也，何以令上重耶？愚故曰：下亦过。夫下之人既以不用阻，而上之人复名用而实阻之，是以两病。今诚欲救其弊，莫如审刺举而毋眩于名。何也？刺举者，上所劝惩下者也，而当事者不以实闻，是梯伪也。国家辟三途之典，而刺举者借以营其私，是借窦也⑤。秦之法任人，而所任不效者坐之。为宜略仿其意，抉其名，实大戾，与夫以权力进者、苞苴进者，罪其人并罪其所举之人，不以贵势免，不以弥缝贷⑥，人心庶乎！其知警乎！是法也，业已有言之，而莫之行也，行之而人将病其苛。不知当吏治久偷之后，纲维不振之日，非大有所惩创，以破痼习而挽弊风，其势未可也。然犹有说焉。国初著功令⑦，每岁郡国所贡士，皆择经明行修群之大学，日课而月程之，以次列其功能高者，补谏议与制科相参。此其典至重。今太学养士之规稍稍废怠，士以待资至者直傅舍耳，甚者不挂名其中辄受职以去。夫养之不重，则用之不得不轻，其势然也。且制科之士，业已重其选而难其进，即上

---

① 通籍：指进士及第，做官。籍指二尺长的竹片，上写有姓名、年龄、身份等，新官通报名籍于朝廷。
② 六馆：为国子监别称。唐制，国子监领国子学、太学、四门学、律学、书学、算学，统称六馆，宋元以后渐并。
③ 藩臬：意思是藩司和臬司。明、清两代布政使和按察使的并称。
④ 乘田委吏：乘田，即春秋时期鲁国官职，主要负责掌管畜牧。委吏，即古代管理粮仓的小官。
⑤ 窦：门户小径。
⑥ 贷：宽恕，宽免。
⑦ 功令：即旧时的法度和命令。

意固云：吾以是罗天下士，奈之何其不偏重哉？重则难反，反之必格而不行，势有固然，无足怪者。说者曰："古之用人，筑可相，渔可师，牧圉可庸。夫天下非无才之患也，才而束于格之患也。"嗟夫！士才而束于格者，亦千百而一耳，千百而一者不常有，有之亦未必用，徒令不肖者得借资以进，则愚未见夫任格之为害，而破格之为利也。

（选自《苍霞草全集》第一辑，第169—174页）

诸书字考小叙

字学之失久矣。字学失，而六经、子、史之学俱失。彼读焉而不得其音，则姑以其意韵之；解焉而不得其义，则或以其说傅之。展转沿习，讹舛日滋。新学小生既苦于训诂之难，即博雅君子或考据之未真，其不为郢书燕说者，盖亦少矣。夫合点书而成字，合字而成文，如合爻而成卦，合卦而成《易》。今不辨爻，欲以说卦；不辨卦，欲以说《易》，未有不谬者也。

吾友林考功氏，博极群书，而最究心于字学。尝会蕞六经、子、史之字有难读者，读而久讹者，讹而有以形似传写而失者，以偏旁读而失者，字同义异而失者，动静异音而失者，古今点画不同而失者，诸如此类，皆考而正之字、为之音音、为之义，户分类列，以便寻览，名曰"诸书字考"。于是字学大明，向之因沿而谬戾者，画然一归于正。即使新学小生置一帙坐隅，取六经、子、史读之，亦将沛然而无碍矣。然则是考也，微独六书之正印，亦群籍之梯航也，其为益于学者，诚非鲜小。建州司理嵇公喜而梓之，而考功持以质余。余在词林二十余年，以文章为职，其于字学，所谓读焉而不得其声，解焉而不得其义者，犹十之七八也。而考功作吏，朝夕爱书，乃能以余力为此，又该洽精辨，乃尔余甚愧之。

昔扬雄识字校书天禄，故论著斐然。有如考功者，而置之石渠、东观间，典校雠之任，其所成就行将陵子云而上之，何论余哉？何论余哉？

（选自《苍霞草全集》第一辑，第433—435页）

（范余雪编撰）

黄道周

【题解】

黄道周（1585—1646年），字幼玄，又字螭若、幼平、细遵，生于福建漳浦铜山岛深井村的书香门第，学贯天人之道，行以忠孝为本，入朝尽忠为臣，出则讲学著书，清修自守，堪称楷模。幼承文墨，少作赋文，研易有得。著《三易洞玑》《太函经》《易象正》，深究易理。屡试不第，遂专著述，有《春秋揆》《春秋轨》。乡会之后，文集得传。从政之际，修《神宗实录》，撰《式士策》，择才不拘。钱案之后，作《冰天小草》，批科举弊。及经学著作，如《洪范明义》《月令明义》，主经世致用。讲学著书，如《北山问业》《榕坛问业》，显儒家教育之立场。故黄氏学问，博而审，著作颇丰，为后世表率。

《考课》是黄道周于明朝天启二年（1622年）所作，提出了对于当时社会政治状况的批评和改良建议，主要为了倡导改革士人的读书方向，引导他们关注现实社会的问题，培养忧国忧民的情怀。本段文字指出了慎言与督课的重要性。如圣人一般，教育者也应该慎重言论，以身作则，身体力行，通过自己的行动来影响学生。同时，文中提到了言论争胜和督课争胜的区别。相比于通过言辞竞争来争胜，更好的方式是通过行动来竞争，即通过自己的行动和实践来赢得学生的尊重和效仿，而不是通过口舌之争来彰显权威。

《求才》是黄道周试图激发士人的爱国热情所作之文，号召他们积极投身社会事业，为国家和人民的利益而努力。该文着重强调人才的重要性，以及士人应该如何发挥自己的才能为国家服务。首先,黄道周指出,人们不去探究圣人的治理方法,却渴望使用圣人的才华;不去了解天地的意志,却想要与天地的力量相抗衡,这种现象从古至今都未曾有过。然而,他认为中等才华必然可用,上级治理必然可致,这是因为天地的治理运行与人类的才华相比,并不相去甚远。其次,通过历史上的例子,如陶唐、孔子等,说明即使在混乱的社会中,中等才华也能发挥作用。他强调人们应该尊重中等才华,并且指出圣人的教导是让人们珍爱自己的才华,而非弃之不用。圣人的教导不仅仅是关于个人的才华,更是关于如何适应社会和天地的规律。最后,通过对于玉、金的比喻,阐述了圣人对于才华的裁量和运用。他们像是三才之工匠,能够根据情况和需要,精准地运用和塑造才华,使之符合整体的需要和规律。因此,这段文字强调了对于中等才华的重视,以及圣人对于才华和天地规律的理解和运用。它呼吁人们不要只注重个人的才华,更要尊重整体的平衡和协调,以达到社会和天地的和谐共生。

《格物致知》是黄道周在漳州郡城紫阳学堂讲学时的一段话,标题为编者所加。该文从教育的角度来看,体现了对于人性、知识与道德教育的深刻理解。他通过"一物观"来阐述了教育的终极目标——培养出能够洞察世界本质、具有高尚品德的圣人。首先,黄道周认为教育应当超越表面的知识传授,引导学生去理解世界的统一性和内在联系。这种教育不仅仅是知识的积累,更是智慧的启迪,是对世界和生命深层次的理解。在这个过程中,教育者应当像圣人一样,以光明的心意去激发学生内心的明亮,引导他们在世界中找到自己的位置和作用。其次,黄道周强调了"明德"的重要性。在教育中,不仅要传授知识,还要培养学生的德行。这种德行不是简单的道德规范,而是一种内在的品质,能够像日月一样照亮天下。教育应当帮助学生形成正确的价值观,使他们能够在社会中发挥积极的作用。再者,黄道周提到了"此物"的通透性,这在教育中意味着要培养学生的透视力,使他们能够看到事物的本质。教育不应该是封闭和限制的,而应该是开放和自由的,鼓励学生去探索未知，去理解世界的多样性和复杂性。最后，黄道周的思想也暗示了教育的普遍性和平等性。万物同原的观点表明，每个人都有成为圣人的潜力，教育应当为每个人提供平等的机会，让他们都能够发掘自己的潜能，实现自我价值。综上所述，黄道周的这段话对于现代教育仍有重要的启示。它提醒我们，教育不仅是知识的传递，更是智慧的培养，是品德的塑造，是个体与世界连接的桥梁。教育应当培养出能够理解世界、有能力贡献社会，并具有高尚品德的人。这样的教育才能真正达到"明德于天下"的境界，才能使学生在未来的生活中如同定盘针一样，时刻知晓方向，不迷失自我。

《京师与侄书》彰显黄道周对读书人的期望，强调了学习与个人修养的重要性。他认为，通过勤奋学习，人们可以提升自己，达到圣贤的境界。黄道周不仅倡导知识的积累，更强调通过学习来培养道德品质和精神境界。文中提及的历史人物，如关汉卿、朱熹、程颐等，都是学识深厚、品德高尚的典范。黄道周建议，学习应从这些理学家的言论开始，逐步深入到汉唐以降的学者和政治家的著作和生平，如张良、董仲舒、刘向等。这些人物不仅学识渊博，而且在政治和道德上有着显著成就，是学习的楷模。黄道周警告，若只是浅尝辄止、心存醉饱，即使能写文章，也只是形同"朽木粪土"，无法成就大业。他强调，文章写作应明晰、准确，符合圣贤的教诲，这样才能算得上真正的文章。在品德修养方面，黄道周强调了谦虚谨慎的重要性，并用石庆的话"马无五尾，终当谴死"来告诫，即使才华横溢，若不谦虚，终将失败。他还提到，贫穷的读书人应自力更生，不应过度依赖他人，体现了他对个人独立性的重视。总的来说，黄道周在这段话中展示了他对教育的深刻见解，强调了学问与品德的统一，以及个人努力的重要性。他的观点不仅适用于当时，对今天的读书人也有重要启示。黄道周的教诲，不仅是对侄儿的指导，也是对所有追求学问和品德修养者的宝贵指南。通过这段话，我们可以看到黄道周作为一位大儒，对后学的严格要求和殷切希望。他的教诲强调了读书人应有的责任感和使命感，以及在学问和品德修养上应达到的高标准。

《下学上达之问》是黄道周与柯鲁生的一段节选对话，标题为编者所加。在这段对话中，黄道周批判了当时一些学者对于"博学于文"的忽视以及佛老空洞无物的学问。这不仅反映了他对儒家学问的坚持，也展现了他对实用主义教育的倾向。柯鲁生所提出的"下学上达之问"涉及学问的实践与理论的高层次理解。他引用王龙溪的观点，将学问分为可言、可致、可及的"下学"，以及不可言、不可致、不可及的"上达"。黄道周对此提出质疑，他认为，如果存在可言、可致、可及的事物，那么必然存在不可言、不可致、不可及的事物。这些不可及的事物属于天的范畴，而人只能在可及的范围内努力。他进一步指出，学问的追求不应局限于表面的知识和技能，而应深入到知识和技能背后的原理和道理。道周的教育观念强调了学问与品德的统一，以及个人努力的重要性。他认为，真正的学问不仅仅是知识的积累和技能的掌握，更重要的是对于知识和技能背后更深层次的理解和境界的追求。这种追求不是简单的学习和模仿，而是需要个人不断思考和实践，最终达到一种超越言语和行动的智慧境界。在教育实践中，黄道周的观点提醒我们，教育不应该仅仅关注知识的传授，而应该更加关注学生的全面发展，包括道德修养和智慧的培养。教育应该引导学生探索知识背后的深层含义，培养他们的批判性思维和创新能力，使他们能够在未来的生活和工作中运用所学，达到更高的智慧层次。

　　《杖后示儿书》是一封充满深情和教育意义的家书，它不仅展现了黄道周对子女的关爱，也反映了他对于教育和礼学的深刻理解。这封信是在他遭受廷杖之苦后不久写给十岁儿子的，其中蕴含了丰富的教育理念和家庭教育的要素。信中，黄道周首先强调了读书的重要性，他告诫儿子要认真读古人书籍，并从中学习道理，如人之邪正、事之可否，这些都需要向老师请教，以便掌握其大意。这表明黄道周认为教育不仅是知识的传授，更是智慧和道德的培养。黄道周在信中提到的"事亲当孝，事君当忠，事长当顺，处友当信，接人待物当诚敬有礼"，这些都是儒家礼学中的基本道德规范。他通过这些教海，强调了礼学在个人修养和社会交往中的重要性。黄道周的礼学观念不仅体现了对传统儒家价值的坚持，也展现了他对于道德教育的重视。在家庭教育方面，黄道周要求儿子对待家中的仆人也要有礼有节，不可出声骂詈，因为他们同样是人，有自己的尊严和体面。这一点显示了黄道周对于平等和尊重的倡导，也是他教育理念中的一部分。黄道周在信的结尾处，再次强调了读书的重要性，希望儿子以圣贤为师，能够通过学习成为一个有道德、有学问、有责任感的人。综上所述，黄道周的《杖后示儿书》不仅是一封家书，更是一部教育和礼学的经典。它体现了黄道周深厚的学术修养和丰富的人生阅历，展现了他对礼学的深入研究和实践以及对教育的独到见解。这封信不仅教育了他的儿子，也启发了后世关于道德教育和礼学实践的思考。黄道周的教育理念和礼学研究，至今仍具有重要的学术价值和现实意义。

考　课

　　夫治国之要，莫大于慎所课。上慎课，则下敏道。古者圣人求言于人，求行于身，故其臣坐而先言。今者圣人择言于身，督行于人，故其臣奔走而犹不暇。夫既奔走而不暇，则必不敢以言争胜于人。不敢以言争胜于人，而犹患言者，是上不督课之故也。

　　夫争言举胜则下躁，躁而不和在于下；督课居胜则上躁，躁而不和在于上。二者奚择之？曰：与其烦言以竞君，莫若竞行以烦臣子。言之事君，先资其言，拜自献其身，以成其信。是故君有责于其臣，臣有死于其言，故其受禄不诬，而受罪益寡。

（选自黄道周《黄漳浦集》卷九，道光九年福州陈寿祺刊本，第399—340页）

求　才

　　夫不究圣人之治，而欲役圣人之才，不悉天地之意，而欲竞天地之力，古今未之尝有。然且谓中才必可用，上治必可致者，何也？天地之治运，与古今之治才，连反平陂①，度其相去，皆不甚远也。陶唐之廷尚嚚言②，仲尼之门畏好学，庸之以功则莫不功，示之以艺则莫不艺。会稽之山去者几何？矍相之圃存者几何③？磨以剑则栗于骨，括于镞则入于石。圣人之教人，使人爱其才，爱其才而后才不弃于天地；其用人，使人适其才，适其才而后天地亦不咎人。幼物而命之，以至于老。执羽而舞象，非为恭也；桑弧而射方，非为空也。老物而酉之，以还于幼。鼓败而藏其皮，非为声也；鞠死而录其灰，非为烟也。阳门之渔，牧门之罗，历阳之耕，河滨之陶，非尚左也，非尚多也。人皆欲为圣人，其教之而不至于贤人，用之而不至于中人，不可不为命。用之不至于中人，不用之而不至于小人，不可不为性。圣人者，观其始原，合同而然。不以两才之情，龃一才之情④；不以两才之性，龃一才之性；不以两才之命，龃一才之命。守枢与钧，唯然而然之，俟其自成，天地亦已平矣。

　　严父之喻子，恭子之将父，定人之胜天，定天之胜人，其情莫不顺；而严父有夏楚，恭子有号泣，定人有震师，定天有旱潦，其才莫不逆。圣人为之择中而持之，量平而行之，禹稷之所谓平人，天地之所谓中运也。人皆保

---

①　连反平陂：出自《易经》中的《泰卦》。在《泰卦》中，这句话用来描述天地运行的规律，暗示着事物的变迁和循环。

②　陶唐：又称陶唐朝或古唐朝，是中国上古时期的一个部落，也是帝尧政权的国号。嚚（yín）：愚蠢而顽固；奸诈、说话不老实。

③　矍（jué）相之圃：借指学宫。

④　龃（xiě）：牙齿相磨切，（物体上下交接处）参差不吻合，比喻物体相接的地方参差不密合。

黄道周

其中人,则天地保其中运。故谓运之可以兴才,才之可以持运。望禹、稷而羡昌时,顾颜子而唏陋巷。延颈扼腕,以为兴废泰否,关捩于是者,是禹、稷、颜子之所大叹也。天地之患,生于人自谓异才。人自谓异才,则天自谓钝器。天自谓钝器,则上有奇望,下有穷弊。阿阁之巢,天老所钦,而石赵以凤羽饰其篁;旋文之图,庖皇所则,而李蜀以麟群驾其车。夫羲、轩之历岂下于赵、蜀之运,而赵、蜀之才,岂逾于羲、轩之德哉?人皆眊于论才①,则不得不艳于言运。艳于言运,故奖运而猎才;眊于论才,故剽才以充运。风寒貑唏,真候乃出,昔之麟凤,复衰于今之犬豚矣。夫麟凤犬豕,其相远一至此乎?知道者,必知天地之运与生人之才,皆不相远也。以不相远而运之,运为一岁,故有五帝、三皇,即《虞典》之一岁。以不相远而裁之,裁为一家,故有元春正月,似文、武之一家。故才者裁也,运者运也。才者兆人,而裁之仅一人;运者兆人,而运之仅一人。玉起于身毒之阗山,脊之以为蒲,穗之以为谷,千金百金,视直于其工。金起于荆扬之右污,赤之以为日,白之以为月,或和或参,视能于其匠。圣人者,三才之工匠也,玉琢之而以贵,珠琢之而以碎;金雕之而以好,锡雕之而以丑。玉,阳也;珠,阴也;金,阳也;锡,阴也。圣人者,谨为工匠,别其阴阳而已矣。阴阳不孤行,澹澹而渐人,或挠之以平,或挠之以倾。水激而复圆,火抑而复陵,圣人欲绳之,盖有所不能,亦有所不知也。

(选自《黄漳浦集》卷九,第407—411页)

格物致知

圣人看得世上只是一物,极明极亲,无一毫障碍。以此心、意,澈地光明,才有动处,更无邪曲,如日月一般,故曰明明德于天下。学问到此处,

---

① 眊(mào):本义为眼睛看不清楚的样子,比喻为事物所困。

天地皇王都于此处受名受象，不消走作，亦更无复走作那移去处，故谓之止。自宇宙内外有形有声，至声臭断处，都是此物贯澈，如南北极，作定盘针，不繇人安排得住。继之成之，诚之明之，择之执之，都是此物。指明出来则直曰性，细贴出来则为心、为意、为才、为情。从未有此物不明可经理世界、可通透照耀。说此话寻常，此物竟无着落。试问诸贤：家国天下与吾一身，可是一物，可是两物？又问吾身有心、有意、有知、梦觉、形神，可是一物两物？自然谺然，摸索未明。只此是万物同原，推格不透处。格得透时，麟凤虫鱼，一齐拜舞；格不透时，四面墙壁，无处藏身。

（选自黄道周《榕坛问业》卷一，四库全书本，第2—4页）

京师与侄书

子静汝读书幸自爱。少年努力为圣贤，才得中人。如在中人手下，到底下流也。汝精神温秀又有峰峦，可时看关、闽、濂、洛诸理学家言。自有入手，乃渐看汉、唐以下，如张良、汲黯、董仲舒、刘向、第五伦、黄宪、管宁、诸葛亮、陶潜、王通、马周、韩愈、李泌、元德秀、韩琦、范仲淹、李沆、司马光、李纲、文天祥。此数人者，写其全传，出入袖中，久之自然成人。如泛泛度日，常有醉饱之心，此朽木粪土，终不可道矣。世人读书，能作文章，只是无本领。虽作文章好，亦无用处。汝文章犹未平达，而多有枝叶，须明明白白，不悖圣贤，乃可言文章。吾今岁决归，归时看汝袖中可有何书，可曾写不写，曾读不读，虽不观文章可知矣。作子弟茂才须十分谦谨。石庆所谓马无五尾，终当谴死也。穷秀才自家担荷，汝一主一仆，量为过矣。即多一仆，吾亦不怪，奈何以此开众人之口乎？

（选自《黄漳浦集》卷十九，第950—951页）

下学上达之问

鲁生云:"晦翁开章训学为觉,后觉之效先觉,可谓效时是学,觉时是达不?"某云:"如此只说得学达,说不得下学上达。"鲁生云:"王龙溪谓口之可言,力之可致,心思之可及,虽至精微,皆下学事;口所不能言,力所不能致,心思所不能及,皆谓之上达。"石居引天德王道,阴阳迭运,莫知其神为证,龙溪以为未切,果是如何?某云:"他们尝自梦说。口可言,便有不可言处;力可致,便有不可致处;心思可及,便有不可及处。其可处皆人,其不可处皆天也。如此只说得上下,亦如何说得学达?如云口所可言,以达于不可言;力所可致,以达于不可致;心思所可及,以达于不可及。如此则逾玄逾微了,如何说真切学问?"

(选自《榕坛问业》卷十三,第 681—682 页)

杖后示儿书

麑子:知汝今年已十岁,有知识,读古人书,当晓其道理。如人之邪正,事之可否,皆须问先生,略识大意。至于事亲当孝,事君当忠,事长当顺,处友当信,接人待物当诚敬有礼,此不待问而知也。麑子、麐子尚少,当步步友爱教之。先生必尊敬事之,不可一毫疏慢,言动起居皆须以礼,不可一刻造次。闻小儿辈谈俚语鄙事,则正色待之;见尊长,则肃然起立;遇官人下顾,著青袍面之,皆须一跪。时时念汝父艰危受苦也,北山洒扫以时节;往见大伯必呈所读经书,不可一毫超越;驭家僮仆子不可出声骂詈,伊亦人子,欲有体面,其理一也。吾身已听之,君不必烦苦,汝唯读书以圣贤为师,吾愿足矣。明春看吾得归，汝不可失业也。麑子知。

（选自《黄漳浦集》卷十九，第 944—945 页）

（沙邱怀编撰）

蔡世远

【题解】

蔡世远（1682—1733年），字闻之，号梁村，福建漳浦人，是清代著名的教育家、文学家、思想家。蔡世远生于书香世家，自幼接受良好的家庭教育，博览群书，是清朝康熙年间的进士。蔡世远与其父蔡璧均主持过鳌峰书院，蔡世远提出"教以立志为始，以孝悌为基，以读书体察、克己躬行为要"的教育思想。雍正皇帝时期，蔡世远奉特诏入京，担任皇子侍读，历任侍讲学士、内阁学士、礼部侍郎，位列九卿。蔡世远与其侄蔡新分别担任乾隆和嘉庆皇帝的老师，素有"一村两帝师，叔侄皆名臣"的佳话。蔡世远一生文学造诣深厚，著述颇丰，编撰《性理精义》，选评《古文雅正》，作《鳌峰学约》《诸罗县学记》《答鳌峰书院诸生》等，辑录《历代名臣言行录》《性理精要》《汉魏六朝四唐诗》，作《庚子秋帖示族中子弟》《壬子九月寄示长儿》《历代名儒传序》《历代名臣传序》《历代循吏传序》，著有《二希堂文集》《朱子家礼辑要》等书。

《古文雅正》是蔡世远选编的古文选本，此书选录历代古文，上起汉代，下至元代的文章共十四卷二百三十六篇，选篇注重"雅正"，以文、道并重为标准，内容涵盖叙事、议论、抒情等各种文体。《古文雅正》以正史为经，以各朝代的文章为纬，涵盖注重经世致用的文章，每篇文章后附有蔡世远的简评，点评精当，或揭示其意旨，或品评其文风。每篇文章的注释简明扼要，对理解古文颇有裨益,因而成为蔡氏家学的教材,本书除了文章之学外,还对学子的人格涵养、视野及能力的提升都有实际效果,深刻影响了蔡氏子弟乃至后来乾隆皇帝的文章观念及行文风格。《古文雅正》对后世影响颇深,为古文选本之佳作,其选文标准与注释点评,为后世提供了选文与鉴赏之范例,深刻影响了清代的文风,且对后世学者研究古代文学、了解历代文风演变,亦具重要参考价值。

《叙鳌峰学约》主要记述了蔡世远应福建巡抚陈瑸的邀请主理鳌峰书院之事,并提出了一系列教育理念和方法。文中蔡世远自谦资质浅陋,表达了惶恐与敬畏之情。他表达自己不敢自视过高,深知自己的不足之处,同时也担心自己无法克服过失。这种自我认知显示了他谦逊的学习态度。蔡世远通过叙述先父在鳌峰书院的经历,以及自己对陈公育人才、化民俗之意的亲身感受,表达了对学习的渴望和对教育事业的责任感。此学约体现了蔡世远对教育的重视和对学生的期望,对当时的教育风气产生了一定影响。他希望与同仁共同努力,不断进取。最后,他以附言自警,展示了自我鞭策和自我激励的态度。

《诸罗县学记》是蔡世远所作的一篇记述并强调地方教育重要性的文章,它以诸罗县为背景,深刻地阐释了教育在培养人才和社会进步中的核心作用。蔡世远认为,学校是培养未来社会栋梁的摇篮,教育的力量无论在何处都不可忽视,即便是诸罗这样偏远的地方。在《诸罗县学记》中,蔡世远详细描述了诸罗县学的修建过程,强调了教育的重要性。他提出,尽管地理位置偏远,但教育的发展不应被忽视,反而应当得到更多的重视和努力。他还倡导县官应以身作则,重视教育,并通过自己的行为来引导社会风气,树立良好的榜样。蔡世远还特别提到了士子们的努力和进取精神,认为这是推动教育发展的重要力量。他鼓励士子们勤奋学习,不断进取,以实现个人的成长和社会的发展。他的教育理念包括重视教育、勉力兴学、以身作则和积极进取,这些理念对地方教育的发展具有重要的推动和鼓励作用。《诸罗县学记》不仅在当时对诸罗县的教育发展产生了积极的推动作用,而且为后世了解该地区的教育状况提供了宝贵的资料。蔡世远的这些教育理念和实践,至今仍具有启发和指导意义,影响深远。这篇文章以其深刻的教育思想和优美的文笔,成为一篇流传千古的教育文献。蔡世远通过《诸罗县学记》传达了一种教育理念,即教育是社会发展的基石,无论地域如何,都应当被重视和发展。他展现了自己作为一位教育家和学者的远见卓识,对地方乃至整个社会的教育发展产生了深远的影响。

《答鳌峰书院诸生》是蔡世远答复鳌峰书院诸生之问的文章,在文中他强调为学之要在于立志、居敬及穷理,劝勉诸生立志为先,提倡"以循序体察为致知之方,以敦本立诚为力行之要",强调了教育的系统性和实践性,倡导诚信和实践。《答鳌峰书院诸生》强调三点教育理念:一是为学须先立志,志为圣贤;二是持敬存心,以敬为学之本;三是穷理致知,深入探究道理。蔡世远首先强调了立志的重要性,认为学习的根本在于立定成为圣贤的志向,他鼓励学子们要有远大的理想和抱负,以圣贤为榜样,努力修身齐家治国平天下。其次,蔡世远提倡学习必须以恭敬之心对待,只有心怀敬意,才能专注于学术,深入探究道理,这种持敬的态度,是学习成功的关键。再次,蔡世远强调了穷理致知,他认为学习的目的在于深入探究事物的道理,达到真知。他鼓励学子们要勤于思考,勇于探索,不断追求知识的深度和广度。蔡世远的教育理念注重立志、修身与治学三者的统一,对培养学生之品德与学识具有重要意义。蔡世远本人也是以身作则,他不仅学识渊博,而且为人正直,深受人们的尊敬和爱戴。蔡世远的这些教育理念对当时的学子们产生了深远的影响,对后世亦产生了积极的作用。《答鳌峰书院诸生》不仅是对当时书院学生的指导,也成为研究清代教育和学术思想的重要资料,为后世为学之人提供了宝贵的启示。

《庚子秋帖示族中子弟》是蔡世远于康熙五十九年(1720年)所写,以一位长者的身份,向蔡氏族中的子弟们传达了深刻的家训和人生哲理。这封信不仅是对族中子弟的教诲，更是一份家规家训的体现，旨在引导子弟们成为品德高尚、有责任感的正人君子，告诫子弟要以伦理为重，"明辨义利，培养心地，作正人君子"，他警诫子弟们不要因私心而产生嫉妒和刻薄。蔡世远还鼓励族中子弟在蔡氏家学中勤奋学习，平衡好读书与修身，指出文章只是成就的一部分，无论是居家学习还是将来为官，修身都是不可或缺的。蔡世远的言辞充满了真诚，体现了他对族中子弟的关爱和期望。《庚子秋帖示族中子弟》是蔡世远对族中子弟的全面教诲，涵盖了读书、修身、待人接物等多个方面，他以简朴的语言传达了深刻的道理，旨在培养族中子弟们成为德才兼备的君子。通过这份家训，蔡世远展现了他对族人未来的深切关怀和高尚的教育理念。

《壬子九月寄示长儿》摘编自蔡世远《二希堂文集》，是蔡世远寄给长子的一封充满教诲与期望的家书，其中不仅蕴含了对长子的深切关爱，更体现了蔡世远对教育和品德修养的重视。蔡世远劝勉其子要勤奋学习，修身立德，追求功业，以期光耀门楣，同时也反映了他对儿子的殷切期望和对家庭教育的深刻理解。蔡世远在文中批评那些学习古文只为写文章而不能将知识与实践相结合的人，指出了学习的目的不仅仅是为了应试，更重要的是要能够理论联系实际，身体力行。蔡世远还表达了对懒惰和自私之人的厌恶，他认为天下事坏就坏在懒惰和自私上，强调了懒惰和利欲熏心的人是不可能有器量和见识去成就大事业的。他提倡以俭持家，但同时也指出了俭与吝的区别，认为在合乎义的情况下应当慷慨解囊，不应一味追求节俭。此外，蔡世远还强调了宽容大度的美德，认为善于容人不仅是自医也是医人的良方，提倡在家庭教育中注重培养子女的宽容之心。《壬子九月寄示长儿》不仅是一封家书，更是蔡世远教育理念的体现。通过这封家书，我们可以看到蔡世远对家庭教育的重视，以及他对品德修养、学识实践和宽容美德的倡导。这些思想不仅对其子有着深远的影响，也为后人在家庭教育和个人修养方面提供了宝贵的启示。蔡世远的这些教育理念，至今仍具有重要的现实意义和指导价值。

《历代名儒传序》是蔡世远为《历代名儒传》所撰写的序，简要概述历代儒家学者的贡献和影响。《历代名儒传序》不仅总结了历代儒家学者的成就，也反映了蔡世远本人的学术观点和治学态度，通过这篇序文，我们可以了解到蔡世远对于儒家学术传统的尊重以及他对于学术研究的深刻见解。

《循吏传序》是蔡世远为《循吏传》所作的序文，折射出蔡世远深刻的政治哲学思想。《循吏传》是一篇具有深远影响的文章，蔡世远提出了评价历史人物的新标准，强调道德品质的重要性，并认为个人的道德修为是成为名臣的基础。在序言中，蔡世远主张"原心"定名臣，即以内心和道德品质为衡量标准，而非单纯的事功。他提倡以德治国，认为道德是治国的根本，而才能和功绩则是次要的。此外，他还对亲民之官的职责进行了阐述，认为官员应以清廉和仁德为根基，用诚心而非权术来治理百姓。这些观点不仅影响了清初的政治实践，也对后世的历史人物评价和社会治理产生了积极的推动作用，促进了儒学的发展和社会风尚的建设。

《与郑鱼门侍讲书》表达了蔡世远的政治理念和其对官员职责的看法，本书节选部分与教育有关的段落。蔡世远认为县令和学使虽然职位不高，权力似乎受到上级官员如知府和督抚的限制，但实际上，这些官员也是由中央直接任命，有明确的职责和权力。他认为，只要官员们坚持自己的原则，行事正直，坚守职责，并且不断自我提升，就不会受到外界的不当影响或牵制。蔡世远进一步强调，即使是古代的普通百姓也能保持独立和尊严，不屈服于外界压力，何况是作为官员呢？这封书信体现了蔡世远对于官员应有的道德标准和行为准则的坚持，以及他对于个人原则和职责重要性的深刻理解。

古文雅正（节选）

余谓公见义必为，全无恋位素餐之态。公初年在京师，未免有汲汲求进之心，然一为御史，绝不顾惜，则以谏宫市贬阳山矣。既贬之后，量移散秩①，如作《送穷文》《进学解》等篇，大有牢骚不平之意。然及其从平淮西，作侍郎，优游养望，便可作相，而公则以谏佛骨贬潮州矣。潮州上表，有穷蹙卑屈之意，然及其再登朝，则又身使卢龙②，面折廷凑，更无推托畏懦之状。公之气节屡挫不折如此，所以为有唐盖代人物，而配享孔庙不替也。不然，张禹、孔光独无文学哉？

（选自邓翠萍、刘英杰主编《贤令芳踪·韩愈阳山资料汇编》，北京研究出版社，2004年，第385页）

叙鳌峰学约

世远虽少承父师之训，不敢自外于学。然资性浅陋，既寡昧而一无所明；过失丛滋，复昏怠而不能自克。荏苒岁月，恐终为天地间无用之人，乃承中丞雷阳陈公礼聘③，使主鳌峰书院，战惧方深，敢当斯任？顾念先君子主鳌峰时，世远曾侍书以行，兹又亲见两台所以长育人材、化民成俗之至意，爰至斯地，与诸同人共勉之。至于书院条规，昔者仪封张先生抚闽，创立书院时，尝刻《学规类编》一书，中载《朱子白鹿洞学规》《程董学则》《真西山教子斋规》《胡文敬续白鹿洞规》等书，已为明备。陈公又公暇辄至，其于义利之分、廉隅之饬④，痛切为诸生言之。同人循此而行，无俟增益。不揣愚陋，推本两先生之意，以附于后。既以自警，且以共励云。

（选自蔡世远《二希堂文集》卷十一，四库全书本，第14页）

---

① 量移：唐宋时，被贬谪远方人臣，遇赦酌情移近安置，称为量移。
② 身使卢龙：受诏令，身赴卢龙宣抚叛乱，当面挫败王廷凑之乱。
③ 中丞雷阳陈公：陈璸，时任福建巡抚。
④ 廉隅：棱角。比喻端正的品行。《三国志·魏书·司马芝传》："芝性亮直，不矜廉隅。"苏轼《私试策问七首》："士之勤苦终身于学，讲肄道艺，而修其廉隅，以邀乡里之名者，不过以望乡大夫贤能之书。"

诸罗县学记

诸罗县学原在善化里之西，茅茨数椽。康熙四十三年甲申，凤山令宋君永清署篆诸罗，因县署移归诸罗山，始就罗山议建。丙戌，郡丞孙君元衡摄县事，建大成殿、棂星门。戊子，宋君复来署篆，建启圣祠。乙未，遭飓风，屋瓦门墙皆圮，今令君贵阳周侯怃然曰："是吾责也。"是岁十月，兴工修庀①，破坏大成殿、启圣祠，则易故而新之。又建东西两庑，以祀先贤、先儒。东有名宦祠，西有乡贤祠。启圣祠之东建明伦堂，西建文昌祠，迤西为学舍，以便肄业。棂星门之外周以墙，榜曰"礼门义路"，墙之外为泮池，皆前所未有也。靡白金千五百有奇，侯独肩之，不扰民。丙申六月告成。世远时应中丞雷阳陈公之招，主鳌峰书院。吾友陈君梦林客游台湾，周侯介陈君以书来求记，且曰："诸罗僻居海外，诸生观化聿新，愿有以教之也。"世远寡陋何知，爰即鳌峰诸友相与砥砺者而告之曰：君子之学，主于诚而已矣。诚者，五常之本，百行之原，纯粹至善者也。人之不诚者，无志者也。人之无志者，由不能尽其诚者也。诚以立其志，则舜可法而文王可师，其原必自"不欺"始。程子曰："无妄之谓诚，不欺其次也。"其功由主敬以驯致之。程子曰："未至于诚，则敬然后诚也。"敬也者，主一无适，以涵养其本然之谓。由是而谨几以审于将发，慎动以持于已发，则合动静无一之不诚也。虽然，由明以求诚之方，惟读书为最要。朱子曰：读书之法，当循序而有常，致一而不懈，从容于句读文义之间，而体验乎操存践履之实。学者率此以读天下之书，则义理浸灌，致用宏裕。虽然，非必有出位之谋也，尽伦而已矣。孔子曰："爱亲者，不敢恶于人；敬亲者，不敢慢于人。"吾父子兄弟，肫然蔼

---

① 修庀：修理。

然①,尽吾爱敬之忱也。克伐怨欲之心,何自而生哉?始于家邦,终于四海,皆是物也。庸近之士,不能返其本、思其终,但以为读书得科名,而吾名成矣;荣闾里,利身家,而吾事毕矣。其幸者得一第,其不幸者,则老死于布褐而已矣。其天资厚而习染轻者,居是官也,犹可以寡过;其天资薄而习染重者,则贪没焉而已矣。夫此身,父母之身也,天地之身也,民物所胞与之身也。以父母之身,天地之身,民物所胞与之身,顾可不返其本、思其终,以贻父母羞,以自外于天地,以为民物所诟病哉?诸罗虽僻处海外,圣天子治化之所覃敷,三十余年于此矣。巨公名人相继为监司守令,其间风俗日上。今若萃一邑之秀于明伦堂,相与讲经书之要旨,体宋儒之微言,告之以立诚之方,读书之要,伦理之修,经正理明,则善人多,为国为民,胥于是乎赖,非徒科名之盛也。陈君为我言:周侯清修干固,百废具兴,引人于善,惟恐不及。吾知所以长育人材、化民成俗者,必有道矣。

(选自《二希堂文集》卷五,第1—3页)

答鳌峰书院诸生

顷接诸同人手书,意绪悬悬。即欲奋飞以造三山,奈家母所患尚未平复。若欲遽离左右,寸心憧憧,不能自遣。伏念同堂聚处,将及一年。不佞既无道德,又无文章,顾所日相谆切者,大抵以立志为始,以孝弟为基,以读书体察、躬行克己为要。至于讲论经书性理及所改窜时文,鄙诚硁硁②,谆复不厌。吾党有相信从者,即不必朝夕相亲,亦可以自励矣。不佞所望者,非徒得巍科、膺显秩而已也。凡我同人,亦望其希贤圣,饬廉隅,循循不息,以振道南之绪而已。此言非迂也。以此言为迂者,皆无志、庸碌之尤,谅吾同

---

① 肫然:诚挚的样子。
② 硁硁:坚定、确定的样子。

学无或出此。至于时文，乃拜献先资，秋闱在即，尤宜体玩，不但无负当道养育之深心，亦己之出身得以不负所学处，大抵以清真雅醇为主。起讲不欲其多而犯实也，起比不欲其长而宽懈也，点次欲其简老而明白也，实疏欲写其心得而言有物也，收结用整欲其精严也，用散则欲其古宕也。至于后场，主司所以觇人学识。平日读古所得，异日施行，正见于此。务须竭一日夜之力，不可以苟简、速出为主。不佞虽在漳浦，此心无一刻不在鳌峰，同堂所深信谅者。倘邀天之眷，家母忽尔平复，七月杪尚欲倍道而来，以睹观光之乐，且再敦勉畅叙，何快如之。已具贱函，达之中丞公，附此奉复。不宣。

(选自《二希堂文集》卷八，第15—16页)

庚子秋帖示族中子弟

数年来，集族中众子弟在家庙课业，勤励有加。今秋闱在即，累累佳篇，吾何能不快然？然文章特一端耳，立心制行，更为要著。愿诸子弟笃伦理之际，严义利之辨。现在居家处世何若，将来居官理民何若？醇此孝恭之念，守其廉洁之操。今日强毅立志，终身守此不移，盟之幽独，质之鬼神，则更获天人之祐助，非徒科名可必也。抑余又闻，家祚之昌，由于父兄所培积。更愿诸为父兄者，各宏裕其量，洗濯其心，去其斤斤沾沾卑卑之念，常存此蔼然、恻然、惇然之心，曰克臻斯，日加勉焉。尚或不遑，速自淬焉。则子弟借为获福之资，父兄亦享安荣之乐矣。不佞阅世阅人颇多，凡所谆谆，非迂阔之言，皆肝膈之要也。

(选自《二希堂文集》卷十一，第20—21页)

壬子九月寄示长儿①

汝扶汝母柩至家，必丙辰公车②，始得侍吾左右。当时时哀痛刻励，勿使吾忧汝无成，且忧咎戾日滋。所示粘壁间，朝夕警省。

汝当时思汝母病笃两月余，常呼汝不得一见。汝至京，汝母、汝弟、汝妹不知何往。时念及此，嗜欲懒怠之念自消，刻励显扬之志益笃矣。汝见人不可言笑自若。高子皋之执亲之丧也，泣血三年，③未尝见齿勖之。

居丧不但酒食之宴不可与，即家居，酒肉亦须戒。汝仲弟在京，至今尚不近酒肉而外寝也。有生客至，酒只三巡，已执杯而不近唇，切不可如平时留客也。居丧遇亲朋嫁娶吉事，汝但写吾名帖往贺，不可亲往。丧葬事则酌行之。平日无事不出门，即往来族友间，亦白衣冠。《家礼辑要》所载，吾闽已通行，汝毫发不可越。我以文公《家礼》倡吾闽三十年，而教不行于子，不大可羞乎？

在家事叔父当如父，事两叔母如母。凡事如己事，不可推诿。凡借端避嫌者，皆孝友之心不挚也。我在家时，由亲及疏，应为谋者，必悉心力，人亦相谅，汝所见也。从父弟视之如胞，不时诲训，或饭后，或晚聚，皆当有严惮敦切之意，勿使坠于闲谈不义，浮薄成性，好美衣食为念。第一是使之知重伦轻利，使一生之根基牢固。又须刻刻告以读书当切己身体，以所言为法戒，不是只教汝为文章也。家中内外之防最宜严，即大石湾潭二处，尤当时时照察。如捧饭菜，男女授受限以阈，男仆不可适便自入厨房捧置，宜守此。

---

① 壬子：雍正十年，公元1732年。
② 公车：汉以公家车马递送应举的人，后因以"公车"为举人。
③ 高子皋之执亲之丧也，泣血三年：语出自《礼记·檀弓上》。泣血，泣无声如出血，是说因丧亲而哀伤至极。后用为父母丧之辞。

蔡世远

我之从兄嫂寡居二人，从弟妇寡居一人，各有一女，皆及笄①。我此间无力可分助汝在家治丧，欠负未清，亦甚艰，然不可不勉力助之。将适人时②，或先期字来，或自行措助，成我志也。平居则米盐相分以澹泊，有月给米石者无失。

家中须节用为先。每日食用，须有节制。轻用不节，其害百端。又切不可鄙啬为心，凡义所应用，不可有一毫吝也。自家用度，即纸笔油盐以至微物，皆宜爱惜，宜用处则不然。若只以求田问舍为心，人品最下。耻恶衣恶食、志趣卑陋之甚者，推之凡事皆要虚体面以夸流俗，此最坏品。立心行事，读书作文，不如人，实可耻也。待仆从不可刻薄，然不可不严。有玩法者，立刻处置。钱财不清，亦即酌其轻重而处之。

读书最要限程。读经史性理，随力自限，总是每看必返己自考。古文亦随力读。时文以应试，晚间以余力及之。

我与汝两叔父俱不在家，年少，毫不晓事，只是闭门读书，诲勖子弟，不可一毫与外事。但族中有事，有宜与知者，亦勿推诿。我原立有家规，随家长赞成之。凡事须至诚、至公、至谦和，处之自无咎戾，亦无过分处。我在家时，乡邻三百余家，西湖本族，皆劝禁赌博。二十余年，已成风俗。汝力不能本族，当与家长申明之。乡邻则日与乡耆里正同劝戒，自然依我前约也。

凡行事，揆之情理，裁之以义，切不可为人所愚。宵小之辈，动以利，不听则胁以名。欺诳于初，后则云不可中止。须自主张，不拘何人。守义要切，父命当遵。待人要从厚，人待我不循理，我以薄施之，是我无以异于彼也。只循我分，尽我心。

今日接汝桐乡季父来字云："汝凡事好自以为通晓，其实一毫不识。盖家中被人欺诳顺奉故也。"当牢记痛改。与人言语，切不可有争气。我见汝在

---

① 及笄：满十五岁。笄，古代束发用的簪子。古代女子十五岁把头发束起来。
② 适人：古代称女子出嫁。

京，与人言说常有争气。此损福损德之一端，须戒。

晚间方点灯时，先生为小子说小学数条。汝与从叔父、诸群从同在坐，要义各为提撕。小子传集，不可缺一。将来子弟重伦轻利，不染习尚，庶不堕家风，且或可成人物。

凡事只可罪己，不可尤人。薛文清云①："'不忮不求，何用不臧'②，是守身常法。"可不三思！

吾家子弟，最宜常勖以立大规模，具大识见，不可沾沾焉，贪目前，安卑近。朱子云："天下事，坏于懒与私。"最切今之弊。懒则不肯勤励，学殖荒而志气亦堕。私则自至亲间，尚分畛域，有利心。尚望其有器识，有所建立哉！

村俗秀才，株守时文一册，止望得第。梦梦一生，与时循环，全不计及异日施设若何，结局若何者，此鄙陋之尤，最所当戒。即学古而止以为作文章用，讲学而不能躬行，亦甚可耻也。我老矣，诸子弟有能副吾望者，此心何日忘之？

（选自《二希堂文集》卷八，第22—26页）

历代名儒传序

圣人之道具于经，故必知道而后能明经。然传经亦所以存道。自孟子后，汉儒有传经之功，宋儒有体道之实。汉初，董江都学贯天人，定一尊于孔氏，罢申、韩、苏、张之学，儒之醇者矣。然伏、毛、孔、郑诸儒，各有传经之功，不可忘也。有宋周、程、张、朱五先生继起，直接孟氏之传，圣道如日月中天，道统之所由集矣。而其时师友之相与讲习而衍派者，何其盛也。轻

---

① 薛文清：明代名儒，名瑄，字德温，谥号文清。明英宗时官至礼部右侍郎。
② 不忮（zhì）不求：忮，嫉妒。求，贪求。臧：好。

汉儒者，以为徒事训诂而少躬行心得之功，不知代经秦火，汉儒收拾于灰烬之余，赓续衍绎，圣人遗经赖以不坠。汉朝得收尊经之效，定四百年之基。六朝反之而替，唐贞观因之而昌，汉儒之功，其可掩乎？议宋儒者，以为"研精性命，恐少致用之实"，不知修己尽性，功施靡极，使程、朱得大用于世，隆古之治可复也。宋季指为伪学，国随以微。鲁斋之在元，略见施用，有经邦定国之功。明初正学昌明，成、弘之际，风俗淳茂近古。嘉、隆以后，人不遵朱，学术漓而政纪亦坏，非其明效大验欤？譬之谈周家王业者，汉儒其后稷、公刘、古公也，宋儒其文、武、成、康之盛治也。今尚论文、武、成、康，而忘后稷、公刘、古公之肇基累仁，可乎？然使但称后稷、公刘、古公之能兴周，而不及见文、武、成、康之盛治，其遗憾也不又多乎？

我皇上尊经重道，作君作师，超越百王，汉、宋以来诸儒，特增从祀两庑，天下靡然向风矣。高安朱先生体究正学，服膺儒行，论道经邦之暇，与世远议修历代名儒传，因属其及门安溪李君立侯纂为传论。李君通经考道，得家学之正传，自汉至元，编摩阅岁。高安公与世远又讨论而考订之。毋取其滥，饰节而坠行者，虽有儒名必黜；毋取其隘，服古而清修者，确守先绪必录。学者苟能志道以明经，复因经以求道，不岐于异说，不汩于功利，明善克私，惟恐不及，以兼收汉、宋诸儒之益，将蕴之为德行，行之为事业，国家有用之儒，彬彬然辈出矣。

（选自《二希堂文集》卷一，第 6—7 页）

循吏传序

亲民之官以廉为基，以仁为本。引而近之欲其亲，格而禁之欲其严，理之欲其明，措之欲其简。虑民之不给也，为之课农桑，训节俭，轻徭役，广积蓄，遇有故则赈贷之，又加详焉。虑民之不戢也，为之教孝弟，敦睦姻，惩诬黠，息讼争，以事至者诲谕之，又加详焉。根于中而不徇乎外者，贤守令也。结欢上官而不体下情者，民之蠹也。自恃无他，而张弛不协者，诚不足，识不充也。视犹传舍，因为利薮者，本心既失，殃及其身者也。

(选自《二希堂文集》卷一，第10—11页)

与郑鱼门侍讲书（节选）

今之持论者皆曰："外官惟县令与学使最难供职①。"世远窃谓此二者为最易，夫县令者朝行一政，则夕及于民，兴政立教，无耳目不周之处，无中隔之患，古人所谓得百里之地而君之也。学使无刑名钱谷之繁，惟以衡文劝学、广励学官、振饬士子为职业，草偃风行，比地方职守者尤易。

或又以为是二者皆有掣肘之患，不知所谓掣肘者多由于自掣，非尽人掣之也。夫布衣，则古称先自强不懈，人犹称其严毅清苦，力行可畏，况居官哉！但气不可胜，事不可激，当谨确完养以合乎中耳。谓见掣于人，吾未之闻也。

(选自《二希堂文集》卷八，第4页)

(钟碧玲编撰)

---

① 学使：即提督学政，或称督学使者。清时由侍郎、京堂、翰林、科道及部属等官简派，三年一任，权力与督抚基本相同。

陈寿祺

【题解】

陈寿祺（1771—1834年），福州人，字恭甫、介祥、苇仁，号梅修、左海，晚年自号隐屏。陈寿祺五岁始受蒙学，受祖父陈起龙与父亲陈鹤书影响颇深，年幼即聪颖好学。陈寿祺曾先后师从周立严，孟超然，并以学业卓著深得老师青睐。嘉庆四年（1799年），陈寿祺中二甲进士，后开始从政生涯，曾任翰林院庶吉士、广东乡试副考官、河南乡试副考官、会试同考官、国史馆总纂等职，从政期间，陈寿祺恪尽职守的同时，多撰述讨论治学与考试，整顿教育风气。陈寿祺父亲去世后，其决议辞官，敬养母亲。约自嘉庆十八年（1813年）始，陈寿祺先后主讲于泉州清源书院、福州鳌峰书院，全心授徒、钻研学术，推崇汉儒之学。其一生著述颇丰，造就人才无数，对于福建学术产生了深刻的影响，堪称一方硕儒。

《示鳌峰书院诸生》作于陈寿祺在鳌峰书院讲学期间，以此劝勉诸生。陈寿祺深度阐释了何为立身之道，即重廉耻、敦礼让。他以人性论为根据，援引孟子和孔子所言，指出羞恶之心根植于天性，以此警醒诸生，扩充善性，以坚强的意志持之以恒地遵循礼让、廉耻之道，锤炼君子品格。

《义利辨》是陈寿祺对学生关于"义""利"取舍的训诫，希以此正人心、挽风俗。陈寿祺在此文中首先追溯了古者的"义利之辨"，古者义与利和，至春秋，义与利始分。陈寿祺认为，做人如果一味追逐私利，贪图近功，那么将祸患无穷。他以正谊明道之学为全文旨归，倡导学生做人做事要合乎道德，端持正义。

《科举论》与《义利辨》在逻辑上紧密联结。陈寿祺从义利取舍的角度，将士人与农工商贾做比较，其认为，农工商贾一介虽惟利是求，却并不自私，他们的行为是利于天下人的，是包含"义"的。而执着于参与科举以考取功名的士人，虽然终日饱读圣贤书，实则是沉溺于私利之中的。其中，陈寿祺引用大量实例和前人言论阐明了为何科举之士是溺于利而忘义，揭露了科举之弊病。虽如此，陈寿祺仍然认为不应废除科举，他强调要操之以正道，导之以德行道艺之实，诚意问学，踏实治学，以此正科举，明义利。

《知耻说》是陈寿祺对学生的劝诫。陈寿祺认为，羞恶之心是义的萌芽，人若涵养有羞恶之心，则有助于其仁义礼智的养成。陈寿祺主张学生应当效法圣人，操持本心，知耻明耻。其更以伊尹之勇、伯夷之清、柳下惠之直为导引，力劝学生谨守仁义礼智信，独立理性地思考，明辨是非，择善而从。

《鳌峰崇正讲堂规约八则》是陈寿祺制定的学规，共八则。第一，陈寿祺认为为学必先正心术，明辨义利，审度是非，厉廉隅，立大志，修身养性；第二，谨慎交友，陈寿祺告诫学生多与志同道合的有志之士交游，亲仁而远佞；第三，广学问，即要求学生不仅要研经考史，还要通晓时务，辨析是非，以成为处可立言、出可敷政的通才；第四，稽习业，陈寿祺主张给学生分发课程簿，每十日检查一次，期以此方式督促学生广读经籍，勤于学业；第五，择经籍，陈寿祺在经籍的选择上格外强调择取精要，熟读精思，既要避免泛泛而读，还要避免被腐烂文章蒙蔽耳目；第六，严课规，为严厉禁止考试作弊现象的发生，陈寿祺根据不同学生的实际情况设立考试相关规定，力求考试的公平公正；第七，肃威仪，陈寿祺针对学生行为礼仪习惯做出规定，警示学生不可忽视繁文小节；第八，严出入，陈寿祺主张要保持书院作为治学讲业场所的肃穆，严禁闲杂人等进出，要求学生不得无故随意出入，以此严肃纪律。

示鳌峰书院诸生

　　士学古立身，必先重廉耻而敦礼让。廉耻重而后有气节，礼让敦而后有法度。文艺科名，抑其末也。利欲夺则廉耻丧，傲慢长则礼让亡，不知重廉耻乃所以自贵，敦礼让乃所以自尊。自贵自尊，皆为己之学，非为人也。羞恶之心，根于天性，扩而充之，即宅仁由义之行。孟子曰："人有所不为，而后可以有为。"除其不蠲①，保其良贵，则光大高明。凡人世之秽浊，举不得染乎其身，非自贵而何？动作威仪之则，受生于天地而具焉。孔子曰："君子不重则不威，学则不固。"正衣冠，尊瞻视，则惰慢之气远于身体，揖逊之道，摄于友朋。所谓"敬人者人恒敬之也"，非自尊而何？然礼法虽人所易忽，谨厚者尚能循而勿失廉耻，则非有坚志强力以持之，鲜不渝矣。愚性薄质钝，德凉学荒，闻道恨晚，年与时驰，欿然愧无以裨益于多士②。然区区之忱，犹愿与诸生相切劘③，厉廉隅，习名教，以求无弃于君子儒而已。因述《义利辨》《科举论》《知耻说》三篇，为诸生警心之助，幸共勉旃。

　　（选自吴伯雄编《左海全集》，《陈寿祺全集》，广陵书社，2017年，第175—176页）

---

　　① 蠲（juān）：清洁，使干净。《诗经·小雅·天保》："吉蠲为饎，是用孝享。"《毛传》："蠲，洁也。"

　　② 欿（kǎn）然：不自满的样子。欿，不自满。《孟子·尽心上》："如其自视欿然，则过人远矣。"

　　③ 切劘（mó）：切磋相正。王安石《与王深父书》之一："自与足下别，日思规箴切劘之补，甚于饥渴。"

义利辨

昔者，孔子恶乡愿①，孟子辟杨、墨，韩子辟佛，程、张、朱子辟禅学，皆所以正人心、拯流弊，而挽其狂澜者也。虽然，杨、墨以下，其人率能严取与、谨出处，与夫陋儒薄夫相去千里，所惜者学术之差耳。今则皆无患此，非其学术之胜于昔也。举世攘攘熙熙，为利往来，耽耽逐逐而无所止，尚何暇伪忠信，貌廉洁，标为我、兼爱与讲明心见性之学哉？然则今世之药石，在乎明义利之辨而已矣。古之时，义与利未尝分也。故《易》之为书多言利，曰"元亨利贞"，曰"利见大人"，曰"利建侯"，曰"利用刑人"，曰"利御寇"，曰"利涉大川"，曰"利用行师"，曰"利用宾于王"，曰"利用狱"，曰"利有攸往"，言利莫若《易》详也。《尚书·盘庚》曰"视民利用迁"，《周官》曰"主以利得民"，《春秋传》曰"礼，序民人，利后嗣"，又曰"上思利民"。六经莫不善言利，盖古者利与义合，故《易·文言》曰："利者义之和也。"利物足以和义，惟以利物为利，无利非义矣。春秋之时，利始与义分。《论语》曰："君子喻于义，小人喻于利。"故孔子罕言利。战国之时，知有利而不知有义，故孟子力屏绝之曰："亦有仁义而已矣，何必曰利？"然又曰："未有仁而遗其亲者也，未有义而后其君者也。"则仁义何尝不利哉？后世知有利而不知有害，然利己必至于害人，害人者未有不害己。孔子曰："放于利而行，多怨。"程子曰："利者，众之所同欲也，专欲益己，其害大矣。"贪之甚，则昏蔽而忘理义；求之极，则争夺而致怨仇。然则后世所谓利者，皆祸之阱耳，与六经之言岂不相背而驰哉！今天下之汲汲于求利者众矣，其得与失非一端，有立谈而弋取，亦有穷老尽气而不一获，非得失之有命也耶？然

---

① 乡愿：同"乡原"。指貌似谨愿忠厚，实与恶俗同流合污的人。《论语·阳货》："乡愿，德之贼也。"

陈寿祺

将语人曰"利不可得",则人必漠然不应,为正告之曰:"尔所为皆祸之阶也。"则人变乎色而怵于心矣。变乎色而怵于心,然后可以去利而返之义矣。夫义之与利,争之也微,则平旦分舜跖;执之也勇,则懦夫为夷齐。古之人修其天爵而人爵从之①,岂有所动于其中哉?仁义忠信积于身,故位禄闻誉轻于世;道德问学崇其实,故膏粱文绣绌其华;廉耻名节爱其荣,故腥臊垢浊畏其浼②。虽有以利舔之者,奚由而夺志焉?是故学者之于义利辨之不可不早辨也,辨之如何?孔子曰:"古之学者为己,今之学者为人。"为己者无适而非义,为人者无适而非利,精察于一义一利之间,无欲其所不欲,无为其所不为,于动静之几,惧薰莸之反掩于毫厘之介③,惧黑白之相淆。义之所存,虽害不恤;义所不存,虽利不谋。则内外均有以用其力,而日救过之不暇矣。及其存养既深,诚洞乎义之乐而利之危,则能安贫贱、守进退,异于智穷力索而自已者也。此其人知有义而已,焉知所谓利哉?然而穷不能滥,富不能淫,威不能屈,祸不能加,则有利而无害焉。孝弟称于乡党,敬信行于蛮貊,言而为天下道,动而为天下则,则无义而不利焉。正谊明道之学,孰加乎是?不然,为士者患得而骛利,患得愈甚,骛利愈炽。吾恐舍义而求利者,涉羊肠以凿险巇,履荆榛以伤腓胫,所欲不可遂也。纵令遂其所欲,然而非义之利,如饮鸩毒,始虽甘之,终必溃肠裂胃;如聚盗赃,骤虽饱之,瞬则被刑陨躯,其害有不可胜道者矣,何利之足云!

(选自《左海全集》,《陈寿祺全集》,第 177—182 页)

---

① 天爵:天然的爵位。古代称不居官因德高而受人尊敬者为"天爵"。《孟子·告子上》:"有天爵者,有人爵者。仁义忠信,乐善不倦,此天爵也。公卿大夫,此人爵也。"

② 浼(měi):玷污。《孟子·公孙丑上》:"尔为尔,我为我,虽袒裼裸裎于我侧,尔焉能浼我哉!"

③ 薰莸:薰,香草。莸,臭草。比喻善恶或好人坏人不相共处。

科举论

余既为义利辨，冀有以正人心而挽风俗也。然愚也为后世天下之溺于利者，莫烈于庠序科举之士，而农工商贾不与焉。何也？农以收获为利，然非力穑则无以食人；工以既廪为利①，然非饬材则无以善事；商贾以奇赢为利，然非阜通则无以均输。彼其人之贤否，非有系于国家之重轻也。终日皇皇，固曰惟利是求，顾其所利者，犹皆以利天下之日用而不自私，是亦未尝不挟义以偕行者也。士则不然，其所业皆日从事圣贤之书，而所趣无异乎市井之行，其人皆国家所待之兴贤兴能，以收股肱耳目之用者也②。而自束发受经，以迄筮仕③，谬曰求召，而终日皇皇，鲜不为利而忘义，安望成德达材与夫气节功名有裨于世哉？且挟其聪明材力，竭谋利之术，什倍于农工商贾，而其患中于家国天下，则家国天下大不利。苏秦以祸齐，李斯以祸秦，孔仅、东郭咸阳以祸汉，元载、包佶以祸唐，王安石、吕惠卿以祸宋，温体仁、周延儒、杨嗣昌、陈新甲以祸明，踪迹不同，壹皆利之所蛊也。虽然，汉之选举，清议犹存，陈汤匄貣无节④，不为乡里推择，其验也。其选举之目，必以敬长上、顺乡里、肃政教、出入不悖所闻为称首。魏晋九品中正之法，犹稍近古。自隋唐而后，设科专以文辞取士，乃驱天下尽纳于利禄之涂矣。计敏夫言："贞元以来，文学科第为世所荣，及其弊也，士子豪气骂吻，游诸侯门，诸侯望而畏之，如刘鲁风、姚嵒杰、柳棠、平曾之徒，其文皆不足取。"李益一时文宗，犹曰："感恩知有地，不上望京楼。"其后如李山甫辈，以一名一第之

---

① 既廪：又作"既禀"，官府发放口粮。《中庸》："既禀称事。"
② 股肱耳目：股肱，大腿和大臂，比喻辅佐帝王的得力大臣。耳目，比喻辅佐的人，亲近信任的人。
③ 筮仕：指初出做官。
④ 匄貣（gài tè）：匄，乞求。貣，向人乞求物品。

陈寿祺

失,至挟方镇劫宰辅,则又有甚焉者也。科举盛于唐而弊极于不可救若此。朱子《贡举私议》言:"大学但为声利之场,掌教事者徒取其善为科举之文,士之奔趋辐湊而来者,徒为解额之滥、舍选之私而已。师生相视漠如,未尝开之以德行道艺之实,而月书季考,又只以促其嗜利苟得、冒昧无耻之心。"又言:"举子讲习专务裁剪经文,巧为斗饾,不惟不成经学,亦复不成文字,而使学者卒岁穷年、枉费日力以从事于其间,甚可惜也。"文文山御试对策言:"士大夫家教子幼,则授其句读,择其不戾于时好、不震于有司者,俾熟复焉。及其长也,细书为工,累牍为富,持试于乡贡者以是,较艺于科举者以是,取青紫而得车马也以是。父兄之所教诏,师友之所讲,明利而已矣。"归震川言:"科举之弊,士方没首濡迹于其间,无复知有人世当为之事,荣辱得丧,缠绵萦系不可解脱,以至老死而不悟。"昔人论科举之弊与文字之陋,深切著明,千载以来未之有变。甚者行险侥幸,作奸犯科,诈愚凌弱,乘衅而动,流失败坏不可究诘,廉耻道丧,莫此为尤。盖进身之始,已汩于浮浇鄙薄之流而莫能自拔矣。然其源则由义利不明故也。或问曰:如子言,科举之业,将不可为乎?曰:否,不然也。科举者,人生显晦假途于此,安可废也?虽然,为之有道焉。程子云:"一月之中,十日为举业,余日即可为学。"朱子云:"高见远识之士,读圣贤之书,据吾所见而为文以应之,得失利害置之度外,虽日应举不累。"北溪陈氏云:"躬行心得者有素,则形之商订时事、敷陈治体,自有以当人情中物理。"潜室陈氏云:"应举求合法度,乃道理当然,若不合程度而萌侥幸之心,不守尺寸而起冒为之念,则妄矣。"由此观之,科举之道可知也,少教于塾,导之以德行道艺之实,勿徇时好以希速化,如文山所讥是矣,长升于学,考之以躬行心得、时事治体之端,勿巧斗饾以费日力,如朱子所讥是矣。壮举于有司,置其得失利害之私,勿乖尺寸而图冒为,勿争名第以恣狂悖,如敏夫、潜室所讥是矣。如是则义,不如是则利。义植其基而利绝其萌,义正其轨而利塞其涂。其人能敦善不怠,笃志好学,殚精乎经术之窔而研究乎当世之务①，它日委质立朝，执义而绌言利者必是人也，行义而利社稷者亦必是人也。士何负于庠序而科举何病于义哉？舍此不务，而使以弦诵之躬为世诟病，谓儒以《诗》《礼》发冢也，可哀也夫！

（选自《左海全集》，《陈寿祺全集》，第 183—189 页）

知耻说

人之所以为人，恃有耻心而已矣。孟子曰："羞恶之心，义之端也。"然四端非是无以立，仁之端非是，则入于内交要誉；礼之端非是，则入于巧令足恭；智之端非是，则入于同流合污。故羞恶者人心之义，以为之质而仁礼智之所由成也。教人者，法令明密，不若激发其耻心之善为转也。孔子论士曰："行己有耻。"耻者，人之所固有，而士之所严也。孟子曰："耻之于人大矣。"又曰："人不可以无耻，无耻之耻，无耻矣。"士始于有耻，而后终于无其耻。丧耻者有二端：弱之为籧篨②，为戚施③；强之为饕餮④，为梼杌⑤。起秽自臭，腼然安之，所谓为机变之巧者，无所用耻焉。夫至以耻为无所用，则名节不足维，刑罚不足儆，其事尚可问哉？虽然，彼丧耻者岂陷于不知者哉？今夫阛阓之间⑥，盗窃过焉，则众唾而远之；里巷之中，倡伎溷焉，则群指而驱之，何也？知耻人也。呼尔蹴尔之食，行道者与乞人虽身死而不受。

---

① 窔（yào）：幽深隐暗之处。

② 籧篨（qú chú）：不能俯身的病人。

③ 戚施（qī shī）：不敢抬头的丑陋的人。

④ 饕餮（tāo tiè）：贪婪凶暴之人。《左传·文公十八年》："缙云氏有不才子，贪于饮食，冒于货贿……天下之民以比三凶，谓之饕餮。"

⑤ 梼杌（táo wù）：有二说：一是传说中的凶兽名。二是远古的凶人，尧、舜时四凶之一。《左传·文公十八年》："颛顼氏有不才子，不可教训，不知话言……天下之民谓之梼杌。"

⑥ 阛阓（huán huì）：市场。左思《魏都赋》："班列肆以兼罗，设阛阓以襟带。"

何也？知自耻也。今昼夜之所求，无异于盗窃、倡伎之所取。腥垢之所噉，或逾于行道乞人之所遭，而蝇营狗苟，不知所反，岂视其身不若盗窃、倡伎、乞人哉？弗思甚耳。古之圣人，有善知耻者，伊尹是也。非其义也，非其道也，一介不以与人，一介不以取诸人。禄之以天下弗顾也，系马千驷弗视也。天下之匹夫匹妇，有不被尧舜之泽者，若己推而内之沟中。其知耻若是大也，故后世莫不诵伊尹之勇。古之圣人，又有善知耻者，伯夷是也。目不视恶色，耳不听恶声，与恶人言，如以朝衣朝冠坐于涂炭，思与乡人立，其冠不正，望望然去之，若将浼焉，其知耻若是峻也，故后世莫不诵伯夷之清。古之圣人，又有善知耻者，柳下惠是也。进不隐贤，必以其道。遗佚而不怨，厄穷而不悯。不枉道而事人，不以三公易其介，其知耻若是谅也，故后世莫不诵柳下惠之直。三圣人之道不同，其趋一也。率乎此之所趋，而作圣；反乎此之所趋，而作狂。取舍之介，荣辱之主，利善之间，舜跖之分，可不慎乎？孔子欲得不屑不洁之士而与之，以狷者有所不为也，知耻者也。士不先务知耻而可与适道者，未之有也。然则学者如之何而法圣人也？曰：尚志。尚志则知耻。子耻不孝，弟耻不悌，臣耻不忠，友耻不信，族耻不睦，戚耻不姻，乡耻不任不恤。居耻不仁，行耻不义，动耻无礼，择术耻不智。耻垄断，无罔利；耻穿窬，无佔言；耻钻穴，无急仕；耻乡愿，无媚世；耻妾妇，无从君；耻小人，无行险徼幸；耻鄙夫，无患得患失；耻禽兽，无旦画牿亡；耻病于夏畦，无胁肩谄笑；耻如沟浍立涸，无声闻过情；耻齐人为妻妾羞，无求富贵利达。勿自暴也，勿自弃也，操存其本心，慎思之，明辨之，择善而固执之，是之谓君子。

（选自《左海全集》，《陈寿祺全集》，第191—195页）

鳌峰崇正讲堂规约八则

一，正心术。圣人教人，只重躬行，罕言性命天道。然读书期于明理，求仁贵其存心。学者修身善道，首在明义利之分，审是非之界，立志不欺，行己有耻。一切秽浊之涂、钻营之术、利己害人之谋、枉道徇人之行，皆足败名辱身，毫发不可生于心而见于事。充类至义之尽，则哺啜亦不可苟，跬步亦不可轻，矧大于此者乎？君子立身制行，树为坊表。彼同流合污、奄然媚世者，乃乡愿所为，圣人犹恶而斥之，况佥邪非类①，胥役细人，岂容与相亲比，有所左右于其间乎？学也者，所以学为圣贤。一生建名立节，事功皆基于为秀才时。倘此时依阿随俗，不以含垢纳污为羞，不以气节名义为重，则他日得志，安望有刚方正直，担荷世宙之概？诸生砥厉廉隅，有志自修，尚其谨小防微，慎旃毋忽。

一，慎交游。曩会稽鲁秋塍先生设教鳌峰，原定规条云："正人君子固借切劘，溺友燕朋深所当远。"诸生除一二读书同类外，不许别项闲人往来。即读书同类之人，接见毋得亵狎，往来毋得频数，留饭毋得酣饮，迎送毋得太远。前辈教人防闲甚正。如此本山长谓："群居终日，言不及义，好行小慧，则非僻之心易入，便佞之友易投。"君子尊贤而容众，远佞而亲仁，乐群取友，自有准绳。苟能以力学敦善为功，则邪僻自消，德业自进。近日住院肄业诸生，咸属磊落英多、敦笃谨悫之士，一洗旧习，但儆戒不可不严，防闲不可不密。嗣后倘有酣饮恶谑，赌博媟狎②，以及干预外事，招引匪人者，查出轻则记过，重则黜除。

一，广学问。至圣诱人，首先博文。儒者穷经，将以致用。宋胡安定设教苏湖，立经义、治事二斋，故湖学人才最盛。近世学者，研经考史，已难其人。进而正谊之功，济时之学，益弃若土苴，莫能讲明。不知国家立法取士，小试兼经解、诗赋，乡会试兼经义、论策，诚欲收罗硕学鸿才，不徒专恃讲章时艺、经解、策问，尤使学者平日探索典训，辨核是非，讨论古今，通知时务，处可立言以传世，出可敷政而佐时也。本山长自忝尘此席，每月

---

① 佥(qiān)：奸邪不正。
② 媟狎：狎昵，不庄重。

陈寿祺

加课经解、史论、策问、诗赋等，亦仰体国家取士之方，施之程课，固非苛求备责，强人以所不能。大比之年，四书艺外，经解、策问，尤皆诸生所当究心。每月发题加课，有志向上者，各宜讲求条答，毋得视为具文，畏为难事。

一，稽习业。宋郑耕老尝综《论语》《孟子》《孝经》《周易》《尚书》《诗经》《礼记》《周礼》《左传》全文数之，共得四十八万字。准以中人之资，日诵三百字，不过四年半可毕。吾乡张惕庵先生云："今除《论语》《孟子》人人童而习之外，再益以《仪礼》、《尔雅》、《公羊》《穀梁》二传，亦不过五十余万字。"以时文每篇七百字计之，七百余篇已有七十余万字。以彼易此，孰得孰失，孰优孰劣，愚者皆知之。然而卒鲜以彼易此者，何也？病在欲速化，而不暇为耳。不知五十年前，墨卷盛行，举子胸累千篇时文而卒困于场屋者，不可胜数。其能研究经史，文章卓然自立，而竟为时命所厄者，千百中亦未有一二。则多学之与浅学，胜负较然明矣。况不学面墙，圣人所戒。徒守讲章八比，以弋科名，纵掇巍科、登仕版，亦不免于伏猎金银之诮，又焉能安身以崇德，精义以入神耶？元程畏斋读书分年日程，以看读百遍、倍读百遍为率，以为即收放心之一法。昌黎韩子自云："非三代两汉之书不敢观。"又云："口不绝吟于六艺之文，手不停披于百家之篇。"其专且勤如此，安得不垂辉千载？故为学在勤，不分敏钝。骐骥一跃，不能十步；驽马十驾，功在不舍，其验也。为学在专，不分少壮。公孙宏四十始受《春秋》，遂为举首；朱云五十始受《易》，卒成大名，其验也。本山长忝在鳌峰，汲汲以推毂贤能如恐不及为心。每见诸生虚怀询问，实力切劘者，无不为之好乐其中。饬躬敦行，宿学高才，及青年清俊之士，或为大府嘉赏，或为学使拔萃，咸足使人兴劝。次之亦多日新月异，率可有所成就。但为学最忌进锐退速，一暴十寒。前设分程簿册，分给诸生，自记所业而行之，尚有作辍。其在老成绩学之士，自可无烦鞭策。若英妙少年，急宜早惜分阴，勿自旷废。今当仍旧遵行，以收实效。按日所读经史古文等，照式填写课程簿，每逢十日汇呈讲堂，酌召面加考验，庶勤惰有别，不至徒托空言，亦不至长成玩愒。

一，择经籍。四部浩如烟海，学者不独不能遍观，亦且不能多购。然材质稍胜者，皆可日积月累以底充富。当先择取精要，用力研寻，既省泛滥之病，亦收精熟之功。如读经，必观传注。朱子《论孟集注》《学庸章句》外，《御纂四经传说》《钦定三礼义疏》，固学者所当服习。《十三经注疏》颁在学宫，本以待高才嗜古者从事于斯。其中，《毛诗》《礼记》二经正义，当先玩阅，次及《周礼》《仪礼》《左氏传》注疏，其余酌择观之可也（《孟子》伪疏浅陋，勿观）。此外，则唐李鼎祚《周易集解》，宋严华谷《诗缉》、卫正叔《礼记集说》、王与之《周礼订义》，元敖君善《仪礼集说》，国朝盛龙里《仪礼集编》、惠半农《礼说》、惠定宇《九经古义》、陈见桃《毛诗稽古篇》、胡胐明《禹贡锥指》、顾复初《春秋大事表》、阎百诗《古文尚书疏证》、段懋堂《古文尚书撰异》、孙渊如《古文尚书注》、阎百诗《四书释地》、江慎修《乡党图考》、邵二云《尔雅正义》，此皆经说之渊薮也。许叔重《说文解字》、陆元朗《经典释文》《广韵》《集韵》《群经音辨》《韵会小补》、顾氏《音学五书》、段氏《说文注》、曲阜孔氏《诗声类》、高邮王氏《广雅疏证》，此皆小学之阶梯也。

史，则《史记》、两《汉书》、《三国志》必当熟看，庶得唐人三史立科之意。其余历代各史，视材质功力有余及之可也。此外，《国语》《国策》《资治通鉴》《通鉴纪事本末》《御批通鉴辑览》《通鉴纲目三编》、邵二云《续资治通鉴》、谷应泰《明史纪事本末》，均学者必读之书。《史通》可明体例，《路史》《绎史》可资博闻，是亦其次。此皆史学之川渠也。

子，则周、秦、汉、魏晋诸家，宋五子书及元、明儒家著述，均各有所得，在学者明辨而审取之。考订之书，则陈氏《礼书》、江氏《礼书纲目》、秦氏《五礼通考》《通志略》《山堂考索》《玉海》《荆川稗篇》《图书编》《太平御览》，所以网罗放失，体大物宏。经济之书，则《通典》《文献通考》《续文献通考》《大学衍义补》《思辨录》《读史方舆纪要》《郡国利病书》《农政全书》《行水金鉴》《武经纂要》《虎钤经》《荆川武编》《筹海图编》《纪效新书》《历代名臣奏议》《明臣奏议》《大清会典》《皇朝三通》《御纂律吕正义后编》《御制数理精蕴》《御定仪象考成》，所以通知古今，可施实用。此皆问政之津梁也。

集，则《昭明文选》《汉魏百三名家》《乐府诗集》《文苑英华》《古诗纪》《全唐文》《全唐诗》《唐宋十家古文》《历代赋汇》，唐李、杜、韩、白、高、岑、王、孟、韦、柳，宋苏、陆，金元遗山，元虞道园，明刘诚意、高青邱、何李王李、高苏门、陈卧子，各家专集。选家，则《全唐诗录》《古诗选》《宋诗钞》《元诗选》《明诗综》《十二代诗选》，此皆文林之苑囿也。

以上各种，学焉而各因其性之所近。聪颖者事半功倍，迟钝者亦积小以成高。博学而孱守之，则一狐之腋胜于千羊之皮。简练以为揣摩，则精骑三千可敌游兵十万。至如疑质问难，触类引伸，神明领悟，存乎其人。然开卷有益，不至与扪烛扣盘者同讥矣。若一切腐烂讲章（如《四书大全》体注、闱注等），下劣选本（如《古文析义》《古唐诗合解》等），纤诡诗文（如陈眉公、钟伯敬等）①，鄙陋《兔园册》（如《潜确类书》等）②，并当屏绝，勿污耳目。

一，严课规。鲁秋塍先生原定规条云：书院提衡全在会课。课期不肃，多有代倩、怀挟、传递、换卷等弊。今无论官课、馆课，务必扃门锁试。各

---

① 陈眉公：即陈继儒（1558—1639年），字仲醇，号眉公、麋公。华亭（今上海松江）人。明文学家、书画家。隐居小昆山，从事著述。于诗文、戏曲、小说、书画等皆有研究。因周旋官绅间，致为时人所讥。钟伯敬：即钟惺（1574—1625年），字伯敬，号退谷。竟陵（今湖北天门）人。明文学家。万历进士，官至福建提学佥事。与谭元春同为竟陵派的创始者。于诗文反对复古，但又倡导幽深峭拔，追求形式上的险僻，作品因而流于冷涩，也给当时文坛带来不良影响。

② 兔园册：亦作《兔园策》。书名，即《兔园册府》。唐杜嗣先著。一说唐虞世南著。五代时流行于村塾，作为学童读本。《新五代史·刘岳传》："（冯道）且入朝，兵部侍郎任赞与岳在其后。道行数反顾，赞问岳：'道反顾何为？'岳曰：'遗下《兔园册》尔。'《兔园册》者，乡校俚儒教田夫牧子之所诵也。"后用指读书不多的人当作秘本的肤浅书籍。

人上堂领卷，不许潜入私室。限昏黑时交卷，不得给烛。毋得笑语喧哗，妄行走动。本山长谓：今月课统归考棚扃试，规矩略已整肃。但恐日久玩生，如前所称代倩、怀挟、传递、换卷等弊，不免或萌。又人之才性迟敏不同，枚马固各用其长，韦弦亦能变其质。倘角艺淹迟过久，竟至彻宵，亦殊有乖事体。嗣后每课收卷，用一戳记以别迟蚤。如有给烛，只以二鼓为度。过此刻交卷者，另用戳记别之。文字虽佳，抑置下等。

一，肃威仪。近日诸生遵循礼法，规矩肃齐，当事及有司颇加嘉奖。但进退拜跪尚间有参差不齐、简略不庄者。今宜再为晓示：如初次谒见山长，不可半跪平揖。开馆散馆，大宪亲临，不可不齐出大门外排班迎送。是日在鉴亭拜谒列宪与山长，不可不大众齐集，举止安详。此皆礼法所存，观瞻所系，毋以为繁文小节而忽视，甘于慢肆偷薄，陷为不隆礼、不由礼、无方之民而不自知也。凛之！

一，严出入。书院为讲业重地，岂可行止自由及任听闲杂人等出入？前奉大宪示谕："每日院门扃钥，早晚启闭两次，非时不得出入。"今住院人数众多，往来络绎，尤当严定防闲。限每日辰、申二刻开门，进薪水蔬菜，余仍扃闭。诸生告假者，亲写一条交进讲堂，以凭稽查。如有私出游荡，连日不返者，或踪迹无常，非能潜心居业，徒为课日歇宿及为亲友挂名倩代者，查出立即摈斥。亲友探问，除书院生外，一概谢绝。其衣服冠履不全，并非读书之人，毋许混入，以肃体制。

（选自《左海全集》，《陈寿祺全集》，第 409—424 页）

（陈思雨编撰）